北交所IPO

北京证券交易所制度规则透析与上市实务操作指南

陈 卓 王 贺◎主编

BEIJING STOCK EXCHANGE IPO

中国法制出版社
CHINA LEGAL PUBLISHING HOUSE

图书在版编目(CIP)数据

北交所IPO：北京证券交易所制度规则透析与上市实务操作指南 / 陈卓，王贺主编. — 北京：中国法制出版社，2022.1

ISBN 978-7-5216-2278-2

Ⅰ.①北…　Ⅱ.①陈… ②王…　Ⅲ.①证券法－基本知识－中国 ②上市公司－股票上市－基本知识－中国　Ⅳ.①D922.287.4 ②F279.246

中国版本图书馆CIP数据核字（2021）第238204号

责任编辑：成知博（chengzhibo@zgfzs.com）　　封面设计：李　宁

北交所IPO：北京证券交易所制度规则透析与上市实务操作指南

BEIJIAOSUO IPO : BEIJING ZHENGQUAN JIAOYISUO ZHIDU GUIZE TOUXI YU SHANGSHI SHIWU CAOZUO ZHINAN

主编/陈　卓　王　贺

经销/新华书店

印刷/三河市紫恒印装有限公司

开本/710毫米×1000毫米　16开　　印张/18.5　字数/310千

版次/2022年1月第1版　　2022年1月第1次印刷

中国法制出版社出版

书号ISBN 978-7-5216-2278-2　　定价：68.00元

北京市西城区西便门西里甲16号西便门办公区

邮政编码：100053　　传真：010-63141852

网址：http://www.zgfzs.com　　**编辑部电话：010-63141809**

市场营销部电话：010-63141612　　**印务部电话：010-63141606**

（如有印装质量问题，请与本社印务部联系。）

本书编委会

前言

PREFACE

北京证券交易所（简称“北交所”）的诞生是中国资本市场发展历程中的重要里程碑。北交所的设立对于我国证券市场多层次格局的构建以及各层级之间的“能上能下、能进能出”将起到承上启下的关键作用。同时，北交所在我国证券交易所向公司制转型发展、我国证券市场注册制的推广普及、解决我国民营企业尤其是“专精特新”中小企业在早期发展阶段中的“融资难”和“融资贵”等方面将起到积极的建设性作用。

本书旨在帮助读者在较短时间内全面系统性地了解北交所和沪深交易所以及全国股转系统（新三板）的联系和差异，把握注册制背景下北交所的主要制度和业务规则，掌握在北交所IPO所应重点关注和解决的问题与难点，了解证券公司、律师事务所、会计师事务所和基金公司在其中扮演的角色和作用。具体而言，本书的亮点如下：

亮点1　全面系统，纵横交错

从纵向来看，本书对中国证券交易所进行了系统梳理，并详细梳理了从新三板到北交所诞生的历史沿革。

从横向来看，北交所作为第三个全国性证券交易所，与沪深交易所的比较不可或缺。本书将北交所对同样实施注册制的上交所科创板和深交所创业板的相关规定予以比较，旨在帮助读者全面系统地理解和把握北交所的制度设计与战略定位。

亮点2　详细梳理北交所主要制度和业务规则

笔者结合实务经验，将北交所所涉重要法律法规、制度规则等规范性文件予以归纳整理，提炼重难点，使读者免受阅读庞杂、晦涩、分散的法律条文之苦，通读本书即可一览北交所制度规则全貌。

本书涵盖了北交所的重要制度，如发行上市制度、持续监管（公司治理、信息披露、股权激励与员工持股计划、重大资产重组、停牌和复牌、退市制度）、监督管理（现场检查、自律监管措施、自律处分）、再融资、交易制度（全国股转系统与北交所交易制度）等。

亮点3　助力企业快速登陆北交所，实用性强

本书的一大特点是与实践紧密结合。本书的实务篇部分直击IPO重难点，密切回应企业关注，从北交所上市的两大路径入手，全流程深度剖析挂牌全国股转系统基础层、创新层到北交所上市，将主要步骤以专章形式呈现，如尽职调查、股份制改造、挂牌申请、挂牌公司在全国股转系统的规范运营、北交所IPO申报等。

此外，为了助力企业顺利登陆北交所，笔者将北交所上市中常见法律及财税问题予以梳理归纳，重点突出，直击痛点。

亮点4　结合实践，引申思考

在整理北交所相关制度过程中，对于广大读者重视及关心的重要制度，笔者在现有规定的基础上，结合多年丰富的实务经验，对相关内容予以引申，如股权激励与员工持股计划、股份减持与限售、股改等。此外，在发行上市章节，笔者结合中国国情，对中国特色的注册制进行了深入的引申探讨。

目录

CONTENTS

上篇　理论篇

—— 上篇 ——

理　论　篇

第一章　我国证券市场的发展历程

第一节　我国证券市场的发展格局

一、我国证券市场已形成多层次发展格局

改革开放以来，我国证券市场逐渐形成了具有中国特色的多层次资本市场格局，详见下图（图1-1）：

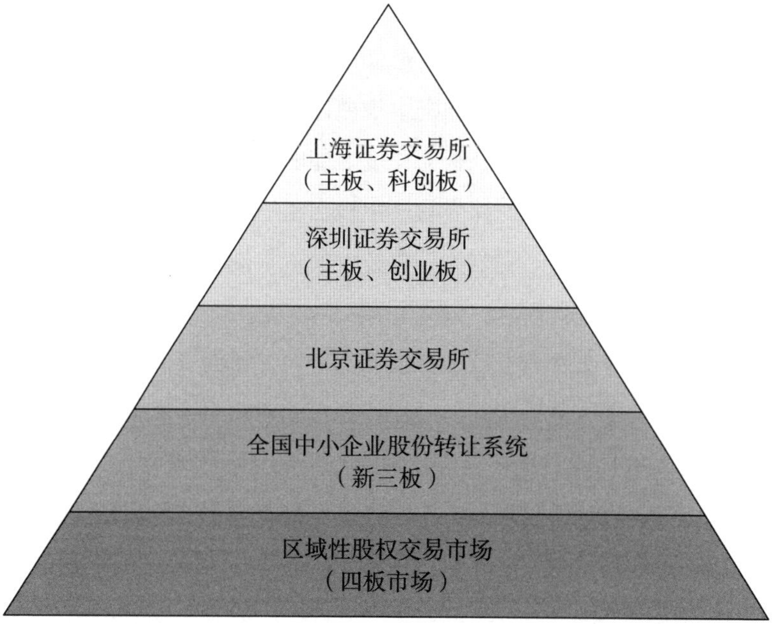

图1-1　我国多层次发展格局的证券市场

二、场内交易市场

我们通常把上海证券交易所（简称“上交所”）、深圳证券交易所（简称“深交所”）及北京证券交易所（简称“北交所”）称为“场内交易市场”，或称“集中交易市场”。这类证券交易市场具有固定的交易场所和交易活动时间，是全国最重要和最集中的证券交易市场。证券交易所接受和办理符合有关法律规定的证券上市买卖，投资者则通过证券商在证券交易所进行证券买卖。我国的场内交易市场目前主要指上交所、深交所及北交所。其中，上交所可分为“主板”和“科创板”两个交易板块；深交所可分为“主板”和“创业板”两个交易板块。[①]以下就上交所和深交所各板块做简要介绍，有关北交所的内容详见后续章节。

（一）主板市场

主板市场是指传统意义上为大型成熟企业提供股票等融资服务的证券市场，是一个国家或地区证券发行、上市及交易的主要场所。主板市场对发行人的营业期限、股本大小、盈利水平、最低市值等方面的要求标准较高，上市企业多为大型成熟企业，具有较大的资本规模以及稳定的盈利能力。主板市场是资本市场中最重要的组成部分，很大程度上能够反映经济发展状况，有“国民经济晴雨表”之称。我国的沪深交易所主板在组织体系、上市标准、交易方式和监管结构方面几乎一致，主要为具有较大的资本规模以及稳定的盈利能力的大型成熟企业提供上市服务。

中小企业板是深交所为了鼓励自主创新，而专门设置的中小型公司聚集板块。其发行上市条件与主板相同，但发行规模相对较小，成长较快。板块内公司普遍具有收入增长快、盈利能力强的特点，而且股票流动性好，交易活跃。2004年5月17日，经国务院同意，中国证监会批复同意在深圳证券交易所设立中小企业板块；2021年4月6日，经中国证监会批准，深交所主板和中小板合并，中小板退出历史舞台。

① 本书成书时北交所刚刚设立，未来是否会区分不同的板块有待进一步观察。

（二）创业板

创业板是与主板市场不同的一类证券市场，是指专为暂时无法在主板市场上市的创业型企业提供股票等融资途径和成长空间的证券交易市场。创业板是对主板市场的重要补充，在资本市场占有重要的位置。我国目前的创业板仅指深交所的创业板。

创业板最大的特点就是“低”门槛进入，“严”要求运作，有助于有潜力的中小企业获得融资机会。创业板发行条件中的财务指标在量上低于主板，首次公开发行条件在指标内容上参照了主板做法，主要选取净利润、主营业务收入、可分配利润等财务指标，同时附以增长率和净资产指标。另外，创业板在净利润/营业收入上设置两套标准，发行人符合其中之一即可。

2009年10月30日，创业板正式开业。2020年4月27日，中央全面深化改革委员会第十三次会议审议通过了《创业板改革并试点注册制总体实施方案》。在借鉴科创板经验的基础上，创业板逐步完成改革并试点注册制的规则体系、技术系统、市场组织、审核注册等各项准备工作。2020年8月24日，创业板注册制首批首发企业上市交易。创业板注册制改革体现了“增量+存量”“首发、再融资、并购重组同步实施注册制”。

根据《深圳证券交易所创业板企业发行上市申报及推荐暂行规定》，创业板的行业定位可以具体归纳为“三创四新”，即企业符合“创新、创造、创意”的大趋势，或者是传统产业与“新技术、新产业、新业态、新模式”深度融合。原则上不支持以下行业的企业在创业板申报发行上市：农林牧渔业；采矿业；酒、饮料和精制茶制造业；纺织业；黑色金属冶炼和压延加工业；电力、热力、燃气及水生产和供应业；建筑业；交通运输、仓储和邮政业；住宿和餐饮业；金融业；房地产业；居民服务、修理和其他服务业。

（三）科创板

2018年11月5日，国家主席习近平在首届中国国际进口博览会开幕式主旨演讲中提到，决定在上海证券交易所设立科创板并试点注册制，支持上海国际金融中心和科技创新中心建设，不断完善资本市场基础制度。

2019年1月28日，中国证监会发布了《关于在上海证券交易所设立科创板并试点注册制的实施意见》。2019年3月1日，中国证监会公布《科创板首次公开发行股票注册管理办法（试行）》和《科创板上市公司持续监管办法（试行）》；上交所正式发布实施了设立科创板并试点注册制相关业务规则和配套指引。之后，中国证监会、上交所等陆续发布并更新相关制度。2019年7月22日，科创板正式开市交易，科创板首批上市交易的企业为25家。科创板是我国证券市场实行注册制的“试验田”，科创板的设立正式拉开了A股注册制的序幕。

科创板强调发行人的“硬科技”。为进一步贯彻落实国家关于科创板建设的部署要求，落实科创定位，更好地支持和鼓励“硬科技”企业在科创板上市，加速科技成果向现实生产力转化，促进经济发展向创新驱动转型，中国证监会于2020年3月20日发布了《科创属性评价指引（试行）》，进一步明确了科创属性企业的内涵和外延，提出了科创属性具体的评价指标体系。

三、场外交易市场

在证券市场的实际运作中，除了集中的证券交易所外，还有一些其他类型的证券交易市场，这些市场无集中交易场所和统一的交易制度，因而被统称为场外交易市场（Over-the-Counter Market），又称柜台交易市场或店头市场，其主要是为非上市公司提供股份转让服务的市场。我国场外交易市场包括新三板市场、各地的产权交易市场以及各地的区域股权交易所和股权登记托管中心等。此处就区域性股权交易市场做简要介绍，新三板在下一节进行专门分析。

区域性股权交易市场（简称“四板市场”）是指为特定区域内的企业提供股权、债券转让和融资服务的私募市场，是公司规范治理、进入资本市场的孵化器，也是为股份有限公司股权转让提供交易的场所。四板市场的业务范围以债信融资、并购重组为重点，逐步带动股权融资。

为了促进中小企业发展，解决“中小企业多、融资难，社会资金多、投资难”，即“两多两难”问题，2012年国家允许各地重新设立区域性股权交易市场，研究并推动在沪深交易所之外进行场外证券市场试验。区域性股权交易市场是由地方政府管理的、非公开发行证券的场所，是证券市场服务小微企业的组织形式和业态，是多层次证券市场体系的组成部分。2014年以后，四板市场成为与主板、创业板、新三板并列的我国多层次证券市场之一。

我国区域性股权交易市场主要有：重庆股份转让中心、湖南股权交易所、齐鲁股权托管交易中心、武汉股权托管交易中心、上海股权托管交易中心、广东股权交易中心、浙江股权交易中心、辽宁股权交易中心、深圳前海股权交易中心、新疆股权交易中心、海峡股权交易中心、江苏股权交易中心、北京股权交易中心、甘肃股权交易中心和陕西股权交易中心等，还有部分地区正在加快推进设立当地的区域性股权交易市场。

目前，四板市场交易不活跃，但是随着国家加大对证券市场的开放和发展力度，四板市场在未来的作用和影响会日益明显。

第二节 全国中小企业股份转让系统（新三板）的发展历程

一、第一阶段（2006—2013年）

全国中小企业股份转让系统（简称“全国股转系统”，俗称“新三板”）前身为2006年1月16日推出的北京中关村科技园区股份转让报价系统（简称“代办系统”），在此之前的代办系统主要服务于解决原来STAQ系统[①]和NET系统[②]挂牌公司股份转让遗留问题，以及从上交所和深交所退市的上市公司股份转让等业务，这些业务被俗称为“老三板”。

新三板的“新”指的是其不仅承接了“老三板”业务，还开始从事新业务，即为中关村高新技术园区的非上市公司提供股份转让等融资服务；新三板的“三板”是相对于上交所、深交所和各地的区域性股权交易市场而言的。

2013年1月，经国务院批准，代办系统转为全国中小企业股份转让系统，同时成立全国中小企业股份转让系统公司（简称“全国股转公司”）。2013年12月，国务院发布《国务院关于全国中小企业股份转让系统有关问题的决定》

---

① STAQ系统（Securities Trading Automated Quotations System）全称为“全国证券交易自动报价系统”，成立于1990年12月。

② NET系统（National Exchange and Trading System）全称为“全国电子交易系统”，成立于1993年4月。

（国发〔2013〕49号），明确了“全国股份转让系统是经国务院批准，依据证券法设立的全国性证券交易场所，主要为创新型、创业型、成长型中小微企业发展服务。境内符合条件的股份公司均可通过主办券商申请在全国股份转让系统挂牌，公开转让股份，进行股权融资、债权融资、资产重组等”。这标志着新三板已经从区域性市场走向全国性市场，这对于新三板来说是一次“升格”。2020年3月1日施行的《证券法》进一步明确了新三板作为“国务院批准的其他全国性证券交易场所”的法律地位，夯实了新三板场内、集中、公开市场的性质。

2013年以来，国务院对新三板的重新定位和“升格”，是我国证券市场多层次发展进程中的里程碑事件。这是因为，新三板主要服务于“创新型、创业型、成长型”的中小微企业，其挂牌企业与沪深交易所的上市公司相比，“小而美”的特征十分明显。企业规模不大，处于成长早期，但具有独特的商业模式，在细分行业中占据重要地位，具有较好的成长潜力和市场发展前景。2018年8月，国务院促进中小企业发展工作领导小组第一次工作会议指出，我国中小企业具有“五六七八九”的典型特征，贡献了50%以上的税收，60%以上的GDP，70%以上的技术创新，80%以上的城镇劳动就业，90%以上的企业数量，是国民经济和社会发展的生力军，是建设现代化经济体系、推动经济实现高质量发展的重要基础，是扩大就业、改善民生的重要支撑[①]。

但中小企业由于具有轻资产和抗风险能力弱等特征，很难从金融机构获取及时、充足的信贷资金支持，而沪深交易所较高的市场准入门槛，也让这类企业难以借力资本市场获得大力发展，“融资难”和“融资贵”的问题长期制约着中小企业的发展。新三板将中小企业作为主要服务对象，使证券市场支持实体经济从以往的成长后期和成熟期转移至企业的初创期和发展期，这是具有深远影响的一次结构性变革。

新三板的“升格”有利于聚集社会资本，扩大了我国证券市场的整体容量，加快了中小企业的发展，也推动了中国私募股权基金行业的发展，同时也

① 参见《国务院促进中小企业发展工作领导小组召开会议 强调对国有和民营经济一视同仁》，载央广网，https://baijiahao.baidu.com/s?id=1609330469134350813&wfr=spider&for=pc，最后访问时间：2021年11月15日。

为国家科技创新战略实施发挥了积极作用。从微观层面讲，它有利于中小企业筹集资本，便于私募股权基金对中小企业进行估值定价，以及为中小企业构建金融风险共担机制；从宏观层面讲，它具有优化资源配置的功能，为真正具有创新能力的中小型企业提供所急需的资本支持，起到了淘汰落后产业、扶持新兴产业的功能。

二、第二阶段（2014—2020年）

2013年年底，新三板跻身"其他全国性证券交易场所"后，其发展进入第二阶段。在这一阶段，新三板先后经历了2015年3月18日新三板指数正式推出，2016年5月27日新三版挂牌企业内部分层制度出台[①]，2020年7月27日新三板精选层设立[②]，至此，新三板市场形成了"基础层—创新层—精选层"的多层次格局（见图1–2）。

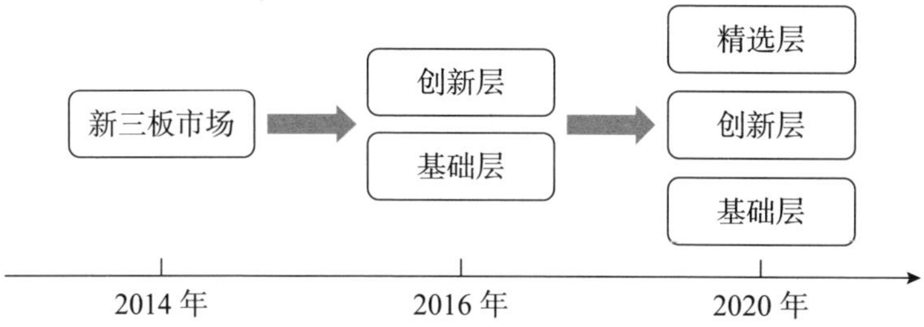

图1–2　新三板发展演变过程

跻身全国性证券交易场所后，新三板很快迎来了发展过程中的"高峰"，挂牌企业数量迅速增长。在快速发展的同时，新三板市场出现了较大起伏：2018年开始，主动退市和被动摘牌的企业数量上升，导致新三板挂牌企业总数

① 2016年5月27日，全国股转系统发布《全国中小企业股份转让系统挂牌公司分层管理办法（试行）》，其中第4条规定，全国股转系统设立创新层和基础层，符合不同标准的挂牌公司分别纳入创新层或基础层管理。该规定现已失效。

② 2019年12月27日，全国股转系统发布《全国中小企业股份转让系统分层管理办法》，其中第4条规定，全国股转系统设置基础层、创新层和精选层，符合不同条件的挂牌公司分别纳入不同市场层级管理。2020年7月27日，新三板精选层正式设立并开市交易。

出现持续负增长，每年挂牌企业发行股票的次数逐年递减（见表1-1）。

表1-1　2017年至2020年新三板运行情况概览[①]

	2020年	2019年	2018年	2017年
挂牌规模				
挂牌公司家数	8187	8953	10691	11630
总股本（亿股）	5335.28	5616.29	6324.53	6756.73
总市值（亿元）[②]	26542.31	29399.60	34487.26	49404.56
股票发行				
发行次数	716	637	1402	2725
发行股数（亿股）	74.54	73.73	123.83	239.26
融资金额（亿元）	338.50	264.63	604.43	1336.25
优先股发行				
发行次数	2	11	9	10
融资金额（亿元）	0.24	3.60	2.59	1.80
股票交易				
成交金额（亿元）	1294.64	825.69	888.01	2271.80
成交数量（亿股）	260.42	220.20	236.29	433.22
换手率（%）	9.90	6.00	5.31	13.47
市盈率（倍）	21.10	19.74	20.86	30.18
60日市盈率（倍）[③]	20.31	18.21	17.25	—
合格投资者账户数				
机构投资者（万户）	5.74	4.27	4.03	3.59
个人投资者（万户）	160.08	19.02	18.31	17.31

① 参见《全国中小企业股份转让系统2020年市场统计快报》，http://www.neeq.com.cn/static/statisticdata.html，载全国股转系统网站，最后访问时间：2021年11月15日。

② 2020年总市值按照《证券期货业统计指标标准指引(2019年修订)》规定口径统一调整计算。

③ 60日市盈率是选取最近60个交易日盘中有成交的股票为样本计算的平均市盈率。

三、新三板遭遇“流动性困境”

随着挂牌公司数量的快速增长和市场需求的变化，新三板在发展过程中也遭遇了问题和困境，主要表现为新三板市场流动性不足，融资功能下降，使得主动摘牌的企业不断增加。

新三板是我国多层次资本市场的重要组成部分，虽然其被定性为全国性证券交易场所，但毕竟其服务对象还是未上市的公司。因此从实际运行情况来看，其还不能被算作跟沪深交易所一样的“场内交易市场”。例如，根据全国股转公司公布的数据，2018年新三板挂牌公司有10691家，全年股票成交总额为888.01亿元，2018年新三板有250个交易日，以此为计算基础，2018年新三板平均每个交易日的股票成交金额约为3.55亿元，甚至不如上交所或深交所一支相对活跃股票的当日成交额。大量的新三板挂牌企业长期没有股票成交记录，成为“僵尸股”，挂牌企业的融资需求难以实现，新三板出现“流动性困境”。受此影响，2018年1月至2019年7月，2200多家企业主动从新三板市场摘牌，新三板发展陷入困境。

证券市场的主要功能是交易和融资，这两大功能缺一不可。新三板交易活跃度问题，其深层次的问题是对新三板的定位问题。如果将新三板定位于场外市场，理论上并不需要有太高的交易量，但这与新三板作为全国性证券交易场所定位是冲突的；但如果新三板在功能定位方面趋向沪深交易所，那么新三板必须要有较高的流动性。

围绕新三板出现的“流动性困境问题”，中国证监会相继出台一系列措施：2016年开始实行分层管理，将新三板分为基础层和创新层；2017年对新三板市场分层、信息披露和交易制度进行优化改革，实现了不同层次信息披露标准和竞价撮合频次的差异化；2020年新三板在基础层和创新层的基础上又推出第三层——“精选层”，新三板构建出多层次的格局；2021年7月，上海证券交易所和深圳证券交易所推出“新三板精选层挂牌公司转板上市配套业务规则”，开启新三板“转板”通道。至此，新三板形成了“能上能下、能进能出”的运行机制。

“能上”指的是新三板挂牌公司“向上转板”至上交所的科创板及深交所的创业板，这是新三板自诞生以来重大且深远的制度变革，为新三板分层结构中处于“精选层”的挂牌公司打开了一条上市的新通道，这也是中国证券市场整体架构上的一次联动。而且，由于转板上市是挂牌公司的存量股份上市，挂牌公司无需再因上市工作而先从新三板摘牌重新参加IPO排队，且不必重复进行资料准备和信息披露工作，这给符合转板条件的新三板挂牌企业带来较多便利。

“能下”有两层含义：一层含义是指在上交所和深交所的上市公司一旦不符合维持上市公司的标准，退市后就可以直接进入新三板；另一层含义是指新三板的挂牌公司一旦不符合维持挂牌公司标准而需要摘牌时，就可以进入区域性股权交易市场。

“能进能出”指的是新三板通过“基础层—创新层—精选层”的分层结构，可以使挂牌公司在不同层次之间进行转换。具体而言，基础层定位于对挂牌公司的规范性要求，在匹配基本的融资交易功能和较高的投资者门槛基础上实行按照“底线原则”进行监管，对广大中小企业给予较大包容性；创新层定位于对挂牌公司成长性的培育，通过匹配较为高效的融资交易功能，帮助挂牌公司顺利地对接资本市场；精选层定位于对挂牌公司的升级发展，通过匹配和上交所及深交所相当的融资交易功能，鼓励挂牌公司更好地对接资本市场。

新三板在各层之间的进入机制方面，通过发行市值、财务指标、股权分散度、保荐承销等更为市场化的机制与指标来遴选和聚集优质企业；同时，进一步完善降层和摘牌机制，维护市场各层级的稳定运行和挂牌企业整体质量，促进市场出清，保护中小投资者利益。

新三板自2013年成立以来，一直在不断变革探索，取得了积极的实践效果和宝贵的经验教训，已经成为我国多层次资本市场格局中重要的一环。但是，近些年来我国中小企业“融资难”和“融资贵”等长期结构性问题还未从根本上改变，加之近两年来新冠肺炎疫情在全球蔓延，使得全球经济下行压力加大，广大中小企业面临的经营压力和融资困境“不降反升”。因此，如何更好地“盘活”新三板，便成为摆在中国证券市场改革发展关头的一道日益紧迫且亟待解决的“难题”。

第三节 北交所诞生

一、北交所筹备历程

在新三板市场不断寻求“突围”的过程中，相关行业监管部门和学术界进行了广泛深入的研究和探讨。2021年9月2日中国国际服务贸易交易会全球服务贸易峰会上，国家主席习近平宣布：“我们将继续支持中小企业创新发展，深化新三板改革，设立北京证券交易所，打造服务创新型中小企业主阵地。”

2021年9月3日，“北京证券交易所有限责任公司”在北京正式注册成立，注册资金10亿元，全国中小企业股份转让系统有限责任公司持有其100%股份，这是我国设立的第一家公司制证券交易所。

2021年9月3日，中国证监会发布《北京证券交易所向不特定合格投资者公开发行股票注册管理办法（试行）》《北京证券交易所上市公司证券发行注册管理办法（试行）》《北京证券交易所上市公司持续监管办法（试行）》《证券交易所管理办法》等征求意见稿，意见反馈截止时间为2021年10月3日。

2021年9月5日，北交所发布《北京证券交易所股票上市规则（试行）》《北京证券交易所交易规则（试行）》《北京证券交易所会员管理规则（试行）》等首批业务规则征求意见稿，意见反馈截止日为2021年9月22日。

2021年9月6日，中国证监会主席在第60届世界交易所联合会（WFE）会员大会暨年会开幕式上致辞提到，中小企业处于比较艰难的阶段，支持好、发展好中小企业是当前全球经济恢复发展的重要课题。我们将以北京证券交易所设立为契机，加快构建资本市场服务中小企业创新发展的全链条制度体系。

2021年9月10日，北交所公布了《北京证券交易所向不特定合格投资者公开发行股票并上市审核规则（试行）》《北京证券交易所上市公司证券发行上市审核规则（试行）》《北京证券交易所上市公司重大资产重组审核规则（试行）》等文件的征求意见稿，分别明确了北交所公开发行并上市、上市公司再融资和重大资产重组的审核安排。其中特别提到，招股说明书中引用的财务报表有效期为6个月不变，但特别情况下可申请延长的期限从1个月调整为3个月，即将财务报告有效期由“6+1”延长至“6+3”。北交所基本制度以新三板精选层制度为基础，同时参考借鉴了沪深交易所的相关制度，并已初具雏形，其必将成为中国渐进性、连续性的多层次资本市场基本制度的重要组成部分。

2021年10月30日，中国证监会正式公布了与北交所相关的法律法规，为北交所的规范化运营奠定了基础。

2021年11月15日，北交所正式揭牌开市，中国证券市场多层次结构进一步丰富完善。

二、北交所设立目的

（一）进一步深化打造多层次、互联互通的资本市场体系

不同的企业处于不同的发展阶段的客观现实要求资本市场多层次化，企业的持续发展则要求不同层次的资本市场之间能实现互联互通；资本市场的互联互通符合社会发展、共同富裕的需求，有利于实现政府、企业、投资者等多方共赢。

自20世纪90年代沪深两大交易所先后设立以来，中国证券市场不断革新发展，为企业成长、国民经济发展、国家综合实力提升等方面发挥了重要的作用。全面推行注册制、深化新三板改革等均为我国新时代下新的发展需求，北交所将在充分尊重中小企业发展规律及成长阶段的前提下，探索、制定、实施、完善符合中小企业发展特点的制度规范，以利于实现、强化多层次证券市场的互联互通（见图1-3）。

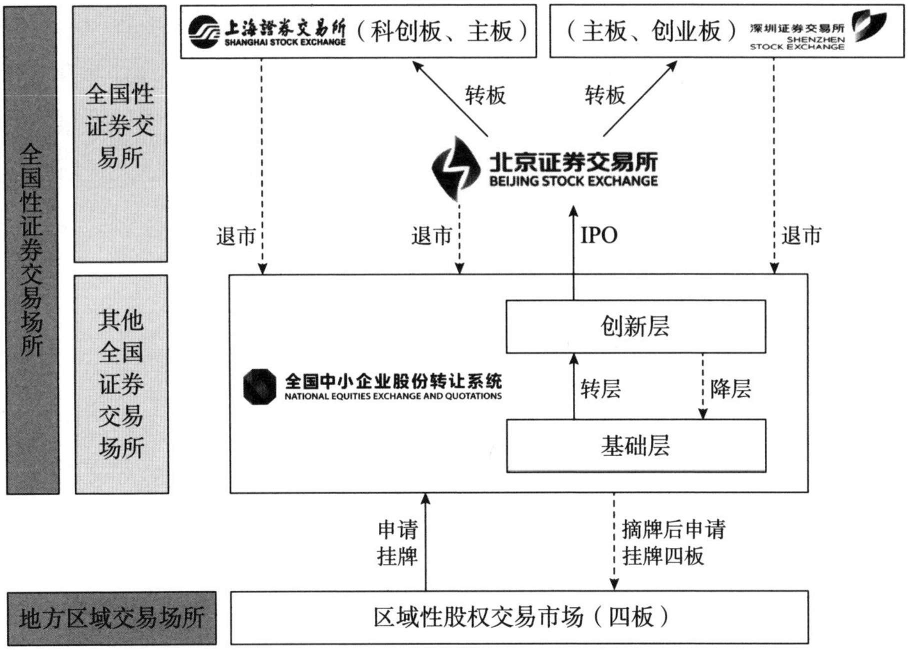

图1-3　我国不同层次资本市场的互联互通

（二）有利于全面推进注册制

注册制改革是符合中国国情的证券市场的重要改革，也是全球证券市场的发展趋势之一。北交所作为全新设立的全国性证券交易所，由新三板原精选层平移而来，自其诞生之日便具有“注册制”的属性，北交所的成立是全面推行注册制的重要尝试和创新。北交所最大的优势及特点之一，便是更容易推行具有国际先进性且符合中国国情的最新的制度政策，因此更加具有活力和生命力；但作为新的证券交易所，如何制定、运用好相关制度、解决流通性等问题，切实吸引企业及更好地为企业服务，无疑是一个新的挑战。只有“种下梧桐树”，方引“凤凰”来，北交所未来之路值得期待和关注。

（三）有利于全国经济战略布局，拉动地域经济发展

证券交易所作为稀缺资源，有利于促进及拉动当地金融、证券、经济等多

方面的发展。从全国证券市场的区域布局角度来看，从南到东已有两大交易所，即珠三角的深交所和长三角的上交所，北交所的设立有利于弥补北方地区无全国性证券交易所的“遗憾”。北交所的错位发展，有利于我国证券市场的良性竞争及协同互助，有利于推动中国资本市场深入、健康发展。北交所的创建再次明确了北京作为国家金融管理中心的重要地位。

（四）有利于促进国家战略政策部署及调整

随着国家战略政策部署及调整，国家支持资本市场健康发展，未来货币政策将会正确引导相关资金流向，相关资金也将会聚集到资本市场并助力相关企业健康发展，促进中国经济建设，同时也利于为投资者带来回报，北交所的设立是实现这一政策部署及调整的重要举措。

（五）便于中小企业上市融资，实现“共同富裕”

作为中国经济的重要组成部分，中小企业充满活力、敢于创新，是我国经济韧性最重要的保障。北交所的设立，开创了我国资本市场深化改革的新篇章，有利于打造服务创新型中小企业主阵地；有利于高效地培育“专精特新”中小企业，解决创业型中小企业的“融资难”“融资贵”的问题；有利于深入探索资本市场支持中小企业科技创新的普惠金融之路，实现共同富裕。

三、北交所与全国股转系统的关系

（一）北交所与全国股转系统密不可分

北交所总体平移全国股转系统精选层各项基础制度，同步试点证券发行注册制。围绕提高上市公司质量的总目标，强化以信息披露为中心的监管理念，对精选层现有的分层管理、公司治理、信息披露、股票停复牌等单项业务规则进行体系化整合，同时吸收借鉴现行上市公司监管的成熟经验，形成了北交所上市公司的总体监管架构和全链条监管安排，精选层也随之退出历史舞台。

在与全国股转系统的关系上，北交所与全国股转系统现有创新层、基础层坚持统筹协调与制度联动，维护市场结构平衡。全国股转系统基础层、创新层仍作为全国性证券交易场所服务于全国中小企业。

（二）北交所独立于全国股转系统

根据《证券法》的规定[①]，公开发行的证券，应当在依法设立的证券交易所上市交易或者在国务院批准的其他全国性证券交易场所交易。根据《全国中小企业股份转让系统有限责任公司管理暂行办法》的规定[②]，全国股转系统是经国务院批准设立的全国性证券交易场所。

全国股转系统及北交所均属于全国性证券交易场所，但是，全国股转系统为《证券法》规定的“其他全国性证券交易场所”，服务于非上市的公众公司[③]；北交所为独立的证券交易所，服务于上市公司[④]。综上所述，北交所独立于全国股转系统。

（三）全国股转公司是全国股转系统的直接运营机构

根据《全国中小企业股份转让系统有限责任公司管理暂行办法》的规定[⑤]，全国股转公司是全国股转系统的直接运营机构。根据《公司法》等相关法律法

---

① 《证券法》第37条　公开发行的证券，应当在依法设立的证券交易所上市交易或者在国务院批准的其他全国性证券交易场所交易。非公开发行的证券，可以在证券交易所、国务院批准的其他全国性证券交易场所、按照国务院规定设立的区域性股权市场转让。

② 《全国中小企业股份转让系统有限责任公司管理暂行办法》第2条　全国中小企业股份转让系统（以下简称全国股份转让系统）是经国务院批准设立的全国性证券交易场所。

③ 《全国中小企业股份转让系统有限责任公司管理暂行办法》第3条　股票在全国股份转让系统挂牌的公司（以下简称挂牌公司）为非上市公众公司，股东人数可以超过200人，接受中国证券监督管理委员会（以下简称中国证监会）的统一监督管理。

④ 《证券法》第38条　证券在证券交易所上市交易，应当采用公开的集中交易方式或者国务院证券监督管理机构批准的其他方式。

第46条第1款　申请证券上市交易，应当向证券交易所提出申请，由证券交易所依法审核同意，并由双方签订上市协议。

⑤ 《全国中小企业股份转让系统有限责任公司管理暂行办法》第8条　全国股份转让系统公司的职能包括：（一）建立、维护和完善股票转让相关技术系统和设施；（二）制定和修改全国股份转让系统业务规则；（三）接受并审查股票挂牌及其他相关业务申请，安排符合条件的公司股票挂牌；（四）组织、监督股票转让及相关活动；（五）对主办券商等全国股份转让系统参与人进行监管；（六）对挂牌公司及其他信息披露义务人进行监管；（七）管理和公布全国股份转让系统相关信息；（八）中国证监会批准的其他职能。

规的规定，股东与公司之间是独立的。全国股转公司为北交所的法人股东，北交所与全国股转公司彼此独立，独立运营；而全国股转公司为北交所唯一的法人股东，因此，全国股转公司对于北交所的运营管理将实施重大影响。全国股转系统与北交所为全国股转公司运营或控股下的两个平行主体。

（四）新三板内涵发生变化

新三板并非法定概念，过往大家习惯性地将之与全国股转系统等同划一。根据《全国中小企业股份转让系统分层管理办法》，全国股转系统设置基础层、创新层和精选层，符合不同条件的挂牌公司分别纳入不同市场层级管理。目前大家经常提及的“新三板精选层、创新层、基础层”更为准确的说法应为“全国股转系统精选层、创新层、基础层”。

随着北交所的设立，一些观点也提出了“新三板内涵外延持续深化”[①]或“升级版的新三板”[②]。由于“新三板”的提法已经为大家广泛接受，为便于大家理解及接受，笔者在本文中保留了新三板的相关表述。

北交所的诞生是我国证券市场发展历程中的又一个重要里程碑，将在新的高度丰富和完善我国证券市场体系和推动创新发展。

至此，第一章化繁就简，详细梳理了我国证券市场的发展历程。后续章节将从理论到实务，全面系统地对北交所各项制度规则进行分析，并结合笔者在实际工作中的经验，对北交所IPO的实务操作流程进行解读。

---

① 参见证券时报：《新三板内涵外延持续深化　服务中小企业初心弥坚》，http://www.bse.cn/media_coverage/200010707.html，最后访问时间：2021年11月15日。

② 例如，有观点认为，北京证券交易所仍是新三板的一部分，与创新层、基础层一起组成“升级版”新三板。

第二章　发行上市

第一节　发行上市条件及基本程序

一、发行上市条件

北交所发行上市必须同时满足北交所发行条件及上市条件：

（一）发行条件[①]

表2–1　北交所发行条件

适用对象	发行人应当为在全国股转系统连续挂牌满12个月的创新层挂牌公司。
发行条件	发行人申请公开发行股票，应当符合下列规定： （1）具备健全且运行良好的组织机构。 （2）具有持续经营能力，财务状况良好。 （3）最近三年财务会计报告无虚假记载，被出具无保留意见审计报告。 （4）依法规范经营。
负面清单	发行人及其控股股东、实际控制人存在下列情形之一的，发行人不得公开发行股票： （1）最近三年内存在贪污、贿赂、侵占财产、挪用财产或者破坏社会主义市场经济秩序的刑事犯罪。 （2）最近三年内存在欺诈发行、重大信息披露违法或者其他涉及国家安全、公共安全、生态安全、生产安全、公众健康安全等领域的重大违法行为。 （3）最近一年内受到中国证监会行政处罚。

① 参见《北京证券交易所向不特定合格投资者公开发行股票注册管理办法（试行）》第9、10、11条。

（二）上市条件[①]

表2-2 北交所上市条件

事项	适用情形
发行条件	发行人申请公开发行并上市，应当符合下列条件： （1）发行人为在全国股转系统连续挂牌满12个月的创新层挂牌公司。 （2）符合中国证监会规定的发行条件。 （3）最近一年期末净资产不低于5000万元。 （4）向不特定合格投资者公开发行的股份不少于100万股，发行对象不少于100人。 （5）公开发行后，公司股本总额不少于3000万元。 （6）公开发行后，公司股东人数不少于200人，公众股东持股比例不低于公司股本总额的25%；公司股本总额超过4亿元的，公众股东持股比例不低于公司股本总额的10%。 （7）市值及财务指标符合《北京证券交易所股票上市规则（试行）》规定的标准。 （8）北交所规定的其他上市条件。 北交所可以根据市场情况，经中国证监会批准，对上市条件和具体标准进行调整。
负面清单	发行人申请公开发行并上市，不得存在下列情形： （1）最近36个月内，发行人及其控股股东、实际控制人，存在贪污、贿赂、侵占财产、挪用财产或者破坏社会主义市场经济秩序的刑事犯罪，存在欺诈发行、重大信息披露违法或者其他涉及国家安全、公共安全、生态安全、生产安全、公众健康安全等领域的重大违法行为。 （2）最近12个月内，发行人及其控股股东、实际控制人、董事、监事、高级管理人员受到中国证监会及其派出机构行政处罚，或因证券市场违法违规行为受到全国股转公司、证券交易所等自律监管机构公开谴责。 （3）发行人及其控股股东、实际控制人、董事、监事、高级管理人员因涉嫌犯罪正被司法机关立案侦查或涉嫌违法违规正被中国证监会及其派出机构立案调查，尚未有明确结论意见。 （4）发行人及其控股股东、实际控制人被列入失信被执行人名单且情形尚未消除。 （5）最近36个月内，未按照《证券法》和中国证监会的相关规定在每个会计年度结束之日起4个月内编制并披露年度报告，或者未在每个会计年度的上半年结束之日起2个月内编制并披露中期报告。

① 参见《北京证券交易所股票上市规则（试行）》第2.1.1、2.1.2、2.1.3、2.1.4条。

续表

事项	适用情形
	（6）中国证监会和北交所规定的，对发行人经营稳定性、直接面向市场独立持续经营的能力具有重大不利影响，或者存在发行人利益受到损害等其他情形。
财务标准	发行人申请公开发行并上市，市值及财务指标应当至少符合下列标准中的一项： （1）预计市值不低于2亿元，最近两年净利润均不低于1500万元且加权平均净资产收益率平均不低于8%，或者最近一年净利润不低于2500万元且加权平均净资产收益率不低于8%。 （2）预计市值不低于4亿元，最近两年营业收入平均不低于1亿元，且最近一年营业收入增长率不低于30%，最近一年经营活动产生的现金流量净额为正。 （3）预计市值不低于8亿元，最近一年营业收入不低于2亿元，最近两年研发投入合计占最近两年营业收入合计比例不低于8%。 （4）预计市值不低于15亿元，最近两年研发投入合计不低于5000万元。 预计市值是指以发行人公开发行价格计算的股票市值。
	发行人具有表决权差异安排的，该安排应当平稳运行至少一个完整会计年度，且相关信息披露和公司治理应当符合中国证监会及全国股转公司相关规定。

（三）北交所与科创板、创业板的上市条件、财务指标的比较

为了更好地理解北交所上市条件，以下就同样实行注册制的科创板和创业板的上市条件、财务指标与北交所做横向比较（表2–3、表2–4）。

1. 上市条件比较

表2–3　北交所与科创板、创业板的上市条件比较

北交所[①]	科创板[②]	创业板[③]
发行人申请公开发行并上市，应当符合下列条件： （1）发行人为在全国股转系统连续挂牌满12个月的创新层挂牌公司。 （2）符合中国证监会规定的发行条件。	发行人申请在上交所科创板/深交所创业板上市，应当符合下列条件： （1）符合中国证监会规定的发行条件。 （2）发行后股本总额不低于人民币3000万元。 （3）公开发行的股份达到公司股份总数的	

① 参见《北京证券交易所股票上市规则（试行）》第2.1.2条。

② 参见《上海证券交易所科创板股票上市规则》第2.1.1条。

③ 参见《深圳证券交易所创业板股票上市规则》第2.1.1条。

续表

北交所	科创板	创业板
(3)最近一年期末净资产不低于5000万元。 (4)向不特定合格投资者公开发行的股份不少于100万股，发行对象不少于100人。 (5)公开发行后，公司股本总额不少于3000万元。 (6)公开发行后，公司股东人数不少于200人，公众股东持股比例不低于公司股本总额的25%；公司股本总额超过4亿元的，公众股东持股比例不低于公司股本总额的10%。 (7)市值及财务指标符合《北京证券交易所股票上市规则(试行)》规定的标准。 (8)北交所规定的其他上市条件。 北交所可以根据市场情况，经中国证监会批准，对上市条件和具体标准进行调整。	25%以上；公司股本总额超过人民币4亿元的，公开发行股份的比例为10%以上。 (4)市值及财务指标符合《上海证券交易所科创板股票上市规则》/《深圳证券交易所创业板股票上市规则》规定的标准。 (5)上交所/深交所规定的其他上市条件。 红筹企业发行股票的，上述第(2)项调整为发行后的股份总数不低于3000万股，上述第3项调整为公开发行的股份达到公司股份总数的25%以上；公司股份总数超过4亿股的，公开发行股份的比例为10%以上。红筹企业发行存托凭证的，上述第(2)项调整为发行后的存托凭证总份数不低于3000万份，上述第(3)项调整为公开发行的存托凭证对应基础股份达到公司股份总数的25%以上；发行后的存托凭证总份数超过4亿份的，公开发行存托凭证对应基础股份达到公司股份总数的10%以上。 上交所/深交所可以根据市场情况，经中国证监会批准，对上市条件和具体标准进行调整。	

提示

对于北交所上市而言，应特别注意：

(1)发行人应为在全国股转系统连续挂牌满12个月的创新层挂牌公司。

(2)申报最近一年期末净资产不低于5000万元。

(3)由于发行人已经为创新层企业，因此向不特定合格投资者公开发行的股份应不少于100万股，发行对象不少于100人。

(4)科创板和创业板的基础发行条件表述基本一致，应注意前述北交所有关基础条件的特殊规定。

2.财务标准比较

表2-4　北交所与科创板、创业板的财务指标比较

北交所①	科创板②	创业板③
4套标准（选其一）	5套标准（选其一）	2套标准（选其一）
（1）预计市值不低于2亿元，最近两年净利润均不低于1500万元且加权平均净资产收益率平均不低于8%，或者最近一年净利润不低于2500万元且加权平均净资产收益率不低于8%。 （2）预计市值不低于4亿元，最近两年营业收入平均不低于1亿元，且最近一年营业收入增长率不低于30%，最近一年经营活动产生的现金流量净额为正。 （3）预计市值不低于8亿元，最近一年营业收入不低于2亿元，最近两年研发投入合计占最近两年营业收入合计比例不低于8%。 （4）预计市值不低于15亿元，最近两年研发投入合计不低于5000万元。 预计市值是指以发行人公开发行价格计算的股票市值。	（1）预计市值不低于人民币10亿元，最近两年净利润均为正且累计净利润不低于人民币5000万元；或者预计市值不低于人民币10亿元，最近一年净利润为正且营业收入不低于人民币1亿元。 （2）预计市值不低于人民币15亿元，最近一年营业收入不低于人民币2亿元，且最近三年研发投入合计占最近三年营业收入的比例不低于15%。 （3）预计市值不低于人民币20亿元，最近一年营业收入不低于人民币3亿元，且最近三年经营活动产生的现金流量净额累计不低于人民币1亿元。 （4）预计市值不低于人民币30亿元，且最近一年营业收入不低于人民币3亿元。 （5）预计市值不低于人民币40亿元，主要业务或产品需经国家有关部门批准，市场空间大，目前已取得阶段性成果，医药行业企业至少有一项核心产品获准开展二期临床试验，其他符合科创板定位的企业需具备明显的技术优势并满足相应条件。	（1）最近两年净利润均为正，且累计净利润不低于5000万元；或预计市值不低于10亿元，最近一年净利润为正且营业收入不低于1亿元。 （2）预计市值不低于50亿元，且最近一年营业收入不低于3亿元。

① 参见《北京证券交易所股票上市规则（试行）》第2.1.3条。

② 参见《上海证券交易所科创板股票上市规则》第2.1.2条。

③ 参见《深圳证券交易所创业板股票上市规则》第2.1.2条。

总结

（1）北交所的财务指标为四选一，即：

①“市值”+“净利润”+“净资产收益率”。

②“市值”+“营业收入”+“营业收入增长率”+“现金流量净额”。

③“市值”+“营业收入”+“研发投入占比”。

④“市值”+“研发投入”。

（2）科创板的财务指标为五选一，即：

①“市值”+“净利润”或“市值”+“净利润”+“营业收入”。

②“市值”+“营业收入”+“研发投入占比”。

③“市值”+“营业收入”+“现金流量净额”。

④“市值”+“营业收入”。

⑤“市值”+“高科创属性”。

（3）创业板的财务指标为二选一，即：

①“净利润”或“市值”+“净利润”。

②“市值”+“营业收入”。

科创板与创业板实务中，各个板块采用第一个标准的上市企业所占比重居多。

通过比较可以发现：

（1）几个板块的共同点是，“净利润”“研发投入占比”“营业收入”等财务指标与“市值”的高低成反比，对于非市值的财务指标要求越低，市值水平要求越高；且各个板块都包括未盈利与盈利企业标准，体现了注册制更强调“市值”的理念。

（2）北交所、科创板有3个标准是不需要盈利的，创业板有一个标准是不需要盈利的，注册制为尚未盈利的企业登陆资本市场创造了条件。北交所市值标准最低（4亿、8亿、15亿），创业板市值要求最高（50亿）。对于未盈利企业而言，北交所对规模较小的未盈利企业更具有吸引力；同时，这也体现了各个交易所错层发展的制度设计理念。

（3）对于盈利企业标准中，北交所“市值”+“净利润”+“净资产收益率”标准中的两年净利润为“均不低于”，意味着两年的净利润均要为1500万元以上且加权平均净资产收益率平均不低于8%；而科创板、创业板考虑两年净利润标准时，是两年净利润均为正且之和不低于5000万元。在只要求最近一年净利润这一标准中，北交所的要求是市值不低于2亿元+净利润不低于2500万元+8%（加权平均净资产收益率不低于8%），科创板、创业板的要求是市值不低于10亿元+净利润为正+营业收入不低于1亿元。尽管对最近一年净利润没有提出了具体的数字要求，但对市值、营业收入提出了具体的数字要求。

（4）北交所4个标准中有2个标准与研发标准有关；科创板的前提是科创"硬核性"，有一个标准涉及专门的"研发标准"；创业板没有涉及研发标准。以上差异性规定体现了北交所的企业服务范围更广，科创及非科创的中小企业均为其服务对象。

（5）北交所的市值标准由科创板、创业板的估值不低于10亿元降低为2亿元；目前实操中，如采用净利润标准，科创板和创业板的年均净利润标准一般不低于4000万元，而净利润1500万元至4000万元的中国企业数量庞大，北交所的包容性及体量巨大是科创板及创业板无法比拟的。

（四）有关北交所发行上市的进一步理解

在掌握北交所上市条件时，需要重点掌握以下要点：（1）发行人来源的特定性，即发行人为在全国股转系统连续挂牌满12个月的创新层挂牌公司；（2）最近一年期末净资产不低于5000万元；（3）公开发行不少于100万股，且发行对象不少于100人；（4）公开发行后，公司股本总额不少于3000万元；（5）重点把握上市财务指标，四个标准均与市值（估值）有关，发行人可一一对应，量体裁衣，选择最符合自身的指标；（6）在理解北交所上市条件时，亦应将其与负面清单要求结合起来。

此外，结合笔者过往从事的精选层项目经验及现行的部分规定[①]，对于北交所发行上市还应注意上市条件中的关键性要求，主要包括：标准的选择、市值标准的理解、研发投入的理解、经营稳定性的理解、负面清单中关于"直接面向市场独立持续经营的能力"的理解、负面清单中"重大违法行为"的理解

① 参见《全国中小企业股份转让系统分层管理办法》《北京证券交易所向不特定合格投资者公开发行股票并上市业务办理指南第1号》。

等。具体而言：

1.标准选择

发行人申请北交所上市，可以选择财务四套标准中的任意一项，在选择相应标准时，应注意以下事项：

（1）如采用第一套标准，发行人最近一年的净利润对关联方或者有重大不确定性的客户是否存在重大依赖，最近一年的净利润是否主要来自合并报表范围以外的投资收益，最近一年的净利润对税收优惠、政府补助等非经常性损益是否存在较大依赖，净利润等经营业绩指标大幅下滑是否对发行人经营业绩构成重大不利影响等。

（2）选择第一、二、三套标准在北交所上市的，保荐机构应重点关注以下事项：发行人最近一年的营业收入对关联方或者有重大不确定性的客户是否存在重大依赖，营业收入大幅下滑是否对发行人经营业绩构成重大不利影响。发行人选择第三套标准进入北交所的，其最近一年营业收入应主要源于前期研发成果产业化。

（3）发行人选择第四套标准进入北交所的，其主营业务应属于新一代信息技术、高端装备、生物医药等国家重点鼓励发展的战略性新兴产业。

保荐机构应重点关注以下事项：发行人创新能力是否突出、是否具备明显的技术优势、是否已取得阶段性研发或经营成果。

发行人若尚未盈利或最近一期存在累计未弥补亏损的情形，保荐机构应重点关注以下事项：发行人是否按照《公开发行证券的公司信息披露内容与格式准则第46号——北京证券交易所公司招股说明书》要求，在招股书“风险因素”和“其他重要事项”章节充分披露相关信息；发行人尚未盈利或最近一期存在累计未弥补亏损是偶发性因素还是经常性因素导致；发行人产品、服务或者业务的发展趋势、研发阶段以及达到盈亏平衡状态时主要经营要素需要达到的水平；发行人尚未盈利或最近一期存在累计未弥补亏损是否影响发行人持续经营能力；未盈利状态持续存在或累计未弥补亏损继续扩大是否会触发北交所退市条件。

发行人应当在招股说明书中分析并披露对其经营业绩产生重大不利影响的所有因素，充分揭示相关风险。保荐机构应结合上述关注事项和发行人相关信息披露情况，就发行人是否符合发行条件和北交所上市条件发表明确意见。

2.市值标准

保荐机构应当对发行人的市值进行预先评估，并在《关于发行人预计市值的分析报告》中充分说明发行人市值评估的依据、方法、结果以及是否满足所选择北交所标准中市值指标的结论性意见等。保荐机构应当根据发行人特点、市场数据的可获得性及评估方法的可靠性等，谨慎、合理地选用评估方法，结合发行人报告期股票交易价格、定向发行价格以及同行业可比公众公司在境内外市场的估值情况等进行综合判断。

发行价格确定后，对于预计发行后总市值与申报时市值评估结果存在重大差异的，保荐机构应当向北交所说明相关差异情况。发行人预计发行后总市值不满足上市标准的，应当根据《北京证券交易所证券发行与承销管理细则》的相关规定中止发行。

3.“研发投入”的认定

（1）研发投入认定是指认定研发投入为企业研究开发活动形成的总支出。研发投入通常包括研发人员工资费用、直接投入费用、折旧费用与长期待摊费用、设计费用、装备调试费、无形资产摊销费用、委托外部研究开发费用、其他费用等。本期研发投入为本期费用化的研发费用与本期资本化的开发支出之和。

（2）研发相关内控要求发行人应制定并严格执行研发相关内控制度，明确研发支出的开支范围、标准、审批程序以及研发支出资本化的起始时点、依据、内部控制流程。同时，应按照研发项目设立台账归集核算研发支出。发行人应审慎制定研发支出资本化的标准，并在报告期内保持一致。

（3）保荐机构及申报会计师应对报告期内发行人的研发投入归集是否准确、相关数据来源及计算是否合规、相关信息披露是否符合公开发行说明书准则要求进行核查，并发表核查意见。

（4）保荐机构及申报会计师应对发行人研发相关内控制度是否健全且被有效执行进行核查，就发行人以下事项作出说明，并发表核查意见：①是否建立研发项目的跟踪管理系统，有效监控、记录各研发项目的进展情况，并合理评估技术上的可行性；②是否建立与研发项目相对应的人财物管理机制；③是否已明确研发支出开支范围和标准，并得到有效执行；④报告期内是否严格按照研发开支用途、性质据实列支研发支出，是否存在将与研发无关的费用在研发支出中核算的情形；⑤是否建立研发支出审批程序。

（5）对于合作研发项目，保荐机构及申报会计师还应核查项目的基本情况并发表核查意见，基本情况包括项目合作背景、合作方基本情况、相关资质、合作内容、合作时间、主要权利义务、知识产权的归属、收入成本费用的分摊情况、合作方是否为关联方；若存在关联方关系，需要进一步核查合作项目的合理性、必要性、交易价格的公允性。

4.对“经营稳定性”的理解

发行人应当保持主营业务、控制权、管理团队的稳定，最近24个月内主营业务未发生重大变化；最近24个月内实际控制人未发生变更；最近24个月内董事、高级管理人员未发生重大不利变化；最近12个月内曾实施重大资产重组的，在重组实施前发行人应当符合《北京证券交易所股票上市规则（试行）》第2.1.3条[①]规定的四套标准之一（市值除外）；最近24个月内实际控制人未发生变更；最近24个月内董事、高级管理人员未发生重大不利变化。

保荐机构对发行人的董事、高级管理人员是否发生重大不利变化的认定，应当本着实质重于形式的原则，综合两方面因素分析：一是最近24个月内变动人数及比例，在计算人数比例时，以上述人员合计总数作为基数；二是上述人员离职或无法正常参与发行人的生产经营是否对发行人生产经营产生重大不利影响。变动后新增的上述人员来自原股东委派或发行人内部培养产生的，原则上不构成重大不利变化；发行人管理层因退休、调任、亲属间继承等原因发生岗位变化的，原则上不构成重大不利变化，但发行人应当披露相关人员变动对公司生产经营的影响；如果最近24个月内发行人上述人员变动人数比例较大或上述人员中的核心人员发生变化，进而对发行人的生产经营产生重大不利影响的，应视为发生重大不利变化。

实际控制人为单名自然人或有亲属关系多名自然人，实际控制人去世导致股权变动，股份受让人为继承人的，通常不视为公司控制权发生变更。其他多

---

① 《北京证券交易所股票上市规则（试行）》第2.1.3条　发行人申请公开发行并上市，市值及财务指标应当至少符合下列标准中的一项：

（一）预计市值不低于2亿元，最近两年净利润均不低于1500万元且加权平均净资产收益率平均不低于8%，或者最近一年净利润不低于2500万元且加权平均净资产收益率不低于8%；

（二）预计市值不低于4亿元，最近两年营业收入平均不低于1亿元，且最近一年营业收入增长率不低于30%，最近一年经营活动产生的现金流量净额为正；

（三）预计市值不低于8亿元，最近一年营业收入不低于2亿元，最近两年研发投入合计占最近两年营业收入合计比例不低于8%；

（四）预计市值不低于15亿元，最近两年研发投入合计不低于5000万元。前款所称预计市值是指以发行人公开发行价格计算的股票市值。

前款所称预计市值是指以发行人公开发行价格计算的股票市值。

名自然人为实际控制人，实际控制人之一去世的，保荐机构及发行人律师应结合股权结构、去世自然人在股东大会或董事会决策中的作用、对发行人持续经营的影响等因素综合判断。

5.对负面清单中关于“直接面向市场独立持续经营的能力”的理解

发行人应满足下列要求：

（1）发行人业务、资产、人员、财务、机构独立，与控股股东、实际控制人及其控制的其他企业间不存在对发行人构成重大不利影响的同业竞争，不存在严重影响发行人独立性或者显失公平的关联交易。

（2）发行人或其控股股东、实际控制人、对发行人主营业务收入或净利润占比超过10%的重要子公司在申报受理后至北交所上市前不存在被列入失信被执行人名单且尚未消除的情形。

（3）不存在其他对发行人持续经营能力构成重大不利影响的情形。发行人存在以下情形的，保荐机构及申报会计师应重点关注是否影响发行人持续经营能力，具体包括：发行人所处行业受国家政策限制或国际贸易条件影响存在重大不利变化风险；发行人所处行业出现周期性衰退、产能过剩、市场容量骤减、增长停滞等情况；发行人所处行业准入门槛低、竞争激烈，相比竞争者发行人在技术、资金、规模效应方面等不具有明显优势；发行人所处行业上下游供求关系发生重大变化，导致原材料采购价格或产品售价出现重大不利变化；发行人因业务转型的负面影响导致营业收入、毛利率、成本费用及盈利水平出现重大不利变化，且最近一期经营业绩尚未出现明显好转趋势；发行人重要客户本身发生重大不利变化，进而对发行人业务的稳定性和持续性产生重大不利影响；发行人由于工艺过时、产品落后、技术更迭、研发失败等原因导致市场占有率持续下降、重要资产或主要生产线出现重大减值风险、主要业务停滞或萎缩；发行人多项业务数据和财务指标呈现恶化趋势，短期内没有好转迹象；对发行人业务经营或收入实现有重大影响的商标、专利、专有技术以及特许经营权等重要资产或技术存在重大纠纷或诉讼，已经或者未来将对发行人财务状况或经营成果产生重大影响；其他明显影响或丧失持续经营能力的情形。

保荐机构及申报会计师应详细分析和评估上述情形的具体表现、影响程度和预期结果，综合判断是否对发行人持续经营能力构成重大不利影响，审慎发表明确核查意见，并督促发行人充分披露可能存在的持续经营风险。

6.对“发行人及其控股股东、实际控制人最近三年内不得存在重大违法行为”的理解

最近36个月内，发行人及其控股股东、实际控制人在国家安全、公共安全、生态安全、生产安全、公众健康安全等领域，存在以下违法行为之一的，原则上视为重大违法行为：被处以罚款等处罚且情节严重；导致严重环境污染、重大人员伤亡、社会影响恶劣等。有以下情形之一且保荐机构及发行人律师出具明确核查结论的，可以不认定为重大违法：违法行为显著轻微、罚款数额较小；相关规定或处罚决定未认定该行为属于情节严重；有权机关证明该行为不属于重大违法。但违法行为导致严重环境污染、重大人员伤亡、社会影响恶劣等并被处以罚款等处罚的，不适用上述情形。

二、北交所发行上市申请程序[①]

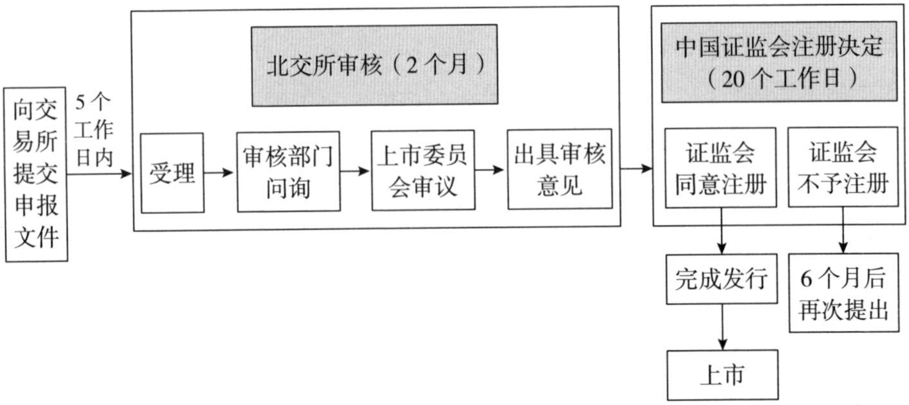

北交所上市审核架构图

根据现行规定，北交所向不特定对象合格投资者公开发行股票主要分为发行上市审核（北交所）、发行注册（中国证监会）两大核心流程。交易所审核过程中，行业咨询委员会负责为发行上市审核提供专业咨询和政策建议，上市委员会负责对审核部门出具的审核报告和发行人的申请文件提出审议意见。自

① 参见《北京证券交易所股票上市规则（试行）》《证券发行上市保荐业务管理办法》《北京证券交易所上市公司证券发行上市审核规则（试行）》等相关规定。

北交所受理至出具审核意见的时间不超过2个月。

（一）发行人审议并提交注册材料

发行人董事会应当依法就本次股票发行的具体方案、本次募集资金使用的可行性及其他必须明确的事项作出决议，并提请股东大会批准。发行人股东大会就本次股票发行事项作出决议，必须经出席会议的股东所持表决权的2/3以上通过。发行人应当对出席会议的持股比例在5%以下的股东表决情况单独计票并予以披露。发行人就本次股票发行事项召开股东大会，应当提供网络投票的方式，发行人还可以通过其他方式为股东参加股东大会提供便利。

发行人股东大会就本次股票发行作出决议，至少应当包括下列事项：（1）本次公开发行股票的种类和数量；（2）发行对象的范围；（3）定价方式、发行价格（区间）或发行底价；（4）募集资金用途；（5）决议的有效期；（6）对董事会办理本次发行具体事宜的授权；（7）发行前滚存利润的分配方案；（8）其他必须明确的事项。

发行人申请公开发行股票，应当按照中国证监会有关规定制作注册申请文件，依法由保荐人保荐并向北交所申报。北交所收到注册申请文件后，应当在5个工作日内作出是否受理的决定。

（二）北交所审核部门审核阶段

北交所设立独立的审核部门，负责审核发行人公开发行并上市申请；设立上市委员会，负责对审核部门出具的审核报告和发行人的申请文件提出审议意见。北交所可以设立行业咨询委员会，负责为发行上市审核提供专业咨询和政策建议。

北交所审核部门审核发行人公开发行并上市申请，主要通过向发行人提出审核问询、发行人回答问题方式开展审核工作，判断发行人是否符合发行条件、上市条件和信息披露要求。

北交所按照规定的条件和程序，形成发行人是否符合发行条件和信息披露要求的审核意见。认为发行人符合发行条件和信息披露要求的，将审核意见、发行人注册申请文件及相关审核资料报送中国证监会注册；认为发行人不符合发行条件或者信息披露要求的，作出终止发行上市审核决定。

北交所应当自受理注册申请文件之日起2个月内形成审核意见，通过对发行人实施现场检查、对保荐人实施现场督导、要求保荐人和证券服务机构对有关事项进行专项核查等方式要求发行人补充、修改申请文件的时间不计算在内。

（三）中国证监会发行注册程序

中国证监会收到北交所报送的审核意见、发行人注册申请文件及相关审核资料后，履行发行注册程序。发行注册主要关注北交所发行上市审核内容有无遗漏，审核程序是否符合规定，以及发行人在发行条件和信息披露要求的重大方面是否符合相关规定。中国证监会认为存在需要进一步说明或者落实事项的，可以要求北交所进一步问询。

中国证监会认为北交所对影响发行条件的重大事项未予关注或者北交所的审核意见依据明显不充分的，可以退回北交所补充审核。北交所补充审核后，认为发行人符合发行条件和信息披露要求的，重新向中国证监会报送审核意见及相关资料，注册期限重新计算。

中国证监会在20个工作日内对发行人的注册申请作出同意注册或不予注册的决定，通过要求北交所进一步问询、要求保荐人和证券服务机构等对有关事项进行核查、对发行人现场检查等方式要求发行人补充、修改申请文件的时间不计算在内。

中国证监会的予以注册决定，自作出之日起1年内有效，发行人应当在注册决定有效期内发行证券，发行时点由上市公司自主选择。北交所认为发行人不符合发行条件或者信息披露要求，作出终止发行上市审核决定，或者中国证监会作出不予注册决定的，自决定作出之日起6个月后，发行人可以再次提出公开发行股票并上市申请。

（四）提出上市申请①

发行人公开发行股票经中国证监会注册并完成发行后，应当提交下列文件，向北交所提出股票上市申请：（1）上市申请书；（2）中国证监会同意注册的决定；（3）公开发行结束后，符合《证券法》规定的会计师事务所出具的验资报告；（4）中国证券登记结算有限责任公司北京分公司出具的股票登记相关文件；（5）保荐机构关于办理完成限售登记及符合相关规定的承诺；（6）公开发行后至上市前，按规定新增的财务资料和有关重大事项的说明（如适用）；（7）北交所要求的其他文件。

① 参见《北京证券交易所股票上市规则（试行）》第2.1.6条。

（五）评析

笔者认为，北交所发行上市流程体现了中国证监会与北交所职责清晰、分工明确、前后衔接的特点。北交所的审核主要是判断发行人是否符合发行条件、上市条件、信息披露要求；而中国证监会则是进一步关注北交所的审核有无遗漏，审核程序是否合规，发行人在发行条件及信息披露要求等重大方面是否合规。

一方面，北交所试点证券公开发行注册制，相关规定贯彻了注册制的理念，对发行上市审核进行优化完善。北交所坚持以信息披露为中心，强化投资者保护，在审核注册各项安排、信息披露、公司治理等方面与科创板、创业板总体保持一致，切实把好“入口关”。北交所试点注册制，建立了交易所审核与中国证监会注册各有侧重的审核流程，同时强化全链条全过程监管，明确中介机构责任；但是，与沪深交易所相比，北交所存在一些制度创新，有效平衡了中小企业在资本市场的规范成本与收益。例如：（1）招股说明书中引用的财务报表有效期为6个月不变，但特别情况下可申请延长的期限从1个月调整为3个月，即将财务报告有效期由“6+1”延长至“6+3”；（2）北交所审核时间（不包括反馈等时间）为受理申请文件之日起2个月内，中国证监会完成注册时间为20个工作日，而科创板、创业板交易所规定审核时间（不包括反馈等时间）为受理申请文件之日起3个月内，中国证监会完成注册时间为20个工作日。相较而言，北交所的审核时间更短；（3）对北交所上市公司的现金分红比例不作硬性要求，鼓励公司根据自身实际“量力而为”。此外，北交所整体延续了精选层的交易制度，体现中小企业股票的交易特点，为北交所引入做市机制，实行混合交易预留了制度空间。

另一方面，北交所实行注册制，发行人、中介机构等各方应对中国目前的注册制有进一步深入的认知。体现中国特色和发展阶段、稳步推进的A股注册制具有“注册+审核制”的特点，这表明监管机构的监管不是放松了，而是加强了。近期的监管方式体现了“审核问询+自查+现场督导+现场检查”的四位一体模式。我们对A股注册制的内涵应有正确、全面、客观的认识。

三、有关中国注册制的进一步探讨

北交所的设立及相关制度的执行，是我国注册制的又一个里程碑。为此，有必要对中国资本市场的注册制予以进一步探讨。

注册制通常是指企业在准备发行股票时，必须将依法公开的各种资料完整、准确地向证券主管机关呈报并申请注册。证券主管机关的职责是依据信息公开原则，对申请文件的真实性、准确性、完整性和及时性作形式审查，而将企业股票的投资价值留给市场判断。但我国注册制又存在一定的中国特色。

对于造假上市的问题，虽然我国监管持续呈高压态势，但在注册制实施前，中国证监会的审核极易被投资者认为是给上市公司的质量背书。对此，监管部门就一直在思考和实践逐步将选择权交给市场，实施注册制就是要解决发行过程中政府监管和市场的角色错位问题。在制度建设基本完备、投资者相对理性、违法违规成本大幅提升的当前资本市场环境下，监管把优质上市公司的选择权进一步交给市场，让市场主体全面归位尽责，让企业用高质量发展来赢得投资者，是注册制改革持续推进的正确方向。

2019年12月28日，全国人大常委会审议通过修订后的《证券法》，自2020年3月1日起施行。此次修订从注册制改革、增加违法成本、投资者保护、信息披露、交易行为等方面进行修改完善，并增加信息披露和投资者保护专章。《证券法》还明确将全面推行注册制。此次修订在总结科创板试点注册制的基础上，对注册制作出系统完备的规定：一是精简优化证券发行条件，将公开发行股票“持续盈利能力”要求改为“持续经营能力”，有利于打破证券发行监管中的行政审批思维；二是调整证券发行的程序，取消发行审核委员会制度；三是强化信息披露；四是规定证券发行注册制的具体范围、实施步骤，为注册制分步实施留出空间。《证券法》修订，新股发行是重中之重，我国新股发行制度经历了从审批制到核准制再到注册制的转变，有望迎来A股资本市场的“大变局”。

根据《国民经济和社会发展第十四个五年规划和2035年远景目标纲要》，我国将“全面实行股票发行注册制，建立常态化退市机制，提高上市公司质量”；根据2021年政府工作报告，要稳步推进注册制改革。可见，对于A股发行注册制改革，全面实行是方向，稳步推进是当前的具体操作。

2021年1月29日，中国证监会发布《首发企业现场检查规定》。根据该规定，中国证券业协会于2021年1月31日组织完成首发企业信息披露质量抽查的抽签工作。本批参与抽查的是2021年1月30日前受理的科创板和创业板企业，共计407家，其中20家企业被抽中，中国证监会根据要求对企业信息披露质量及中介机构执业质量进行检查。此轮随机抽取的20家首发企业中，有16家主动撤回首发申请，占比高达80%。

现场抽查工作是监管部门进一步加强首发企业信息披露监管、严把IPO入口关、提升上市公司质量的重要举措，而该项制度将会成为A股注册制常态化的监管模式之一。如何认识A股“注册制”，正确理解掌握监管部门的政策，更好地助力发行人A股注册上市成功，是关注A股市场人士及参与者共同关心的问题。

笔者结合多年实务经验及目前的监管政策，将注册制相关内容予以梳理，就我国现行的注册制相关内容探讨如下：

（一）整体把握

目前体现中国特色和发展阶段、稳步推进的A股注册制具有“注册+审核制”的特点，监管机构的监管并非放松了，而是加强了。

A股注册制是一个系统性的概念，A股注册制是以信息披露为核心建立的规则体系，证券交易所负责发行人发行上市审核，中国证监会负责发行人股票发行注册。中国证监会将加强对交易所审核工作的监督，并强化新股发行上市事前事中事后全过程监管。

提示

A股注册制的内容包括但不限于：构建股票市场化发行承销机制；进一步强化信息披露监管；基于不同板块上市公司特点和投资者适当性要求，建立更加市场化的交易机制；建立更加高效的并购重组机制；严格实施退市制度等。

A股注册制要求：将对发行人进行持续监管；进一步压实中介机构责任；严厉打击欺诈发行、虚假陈述等违法行为；保护投资者合法权益；证券监管部门加强行政执法与司法的衔接；建立健全证券支持诉讼示范判决机制，探索完善与注册制相适应的证券民事诉讼法律制度。

A股注册制的九字方针为：建制度、不干预、零容忍。

A股注册制的三原则为：坚持尊重注册制基本内涵、借鉴国际最佳实践、体现中国特色和发展阶段。

（二）具体解析

1.稳步推进注册制

中国证监会相关负责人提出，紧紧围绕打造一个规范、透明、开放、有活力、有韧性的资本市场的总目标，坚持稳中求进工作总基调，坚持“建制度、不干预、零容忍”，聚焦“全面实行股票发行注册制，建立常态化退市机制，提高直接融资比重”等核心任务。坚持尊重注册制基本内涵、借鉴国际最佳实践、体现中国特色和发展阶段三原则，稳步在全市场推行注册制。①

推行注册制的过程是一个不断完善制度的过程，除了近期颁布及修订的相关制度、政策之外，在未来一段时间内，还会不断出台用于解决相关问题的新的监管性文件。另外，不少人对前述“不干预”有所误解，认为注册制就是降低了上市标准，只要披露就可以了。其实恰恰相反，中国证监会相关负责人在多个场合反复强调，注册制仍应加强审核，注册制对信息披露质量严格把关。中介机构作为“看门人”的标准是提高了。实务中也证明了这一点。目前我国所执行的注册制应理解为“注册+审核制”；“零容忍”体现了对于违法违规相关方予以惩戒、压实中介机构责任的态度。

全面实行及落实注册制是大势所趋，但也应注意，改革是渐进的，不可能一蹴而就。一方面要尊重注册制的基本内涵，借鉴国际先进的经验，取长补短；另一方面，目前我国的注册制还是处于试点阶段，不断积累经验，需要体现中国特色和发展阶段，稳步推进注册制。

2.进一步完善注册制的相关制度

注册制九字方针第一项便是“建制度”。近年来一系列政策、规定的出台便体现了这一点，注册制在制度层面不断完善。例如：

（1）退市制度是资本市场关键的基础性制度。正常的市场应是有进有出，良性循环。2020年12月31日，沪深证券交易所发布了修订后的退市规则，进

① 参见《继往开来砥砺前行奋力谱写资本市场高质量发展新篇章》，载中国证监会网站，http://www.csrc.gov.cn/pub/newsite/zjhxwfb/xwdd/202012/t20201228_389625.html，最后访问时间：2021年11月15日。

一步修订了财务指标类、交易指标类、规范类、重大违法类退市标准。

（2）2021年3月1日施行的《刑法修正案（十一）》大幅提高了对欺诈发行、信息披露造假、中介机构提供虚假证明文件和操纵市场四类证券期货犯罪的刑事惩戒力度，与《证券法》有效衔接，威慑、遏制、打击违法违规行为。

（3）2020年12月30日颁布的《关于加强私募投资基金监管的若干规定》有利于加强私募基金监管，规范基金行为，维护投资者的利益，更好地参与资本市场的注册制改革。

（4）中国证监会修正《中国证监会随机抽查事项清单》、发布《首发企业现场检查规定》、上交所发布《上海证券交易所科创板发行上市审核规则适用指引第1号——保荐业务现场督导》、深交所公布《深圳证券交易所创业板发行上市审核业务指引第1号——保荐业务现场督导》，落实现场检查及督导制度，进一步加强首发企业信息披露监管，严把IPO入口关，提升上市公司质量。

（5）定期公布典型案件及奖励举报人，一方面体现阳光执法，另一方面以儆效尤，正确引导市场。

（6）上交所发布《上海证券交易所科创板发行上市审核业务指南第2号——常见问题的信息披露和核查要求自查表》及中国证监会修订《科创属性评价指引（试行）》，提高科创板“硬科技”属性，更好地规范科创板健康发展。

（7）中国证监会发布《监管规则适用指引——关于申请首发上市企业股东信息披露》，加强股东穿透式核查，有利于进一步打击“影子股东”，防止利益输送、打击突击入股、清理代持及违规持股；同时，中国证监会也将加强对系统离职人员投资拟上市公司的监管，完善相关制度。

3. 加强监管

如前所述，中国特色的注册制具有“注册+审核制”的特点，证券监管机构的监管不是放松了，而是加强了。通过近期的政策来看，在具体监管方式方面，体现了“审核问询+自查+现场督导+现场检查”四位一体的监管方式。例如，上交所要求为科创板发行人提供服务的相关中介机构如实填写《自查表》，对在审核过程中发现《自查表》所涉信息披露存在重大瑕疵或财务存在重大疑问的，将及时启动现场督导；对于审核中发现发行人存在相关重大疑问或异常，且未能提供合理解释、影响审核判断的，按规定提请实施现场检查。

“审核问询”为监管部门对发行人递交的申报资料进行反馈问询，是目前资本市场IPO过程中不可缺少的一环，通过问询问出一家“真”公司，是否符合上市标准，也便于发行人不断完善公示文件，维护广大投资者的合法权益。

“自查”体现了“以信息披露为核心”的注册制改革要求。上交所全面梳理了科创板股票发行上市信息披露和核查把关中的常见共性问题和薄弱环节，依据现有发行上市审核标准和要求，制定发布了《自查表》。对于《自查表》中的核查要求，相关中介机构根据重要性原则，在保荐工作报告、律师工作报告、会计师专项核查报告中逐项予以核实，重要问题重点说明，一般问题简要说明，并在《自查表》中填写相关适用事项在中介机构报告中的页码。中介机构按《自查表》的填写规范要求、核查及披露要求，认真如实填写并经签字盖章后及时提交。

“现场督导”于2019年6月开始启动，是科创板试点注册制中落实以信息披露为核心、把好上市企业“入口关”的积极探索和具体措施。2021年4月29日，深交所发布《深圳证券交易所创业板发行上市审核业务指引第1号——保荐业务现场督导》。现场督导对象以保荐机构为主，但可以根据需要对会计师事务所等证券服务机构一并实施现场督导。如该项目在撤回后12个月内重新申报的，将在受理后直接启动现场督导。对于审核中发现发行人存在相关重大疑问或异常，且未能提供合理解释、影响审核判断的，按规定提请实施现场检查。现场督导与现场检查联动，有利于形成监管威慑，压严压实中介机构责任，督促保荐机构、证券服务机构勤勉尽责，切实发挥中介机构资本市场的“看门人”职责。

“现场检查”是指针对申请在境内证券交易所首次公开发行股票或存托凭证并上市的企业（以下简称检查对象），由中国证监会及其派出机构和交易所作为检查机构，在检查对象的生产、经营、管理场所以及其他相关场所，采取一定方式对其信息披露质量及中介机构执业质量进行监督检查的行为。检查内容为首发企业信息披露质量及中介机构执业质量。检查对象按问题导向和随机抽取两种方式确定。《首发企业现场检查规定》第8条规定：“……检查对象自收到书面通知后十个工作日内撤回首发申请的，原则上不再对该企业实施现场检查。在撤回申请后十二个月内再次申请境内首发上市的，应当列为检查对象。”目前监管部门正将现场检查制度常态化，检查对象撤回首发申请的，也不是一撤了之，对于撤销资料且存在相关问题的发行人及相关中介机构，也会一查到底。

综上所述，四位一体的监管联动模式正逐步形成，并日趋常态化。

4.压实中介机构责任

保荐机构、会计师、律师为发行人A股IPO最主要的中介机构，与发行人直接接触，帮助、辅导企业上市，发现问题并协助企业解决问题。中介机构质量的高低在某种程度上也会影响发行人的申报和规范发展，中介机构对发行人上市起到“看门人”的作用。

中国证监会相关负责人表示，中介机构作为“看门人”的标准是提高了，中介机构应从提高发行人上市的“可批性”转换至“可投性”，能为投资者提供更有价值的标的。但不少中介机构尚未真正具备与注册制相匹配的理念、组织和能力，还在“穿新鞋走老路”。对“带病闯关”的，将严肃处理，决不允许一撤了之。[①]

“压实中介机构责任”为注册制的应有之义，近期政策及实践中的主要体现为：《刑法修正案（十一）》加大了对中介机构提供虚假证明文件和操纵市场等四类证券期货犯罪的刑事惩戒力度；“律师事务所从事证券法律业务检查”被增加到《中国证监会随机抽查事项清单》中；《首发企业现场检查规定》提高了中介机构服务质量要求；中介机构为发行人申报科创板服务中，应填写《自查表》与中介机构报告一一对应；在以保荐人为主要核查对象的现场督导中，对保荐人及相关中介机构的工作底稿提出了新的要求；多地证监局对IPO项目组各家中介机构逐个进行约谈，对不满意的项目“不验收、不申报”；多家中介机构因核查不到位或者不规范运作行为而受到监管部门的处罚。

中国证监会于2021年5月7日集中公布了多家证券公司因投行业务及从业人员违规被处罚的信息，驻证监会纪检监察组在督促证监会加大监管执法力度的同时，推动修订完善保荐业务管理办法，建立处罚信息集中公示机制。

5.增加股东的核查

股东是发行人的出资人，一旦发行人上市成功，Pre-IPO的股东就会获得巨额收益。中国证券监管机构加大了对上市前股东核查的力度。

主要体现在：（1）全面深入核查披露股东信息，对于入股价格异常的股东、股权结构复杂的股东，层层穿透核查，确保其不存在股权代持、违规持

① 参见《在中国发展高层论坛圆桌会上的主旨演讲》，载中国证监会网站，http://www.csrc.gov.cn/pub/newsite/zjhxwfb/xwdd/202103/t20210320_394519.html，最后访问时间：2021年11月15日。

股、不当利益输送等情形；将申报前12个月内产生的新股东认定为突击入股并进行股份锁定；相关中介机构在申报时应提供股东核查报告；（2）严查证监会系统离职人员突击入股拟上市公司事项；（3）进一步加强私募基金监管，严厉打击各类违法违规行为等。

6.提高发行人信息披露质量

根据《证券法》的规定，发行人及法律、行政法规和国务院证券监督管理机构规定的其他信息披露义务人，应当及时依法履行信息披露义务。信息披露义务人披露的信息，应当真实、准确、完整，简明清晰，通俗易懂，不得有虚假记载、误导性陈述或者重大遗漏。

注册制要求发行人应全面、真实、客观地披露信息，这也是证券市场正常健康发展的应有之义，监管部门的审核注册及投资者作出投资判断均依赖于发行人披露的信息，中国股市有数量庞大的个人投资者的特殊国情，更是对信息披露工作提出了更高的要求。

信息披露是股票发行注册制改革的核心，发行人为信息披露第一责任人，提高发行人及相关信息披露义务人的披露质量是其必然要求。在中国证监会官网披露的2020年证监稽查20起典型违法案例中，与信息披露有关的案例就多达13例，突出表现在公司的实际控制人占用公司资金、隐瞒关联交易违规披露、财务造假等方面，相关人员及机构受到了相应的行政处罚，甚至被追究刑事责任。在注册制全面推广情形下，加强信息披露义务人的信息披露义务及责任仍将是重中之重。

7.多层次资本市场体系

中国证监会相关责任人表示，将着力提高直接融资比重，科学把握各层次股票市场定位，完善各板块差异化制度安排，努力形成功能互补、有机联系的多层次资本市场体系。支持沪深交易所加快建设优质创新资本中心和世界一流交易所。①

各个板块定位不一样，不同的企业可以根据自身的特点选择不同的板块。科创板强调“硬科技”，提高研发人员比重，科创属性标准修订为“4+5”，即4个同时满足+5项例外标准。创业板强调“三创四新”，即依靠创新、创造、

① 参见《继往开来砥砺前行奋力谱写资本市场高质量发展新篇章》，载中国证监会网站，http://www.csrc.gov.cn/pub/newsite/zjhxwfb/xwdd/202012/t20201228_389625.html，最后访问时间：2021年11月15日。

创意的大趋势，主要服务成长型创新创业企业，支持传统产业与新技术、新产业、新业态、新模式深度融合。北交所服务创新型中小企业，欢迎“专精特新”企业，服务对象更小更早更新。监管部门在近期对申报的企业反馈问答中，更是直接将是否符合科创板“4+5科创属性”和创业板“三创四新属性”放到了突出的位置。因此，发行人在正式申报前，应慎重考虑自身的特点并与相关板块的要求逐一对应，量体裁衣，节约成本，提高通过的概率。

8.形成良性的注册制“生态体系”

全面稳步推进注册制，监管机构进一步完善注册制的相关制度、加强监管，压实中介机构责任，增加股东的核查，提高发行人信息披露质量，建立多层次的资本市场体系，形成良性的注册制“生态体系”。

中国证监会相关负责人表示，资本市场是一个复杂的生态系统。一方面强化“零容忍”的震慑，让做坏事的人付出惨痛代价。我们一直致力于推动完善证券执法司法体制机制，构建行政执法、民事追偿、刑事惩戒的立体追责体系。加大中介机构追责力度。另一方面加快推动市场各方归位尽责。坚持“敬畏市场、敬畏法治、敬畏专业、敬畏风险，发挥各方合力”的监管理念，引导上市公司诚信经营、守正创新，大力弘扬“合规、诚信、专业、稳健”的行业文化，积极倡导理性投资、长期投资、价值投资的理念，各方共建共治共享的发展格局正在逐步形成。[①]

第二节　募集资金管理

募集资金管理的相关规定[②]，体现了监管机构既遵循规范、透明的监管理念，又保持适度的灵活和弹性，充分赋予发行人对募集资金使用的自主权。就募集资金管理部分，主要可以从建立内部制度、设置专户及三方监管、募集资金用途、募集资金的三种情况处理、自查及核查等方面掌握。

---

① 参见《在中国发展高层论坛圆桌会上的主旨演讲》，载中国证监会网站，http://www.csrc.gov.cn/pub/newsite/zjhxwfb/xwdd/202103/t20210320_394519.html，最后访问时间：2021年11月15日。

② 参见《北京证券交易所股票上市规则（试行）》第2.3.1条至第2.3.8条。

一、建立内部制度

发行人应当建立募集资金存储、使用、监管和责任追究的内部制度，明确募集资金使用的分级审批权限、决策程序、风险防控措施和信息披露要求。

二、设置专户及三方监管

发行人募集资金应当存放于募集资金专项账户，该账户不得存放非募集资金或用作其他用途。发行人应当与保荐机构、存放募集资金的商业银行签订三方监管协议。

三、募集资金的用途

（一）总体要求

发行人募集资金应当用于主营业务及相关业务领域。暂时闲置的募集资金可以进行现金管理，投资于安全性高、流动性好、可以保障投资本金安全的理财产品。

除金融类企业外，募集资金不得用于持有交易性金融资产、其他权益工具投资、其他债权投资或借予他人、委托理财等财务性投资，不得直接或间接投资于以买卖有价证券为主营业务的公司，不得用于股票及其衍生品种、可转换公司债券等高风险投资，不得通过质押、委托贷款或其他方式变相改变募集资金用途。

（二）改变资金用途

发行人应当按照公开披露的用途使用募集资金；改变募集资金用途的，应当经公司董事会、股东大会审议通过并披露，独立董事和保荐机构应当发表明确同意意见并披露。

存在下列情形的，视为募集资金用途变更：（1）取消或者终止原募集资金项目，实施新项目；（2）变更募集资金投资项目实施主体（实施主体在发行人及其全资子公司之间变更的除外）；（3）变更募集资金投资项目实施方式；

（4）北交所认定为募集资金用途变更的其他情形。

发行人仅改变募集资金投资项目实施地点的，可免于提交股东大会审议。

四、闲置募集资金、超募资金、置换自筹资金的处理

（一）闲置募集资金

发行人使用闲置募集资金投资理财产品的，应当经公司董事会审议通过并披露，独立董事和保荐机构应当发表明确同意意见并披露。

暂时闲置的募集资金可暂时用于补充流动资金。暂时补充流动资金，仅限于与主营业务相关的生产经营使用，不得直接或间接用于股票及其衍生品种、可转换公司债券等高风险投资。

闲置募集资金暂时用于补充流动资金的，应当经发行人董事会审议通过并披露，独立董事和保荐机构应当发表明确同意意见并披露。单次补充流动资金最长不得超过12个月。补充流动资金到期日之前，发行人应当将该部分资金归还至募集资金专户，并在资金全部归还后及时公告。

（二）超募资金

发行人实际募集资金净额超过计划募集资金金额的部分（即超募资金）用于永久补充流动资金和归还银行借款的，应当经公司董事会、股东大会审议通过并披露，独立董事和保荐机构应当发表明确同意意见并披露。发行人应当公开承诺，在补充流动资金后的12个月内不进行股票及其衍生品种、可转换公司债券等高风险投资，或者为他人提供财务资助。

（三）置换自筹资金

发行人以自筹资金预先投入公开披露的募集资金用途后，以募集资金置换自筹资金的，应当经公司董事会审议通过并披露，独立董事和保荐机构应当发表明确同意意见并披露。发行人应当及时披露募集资金置换公告以及保荐机构关于发行人前期资金投入具体情况或安排的专项意见。

五、募集资金使用情况的自查及核查

发行人董事会应当每半年度对募集资金使用情况进行自查，出具自查报告，并在披露年度报告及中期报告时一并披露。

发行人董事会应当聘请会计师事务所对募集资金存放和使用情况出具鉴证报告，并在发行人披露年度报告时一并披露。

保荐机构每年就发行人募集资金存放和使用情况至少进行一次现场核查，出具核查报告，并在公司披露年度报告时一并披露。

第三节　股份变动管理

根据《北京证券交易所股票上市规则（试行）》，股份变动管理为发行人发行上市的重要组成部分，相关方在上市后的股份需要锁定，而锁定期满后，相关方的股份仍然受到减持的限制。根据《北京证券交易所上市公司持续监管办法（试行）》，股份减持为北交所上市公司持续监管的重要内容，而限售与减持通常会联系起来考虑，即相关方在股份限售期满后仍然需履行减持的相关规定。为便于读者整体上理解和把握，笔者将北交所上市减持部分的内容放入股份变动管理章节。

以下从三个方面就股份变动管理予以归纳整理，其一为北交所关于股份变动管理的一般规定，其二为股份减持的一般规定，其三为北交所与其他交易所（板块）就限售、减持的相关规定比较。

一、股份变动管理的一般规定[①]

北交所有关股份变动管理主要可以从公开发行上市的股份限售（表2–5）、董监高股份限售（表2–6）、其他（上市时未盈利、重大违法违规、重大违法

① 参见《北京证券交易所股票上市规则（试行）》第2.4.1条至第2.4.16条。

强制退市）股份限售（表2–7）、减持预披露（表2–8）、敏感期交易（表2–9）等方面予以把握。

（一）发行上市股份限售

表2–5　发行上市股份限售对象及要求

限售对象	限售要求
上市公司控股股东、实际控制人及其亲属[①]，以及上市前直接持有10%以上股份的股东或虽未直接持有但可实际支配10%以上股份表决权的相关主体	持有或控制的本公司向不特定合格投资者公开发行前的股份，自公开发行并上市之日起12个月内不得转让或委托他人代为管理。
上市公司董事、监事、高级管理人员	持有的本公司股份，按照《公司法》规定，自上市之日起12个月内不得转让。
发行人高级管理人员、核心员工	通过专项资产计划、员工持股计划等参与战略配售取得的股份，自公开发行并上市之日起12个月内不得转让或委托他人代为管理。
其他投资者	参与战略配售取得的股份，自公开发行并上市之日起6个月内不得转让或委托他人代为管理。

（二）上市公司董事、监事、高级管理人员股份限售

表2–6　发行上市股份限售情形及要求

限售情形	限售要求
上市限售	自上市之日起12个月内不得转让。
任职期间限售	在任职期间每年转让的股份不超过其所持本公司股份总数的25%。
离职限售	离职后6个月内不得转让。

【注】（1）上市公司董、监、高应当按照北交所规定的时间、方式报备个人信息和持有本公司股份的情况；
（2）上市公司董、监、高所持本公司股份发生变动的，应当及时向公司报告并由公司在规定信息披露平台的专区披露，但因权益分派导致的变动除外。

① 根据《北京证券交易所股票上市规则（试行）》第2.4.2条第2款的规定，亲属是指上市公司控股股东、实际控制人的配偶、子女及其配偶、父母及配偶的父母、兄弟姐妹及其配偶、配偶的兄弟姐妹、子女配偶的父母以及其他关系密切的家庭成员。

（三）其他限售

表2-7 其他限售情形

适用情形	具体适用
上市时未盈利	（1）公司上市时未盈利的，在实现盈利前，控股股东、实际控制人、董事、监事、高级管理人员自公司股票上市之日起2个完整会计年度内，不得减持公开发行并上市前股份。 （2）公司实现盈利后，可以自当年年度报告披露后次日起减持公开发行并上市前股份。 （3）董事、监事、高级管理人员在前款规定期间内离职的，应当继续遵守上述规定。
重大违法违规	上市公司控股股东和持股5%以上的股东（以下称大股东）、实际控制人、董事、监事、高级管理人员不得减持其所持有的本公司股份： （1）因涉嫌证券期货违法犯罪，在被中国证监会及其派出机构立案调查或者被司法机关立案侦查期间，以及在行政处罚决定、刑事判决作出之后未满6个月。 （2）因违反北交所规则，被北交所公开谴责未满3个月。 （3）中国证监会及北交所规定的其他情形。 大股东、公司实际控制人通过北交所和全国股转系统的竞价或做市交易买入本公司股份，其减持不适用上述规定。
重大违法强制退市	自相关行政处罚事先告知书或者司法裁判作出之日起至下列任一情形发生前，公司控股股东、实际控制人以及董事、监事、高级管理人员不得减持公司股份： （1）公司股票终止上市并摘牌。 （2）公司收到相关行政处罚决定或者人民法院司法裁判生效，显示公司未触及重大违法强制退市情形。

（四）减持预披露

根据《北京证券交易所上市公司持续监管办法（试行）》立法说明，考虑到北交所上市企业从公开市场产生，通过减持进行套利的空间有限，放宽对主要股东、实际控制人和董监高减持时间和数量的限制，改为预先披露要求，同时适当延长未盈利企业股份锁定期，做好减持与限售之间的平衡。减持程序等具体内容由北交所规定。

由于上市公司大股东、实际控制人、董监高减持通常会影响上市公司的股价，进而影响投资者的利益，因此，监管部门明确要求相关方在减持过程中应履行预披露的义务，进而减少因相关方减持而给整个股票二级市场造成价格上的波动及避免损害中小股东的利益。

北交所相关方减持预披露的主要情况如下：

表2-8 减持预披露具体要求

事项	具体要求
预披露主体	上市公司大股东、实际控制人、董事、监事、高级管理人员。
一般要求	在首次卖出股份的15个交易日前预先披露减持计划，每次披露的减持时间区间不得超过6个月。
特殊要求	拟在3个月内卖出股份总数超过公司股份总数1%的，除按一般要求履行信息披露义务外，还应当在首次卖出的30个交易日前预先披露减持计划。
信息披露	在减持时间区间内，减持数量过半或减持时间过半时，披露减持进展情况；在股份减持计划实施完毕或者披露的减持时间区间届满后及时公告具体减持情况。
除外情形	实际控制人、大股东通过北交所和全国股转系统的竞价或做市交易买入本公司股份，其减持不适用上述规定。

（五）敏感期交易

上市公司控股股东、董事、监事和高级管理人员在下列期间不得买卖本公司股票：

表2-9 敏感期交易具体要求

事项	具体要求
年度报告、中期报告公告	公司年度报告、中期报告公告前30日内及季度报告公告前10日内；因特殊原因推迟年度报告、中期报告公告日期的，自原预约公告日前30日起算，直至公告日日终。
业绩预告、业绩快报公告	公司业绩预告、业绩快报公告前10日内。
重大事件或重大事项发生	自可能对公司股票交易价格、投资者投资决策产生较大影响的重大事件发生之日或者进入决策程序之日，至依法披露之日内。

二、股份减持的一般规定

（一）股份减持的基本含义

上市公司股份减持制度是资本市场重要的基础性制度，对于稳定上市公司治理、维护二级市场稳定、保护投资者特别是中小投资者合法权益具有十分重要的作用。目前我国已经形成了包括《公司法》《证券法》等法律法规、证监会的规章、规范性文件和证券交易所自律规则在内的一套规范上市公司大股东及董监高减持公司股份的规则体系，确立了以锁定期安排和后续减持比例限制、信息披露要求为基础的减持制度。

近年来，A股上市公司频发重要股东减持事件，多家上市公司遭遇重要股东清仓式减持。少数上市公司的大股东以及对公司经营管理有影响力的股东清仓式减持、断崖式减持等现象对市场稳定运行造成一定的冲击。为此，2017年5月26日，中国证监会颁布了《上市公司股东、董监高减持股份的若干规定》。2017年5月27日，沪深交易所分别发布《上海证券交易所上市公司股东及董事、监事、高级管理人员减持股份实施细则》和《深圳证券交易所上市公司股东及董事、监事、高级管理人员减持股份实施细则》。2018年1月12日，沪深交易所又以问答方式进一步说明了市场关注的问题，一定程度上封堵了“过桥减持”“精准减持”“恶意减持”等漏洞，对于稳定上市公司治理、维护二级市场稳定、保护投资者合法权益起到了积极的作用。

随着科创板相关制度在2019年的正式推出，有关减持制度的规定原则上仍适用2017年减持的相关规定，但由于科创板的一些特殊制度（如允许非盈利企业上市等），科创板对于减持制度予以了进一步的完善。

2020年3月6日，中国证监会颁布了《上市公司创业投资基金股东减持股份的特别规定》，进一步完善创业投资基金退出渠道，畅通“投资—退出—再投资”良性循环，促进创业资本形成，更好发挥创业投资对于支持中小企业、科创企业创业创新的作用。

2020年7月3日，上交所发布《上海证券交易所科创板上市公司股东以向特定机构投资者询价转让和配售方式减持股份实施细则》，规定了科创公司控股股东、实际控制人、董事、监事、高级管理人员及核心技术人员不得在特定期间内启动、实施或者参与询价转让；同时，受让方通过询价转让受让的股份，在受让后6个月内不得转让；所受让股份不属于《上海证券交易所上市公司股东及董事、监事、高级管理人员减持股份实施细则》（简称《减持细则》）规定的特定股份，不适用特定股份减持的规定。不得转让期限届满后，持股5%以上的受让方卖出所受让股份的，适用《减持细则》关于大股东减持的规定。

2021年2月5日，中国证监会颁布《监管规则适用指引——关于申请首发上市企业股东信息披露》，发行人提交申请前12个月内新增股东的，新增股东应当承诺所持新增股份自取得之日起36个月内不得转让。

2021年10月30日，北京证券交易所颁布《北京证券交易所股票上市规则（试行）》《北京证券交易所上市公司持续监管办法（试行）》，明确放宽对北交所主要股东、实际控制人和董监高减持时间和数量的限制，改为预先披露要求，同时适当延长未盈利企业股份锁定期。

（二）减持方式

现阶段大股东减持的方式通常有五种，即集中竞价、大宗交易、协议转让、询价转让及配售。

1.集中竞价

集中竞价是指通常在二级市场直接抛售股票，容易造成股价较大波动。因此，采用该方式减持的，大股东在任意连续90日内减持股份的总数不得超过公司股份总数的1%。如减持的是非公开发行的股份，则除遵守前述要求外，自股份解除限售之日起12个月内，减持数量不得超过其持有该次非公开发行股份数量的50%。大股东与其一致行动人所持有的股份应当合并计算。一致行动人的认定适用《上市公司收购管理办法》的规定。

2.大宗交易

大宗交易是指达到规定的最低限额的证券单笔买卖申报，买卖双方达成一致并经交易所确定成交的证券交易。目前上交所和深交所关于A股单笔大宗交易的最低限额为单笔买卖申报数量应当不低于30万股，或者交易金额不低于200万元人民币。

在任意连续90日内，减持股份的总数不得超过公司股份总数的2%，且交易的受让方在受让后6个月内不得转让其受让的股份。同样，大股东与其一致行动人所持有的股份应当合并计算。如果减持的是非公开发行的股份，则不适用减持数量不得超过其持有该次非公开发行股份数量50%的规定。

3. 协议转让

协议转让是指交易双方互为指定交易对手方，协商确定交易价格及数量的交易方式。因此协议转让并没有减持数量上限，但对单个受让方的受让比例要求为不低于公司股份总数的5%（转让双方存在实际控制关系或均受同一控制人所控制的除外）。如减持后不再具有大股东身份的，出让方、受让方在6个月内应当共同遵守任意连续90日内通过集中竞价交易减持股份合计不得超过公司股份总数的1%的规定（共用该1%的减持额度）。转让价格则一般不低于转让协议签署日公司股份大宗交易价格范围的下限，即协议签署日前一交易日收盘价的90%，法律法规另有规定的除外。因此，协议转让对于受让方的资质要求较高，一般多用于收购上市公司或上市公司重组中。

特定股东减持，采取协议转让方式的，单个受让方的受让比例不得低于公司股份总数的5%，转让价格下限比照大宗交易的规定执行。出让方、受让方在协议转让后6个月内采取集中竞价交易方式减持的，在任意连续90日内，合计减持股份的总数不得超过公司股份总数的1%，即共享该1%的减持额度。

需要特别提示的是，股东通过协议转让减持的股份属于上市公司非公开发行股份的，不适用上述规则的规定。

4. 询价转让及配售

《上海证券交易所科创板上市公司股东以向特定机构投资者询价转让和配售方式减持股份实施细则》在传统的集中竞价、大宗交易、协议转让等减持方式基础上，新增了询价转让与配售两种方式转让首发前股份，对拟转让股份的定价限制、比例限制以及信息披露等方面作出了具体规定。科创板进入减持期后，持有首发前股份的股东可通过集中竞价、大宗交易、协议转让、询价转让以及配售五种方式进行减持，监管机构对于五种减持方式的规定有所不同，拟减持股东可以按需要选择适合的方式。

（三）沪深交易所关于大股东及特定股东减持的限制性规定

1. 大股东减持的特别规定

根据《上市公司股东、董监高减持股份的若干规定》，上市公司大股东（上市公司控股股东、持股5%以上的股东[①]）在首次公开发行锁定期满后，在3个月内通过证券交易所集中竞价交易减持股份的总数，不得超过公司股份总数的1%；上市公司大股东通过大宗交易方式减持股份，或者股东通过大宗交易方式减持其持有的公司首次公开发行前发行的股份、上市公司非公开发行的股份，股份出让方、受让方应当遵守证券交易所关于减持数量、持有时间等规定。

2. 特定股东的限制性规定

《上海证券交易所上市公司股东及董事、监事、高级管理人员减持股份实施细则》《深圳证券交易所上市公司股东及董事、监事、高级管理人员减持股份实施细则》等相关规定，对大宗交易、协议转让、特定股东等均作出了较为详细的规定：

（1）大宗交易：在任意连续90个自然日内，大股东、特定股东减持股份的总数不得超过公司股份总数的2%。交易的受让方在受让后6个月内，不得转让其受让的股份；大宗交易买卖双方应当在交易时明确其所买卖股份的性质、数量、种类、价格，并遵守相关规定。

（2）协议转让：单个受让方的受让比例不得低于公司股份总数的5%，转让价格下限比照大宗交易的规定执行，法律、行政法规、部门规章、规范性文件及交易所业务规则等另有规定的除外。减持后不再具有大股东身份的，出让方、受让方在6个月内应当继续遵守大股东集中竞价减持的规定及大股东报告、公告的义务。

（3）特定股东：指大股东以外持有公司首次公开发行前股份、上市公司非公开发行股份的股东。特定股东在集中竞价、大宗交易、协议转让方面的减持规定与大股东的减持规定一致。

可见，沪深交易所除了对大股东以集中竞价交易、大宗交易、协议转让等

---

① 包括持股5%以上的员工持股计划。

方式减持作出了限制性的规定，对发行人上市前的特定股东也作出了较为严格的减持限制性规定。相对而言，北交所放宽对主要股东、实际控制人和董监高减持时间和数量的限制，改为预先披露要求。

北交所对有关主要股东、实际控制人和董监高增加了减持预披露的要求，但与沪深交易所相比，该规定在一定程度上有利于北交所主要股东、实际控制人和董监高在北交所上市锁定期满后短期内套现。事实上，该规定是一把双刃剑，一方面增加了北交所的吸引力，减持套现通常为主要股东、实际控制人和董监高比较关注的事项，另一方面对北交所上市公司提出了挑战，相关方及早套现是否有利于上市公司稳定运营发展及保护中小投资者的利益，有待未来实践中进一步观察。

（四）沪深交易所关于特定股东股份减持数量的其他要求

1. 沪深交易所特定股东就减持数量作出相关承诺的，需要遵守相关承诺。

2. 对间接持有股份减持的限制

董监高在其就任时确定的任期内和任期届满后6个月内，每年转让的股份不得超过其所持有本公司股份总数的25%。

其中“持有”以是否登记在其名下为准，不包括间接持有或其他控制方式，但在融资融券的情况下还包括登记在其信用账户内的本公司股份。很多上市公司的董监高都会在招股说明书中承诺，其在任期内每年转让的股份数量不超过其直接或间接持有的公司股份数量的25%，其所作的减持承诺相较于减持规则更为严格。在实际操作中，董监高对直接持股的减持限制可能早已烂熟于心，然而却往往忽略对间接持股的减持承诺，导致超额减持的操作防不胜防。

（五）窗口期及重大事件

根据《上市公司董事、监事和高级管理人员所持本公司股份及其变动管理规则》第13条规定，上市公司董事、监事和高级管理人员在下列期间不得买卖本公司股票：（1）上市公司定期报告公告前30日内；（2）上市公司业绩预告、业绩快报公告前10日内；（3）自可能对本公司股票交易价格产生重大影响的重大事项[①]发生之日或在决策过程中，至依法披露后2个交易日内；（4）证券交易所规定的其他期间。

根据《上海证券交易所科创板上市公司股东以向特定机构投资者询价转让和配售方式减持股份实施细则》第6条的规定，科创公司控股股东、实际控制人、董事、监事、高级管理人员及核心技术人员不得在下列期间内启动、实施或者参与询价转让：（1）科创公司定期报告公告前30日内（因特殊原因推迟定期报告公告日期的，自原预约公告日前30日起算，至实际公告前一日）；（2）科创公司业绩预告、业绩快报公告前10日内；（3）自可能对科创公司股票的交易价格产生较大影响的重大事件发生之日或者在决策过程中，至依法披露后2个交易日内；（4）中国证监会及上交所规定的其他期间。科创公司处于年度报告披露期内但尚未披露年度报告的，控股股东、实际控制人不得参与询价转让。

三、北交所与其他交易所（板块）关于股份减持的比较[②]

上文就北交所与沪深交易所有关减持的规定进行了解析，以下就北交所与科创板、创业板有关限售的规定作进一步横向比较（表2-10、表2-11）。

---

① 《证券法》第80条第2款对此予以细化，具体而言包括：（1）公司的经营方针和经营范围的重大变化；（2）公司的重大投资行为，公司在一年内购买、出售重大资产超过公司资产总额30%，或者公司营业用主要资产的抵押、质押、出售或者报废一次超过该资产的30%；（3）公司订立重要合同、提供重大担保或者从事关联交易，可能对公司的资产、负债、权益和经营成果产生重要影响；（4）公司发生重大债务和未能清偿到期重大债务的违约情况；（5）公司发生重大亏损或者重大损失；（6）公司生产经营的外部条件发生的重大变化；（7）公司的董事、1/3以上监事或者经理发生变动，董事长或者经理无法履行职责；（8）持有公司5%以上股份的股东或者实际控制人持有股份或者控制公司的情况发生较大变化，公司的实际控制人及其控制的其他企业从事与公司相同或者相似业务的情况发生较大变化；（9）公司分配股利、增资的计划，公司股权结构的重要变化，公司减资、合并、分立、解散及申请破产的决定，或者依法进入破产程序、被责令关闭；（10）涉及公司的重大诉讼、仲裁，股东大会、董事会决议被依法撤销或者宣告无效；（11）公司涉嫌犯罪被依法立案调查，公司的控股股东、实际控制人、董事、监事、高级管理人员涉嫌犯罪被依法采取强制措施；（12）国务院证券监督管理机构规定的其他事项。

② 本部分内容参见《北京证券交易所股票上市规则（试行）》第二章第四节、《上海证券交易所科创板股票上市规则（2020年12月修订）》第二章第四节、《深圳证券交易所创业板股票上市规则（2020年12月修订）》第二章第三节。

（一）控股股东、实际控制人限售

表2-10　控股股东、实际控制人限售规定比较

<table>
<tr><th>北交所</th><th>科创板</th><th>创业板</th></tr>
<tr><td>上市公司控股股东、实际控制人及其亲属，以及上市前直接持有10%以上股份的股东或虽未直接持有但可实际支配10%以上股份表决权的相关主体，持有或控制的本公司向不特定合格投资者公开发行前的股份，自公开发行并上市之日起12个月内不得转让或委托他人代为管理。</td><td colspan="2">上市公司控股股东、实际控制人及其一致行动人[①]减持本公司首发前股份的，应当遵守下列规定：
（1）自公司股票上市之日起36个月内，不得转让或者委托他人管理其直接和间接持有的首发前股份，也不得提议由上市公司回购该部分股份。
（2）法律法规等对控股股东、实际控制人股份转让的其他规定。
发行人向交易所申请其股票首次公开发行并上市时，控股股东、实际控制人及其一致行动人应当承诺遵守上述规定。
转让双方存在控制关系或者受同一实际控制人控制的，自发行人股票上市之日起12个月后，可豁免遵守上述规定。</td></tr>
</table>

在控股股东、实际控制人限售要求上，根据《北京证券交易所股票上市规则（试行）》，北交所控股股东、实际控制人的锁定期仅为12个月，该规定要低于科创板及创业板对于上市公司控股股东、实际控制人锁定期36个月的规定。

（二）未盈利企业限售

表2-11　未盈利企业限售规定比较

<table>
<tr><th>北交所</th><th>科创板</th><th>创业板</th></tr>
<tr><td>公司上市时未盈利的，在实现盈利前，控股股东、实际控制人、董事、监事、高级管理人员自公司股票上市之日起2个完整会计年度内，不得减持公开发行并上市前股份。
公司实现盈利后，可以自当年年度报告披露后次日起减持公</td><td colspan="2">公司上市时未盈利的，在公司实现盈利前，控股股东、实际控制人及其一致行动人自公司股票上市之日起3个完整会计年度内，不得减持首发前股份；自公司股票上市之日起第4个会计年度和第5个会计年度内，每年减持的首发前股份不得超过公司股份总数的2%，并应当符合交易所关于减持股份的相关规定。
公司上市时未盈利的，在公司实现盈利前，董事、监事、高级管理人员及核心技术人员自公司股票上市之</td></tr>
</table>

① “及其一致行动人”为《深圳证券交易所创业板股票上市规则（2020年12月修订）》的要求，下同。

续表

<table>
<tr><th>北交所</th><th>科创板</th><th>创业板</th></tr>
<tr><td>开发行并上市前股份，但应遵守交易所关于股份变动管理的相关规定。
董事、监事、高级管理人员在上述期间内离职的，应当继续遵守上述规定。</td><td colspan="2">日起3个完整会计年度内，不得减持首发前股份；在前述期间内离职的，应当继续遵守上述规定。
公司实现盈利后，前述股东可以自当年年度报告披露后次日起减持首发前股份，但应当遵守交易所关于股份变动管理的其他规定。</td></tr>
</table>

对于未盈利企业的控股股东、实际控制人，北交所与科创板和创业板的规定基本一致，同时提及均需遵守各自交易所关于上市公司股东、董监高减持股份的相关规定。

北交所上市的未盈利企业的控股股东、实际控制人及其亲属与董监高的股份锁定期为2个完整的会计年度。从监管部门的立场来看，北交所的上市公司在股转系统已经对相关方的权益处置进行了至少1年的限售安排，因此在北交所上市后，相关方的限售期较沪深交易所上市公司相关方的股份限售期缩短1年；北交所的限售规定对于北交所上市公司的控股股东、实际控制人较有吸引力，但无论是股票流通性还是股价市值、投资者要求等，北交所与全国股转系统均不相同，该规定对北交所上市公司控制权的稳定性也提出了一定的挑战。

第四节 上市保荐及持续督导[①]

一、上市保荐

保荐机构应当为具有保荐业务资格，且取得北交所会员资格的证券公司。公开发行并上市的发行人应当聘请在申报时为其提供持续督导服务的主办券商担任保荐机构，主办券商不具有保荐业务资格的，可以由其控股的具有保荐业务资格的子公司担任。

① 本节内容参见《北京证券交易所股票上市规则（试行）》第三章。

二、持续督导

（一）持续督导时间

表2-12 持续督导要求

事项	具体要求
1.设置合理督导期	（1）公开发行并上市的，持续督导期间为股票上市当年剩余时间及其后3个完整会计年度。 （2）上市后发行新股的，持续督导期间为股票上市当年剩余时间及其后2个完整会计年度。 **注意：**取消了全国股转系统挂牌期间的终身督导制。
2.明确更换要求	除中国证监会和北交所规定情形外，上市公司原则上不得变更履行持续督导职责的保荐机构。 **注意：**实操中，当保荐机构被撤销保荐资格或发行人发行证券时，应另行聘请保荐机构。

（二）持续督导履行职责

1.保荐人督导

保荐机构应当督导上市公司建立健全并有效执行公司治理制度、财务内控制度和信息披露制度，督导上市公司按照规定履行信息披露及其他相关义务，审阅信息披露文件及其他相关文件，并保证制作、出具的文件真实、准确、完整，不存在虚假记载、误导性陈述和重大遗漏。

保荐机构及其保荐代表人应当督导上市公司的控股股东、实际控制人、董事、监事和高级管理人遵守北交所业务规则，履行其所作出的承诺。

2.督促履行信息披露义务

保荐机构及其保荐代表人应当持续关注上市公司运作情况，充分了解公司及其业务，通过日常沟通、定期或不定期回访、查阅资料、列席股东大会、董事会、监事会等方式，关注公司日常经营、股票交易和媒体报道等情况，督促相关信息披露义务人履行信息披露义务。

3.发现瑕疵、及时补正

保荐机构及其保荐代表人发现上市公司拟披露信息或已披露信息存在任何

错误、遗漏或者误导的，或者发现存在应当披露而未披露事项的，应当要求公司进行更正或补充。

发行人或其控股股东、实际控制人披露、履行或者变更承诺事项，不符合中国证监会和北交所相关规定的，保荐机构及其保荐代表人应当及时提出督导意见，并督促相关主体进行补正。

4.募集资金报告

保荐机构及其保荐代表人应当按照中国证监会和北交所的相关规定做好募集资金使用的督导、核查工作，出具核查报告。

5.信息披露及风险发表意见

保荐机构及其保荐代表人应当督促上市公司按规定履行信息披露义务，就信息披露是否真实、准确、完整，对公司经营的影响，以及是否存在其他未披露重大风险等内容发表意见，并于上市公司披露公告时予以披露：（1）关联交易；（2）提供担保；（3）变更募集资金用途；（4）主要业务停滞或出现可能导致主要业务停滞的重大风险事件；（5）公司经营业绩异常波动；（6）控股股东、实际控制人及其一致行动人所持股份被司法冻结且可能导致控制权发生变动；（7）控股股东、实际控制人及其一致行动人质押公司股份比例超过所持股份的80%或者被强制处置；（8）北交所或者保荐机构认为需要发表意见的其他事项。

6.现场核查

上市公司出现下列情形之一的，保荐机构及其保荐代表人应自知道或应当知道之日起15个交易日内进行专项现场核查：（1）未在规定期限内披露年度报告或中期报告；（2）控股股东、实际控制人或其他关联方涉嫌违规占用或转移上市公司的资金、资产及其他资源；（3）关联交易显失公允或未履行审议程序和信息披露义务；（4）违规使用募集资金；（5）违规为他人提供担保或借款；（6）上市公司及其董事、监事、高级管理人员、控股股东、实际控制人涉嫌重大违法违规；（7）存在重大财务造假嫌疑；（8）北交所或保荐机构认为应当进行核查的其他情形。

保荐机构进行现场核查的，应当就核查情况、提请上市公司及投资者关注的问题、本次现场核查结论等事项出具现场核查报告，并在现场核查结束后15个交易日内披露。

保荐持续督导工作结束后，保荐机构应当在上市公司年度报告披露之日起10个交易日内，向发行人所在地的中国证监会派出机构、北交所报送保荐工作总结。

第三章　持续监管

中国证监会根据北交所具有以服务创新型中小企业为主的特点和市场运行情况，适时完善相关具体制度，并于2021年10月30日颁布了《北京证券交易所上市公司持续监管办法（试行）》。北交所建立了以上市规则为中心的持续监管规则体系，在公司治理、持续信息披露、股权激励、员工持股计划、重大资产重组、停牌和复牌、退市等方面制定具体实施规则。

第一节　公司治理

北交所上市公司应当增强公众公司意识，保持健全、有效、透明的治理体系和监督机制，保证股东大会、董事会、监事会规范运作，督促董事、监事和高级管理人员履行忠实、勤勉义务，明确纠纷解决机制，保障全体股东合法权利，积极履行社会责任，保护利益相关者的基本权益。上市公司控股股东、实际控制人应当诚实守信，依法行使权利，严格履行承诺，维持公司独立性，维护公司和全体股东的共同利益。

北交所关于公司治理的规定体现了为中小企业服务的特点，如（1）不强制设立专门委员会，鼓励上市公司根据需要设立审计、战略、提名、薪酬与考核等专门委员会；（2）不强制分红，应制定利润分配政策，根据实际情况明确一定比例的现金分红；（3）未强制限定独立董事人数，未强制要求独立董事人数达到董事会人数的1/3以上。

一、股东大会、董事会和监事会

上市公司应当在公司章程中载明股东大会、董事会、监事会的职责，以及召集、召开和表决等程序，规范股东大会、董事会、监事会运作机制。上市公司应当制定股东大会议事规则、董事会议事规则和监事会议事规则，并列入公司章程或者作为章程附件。董事会议事规则、监事会议事规则，应当经股东大会审议通过。

（一）股东大会

1.股东大会行使职权

上市公司股东大会应当在《公司法》和公司章程规定的范围内行使职权。上市公司应当在公司章程中规定股东大会对董事会的授权原则，授权内容应当明确具体。股东大会不得将其法定职权授予董事会行使。

2.股东大会的召开

上市公司应当严格依照法律法规、北交所业务规则和公司章程的规定召开临时股东大会和年度股东大会，保证股东能够依法行使权利。年度股东大会每年召开一次，应当在上一会计年度结束后的6个月内召开；临时股东大会不定期召开，出现《公司法》规定应当召开临时股东大会情形的，应当在2个月内召开。在上述期限内不能召开股东大会的，上市公司应当及时向公司所在地中国证监会派出机构和北交所报告，说明原因并公告。

上市公司股东大会应当设置会场，以现场会议方式召开。现场会议时间、地点的选择应当便于股东参加。上市公司应当保证股东大会会议合法、有效，为股东参加会议提供便利。股东大会应当给予每个提案合理的讨论时间。上市公司召开股东大会，应当提供网络投票方式。股东通过网络投票方式参加股东大会的，视为出席。

3.回避表决

股东与股东大会拟审议事项有关联关系的，应当回避表决，其所持有表决权的股份不计入出席股东大会有表决权的股份总数。

4.征集投票权

上市公司董事会、独立董事、持有1%以上有表决权股份的股东或者《证券法》规定的投资者保护机构可以向公司股东征集其在股东大会上的投票权。征集投票权应当向被征集人充分披露具体投票意向等信息，且不得以有偿或者变相有偿的方式进行。

5. 累积投票制

股东大会选举董事、监事时，应当充分反映中小股东意见。鼓励上市公司股东大会在董事、监事选举中推行累积投票制。上市公司单一股东及其一致行动人拥有权益的股份比例在30%及以上的，股东大会在董事、监事选举中应当推行累积投票制。采用累积投票制的公司应当在公司章程中规定具体实施办法。除累积投票制外，股东大会对所有提案应当逐项表决。

6. 中小股东单独计票

上市公司股东大会审议下列影响中小股东利益的重大事项时，对中小股东的表决情况应当单独计票并披露：（1）任免董事；（2）制定、修改利润分配政策，或者审议权益分派事项；（3）关联交易、提供担保（不含对控股子公司提供担保）、提供财务资助、变更募集资金用途等；（4）重大资产重组、股权激励、员工持股计划；（5）公开发行股票、向境内其他证券交易所申请股票转板或向境外其他证券交易所申请股票上市；（6）法律法规、北交所业务规则及公司章程规定的其他事项。

7. 律师见证

上市公司召开股东大会，应当聘请律师对股东大会的召集、召开程序、出席会议人员的资格、召集人资格、表决程序和结果等事项是否合法有效出具法律意见书。

（二）董事会

1. 独立董事

上市公司应当设立独立董事，独立董事的人数应当符合中国证监会相关规定，其中一名应当为会计专业人士。独立董事的管理及任职资格等事宜参见《北京证券交易所上市公司持续监管指引第1号——独立董事》。

2. 专门委员会

董事会可以根据需要设立审计、战略、提名、薪酬与考核等相关专门委员会。专门委员会对董事会负责，依照公司章程和董事会授权履行职责。专门委员会的组成、职责等应当在公司章程中规定。专门委员会成员全部由董事构成，其中审计委员会、提名委员会、薪酬与考核委员会中独立董事应当占多数并担任召集人，审计委员会的召集人应当为会计专业人士。

3.董事会职权

董事会对股东大会负责，执行股东大会的决议。董事会应当依法履行职责，确保上市公司遵守法律法规、北交所业务规则和公司章程的规定，公平对待所有股东，并关注其他利益相关者的合法权益。公司董事会负责内部控制制度的有效实施。

上市公司重大事项应当由董事会集体决策，董事会不得将法定职权授予个别董事或者他人行使。

4.董事长

董事会授权董事长在董事会闭会期间行使董事会部分职权的，上市公司应当在公司章程中明确规定授权的原则和具体内容。

5.董事会的召开

董事会每年度至少召开两次会议，每次会议应当于会议召开10日前通知全体董事和监事；董事会召开临时会议，应当按照公司章程的规定发出会议通知。

6.回避表决

董事与董事会会议决议事项有关联关系的，应当回避表决，不得对该项决议行使表决权，也不得代理其他董事行使表决权。该董事会会议由过半数的无关联关系董事出席即可举行，董事会会议所作决议须经无关联关系董事过半数通过。出席董事会的无关联关系董事人数不足3人的，应将该事项提交上市公司股东大会审议。

（三）监事会

1.人员要求

监事会的人员和结构应当确保监事会能够独立有效地履行职责。监事应当具有相应的专业知识或者工作经验，具备有效的履职能力。

2.监事会的职权

监事会应当了解公司经营情况，检查公司财务，监督董事、高级管理人员履职的合法合规性，行使公司章程规定的其他职权，维护上市公司及股东的合法权益。监事会可以独立聘请中介机构提供专业意见。

3. 监事会的召开

监事会每6个月至少召开一次会议，临时会议可以根据监事的提议召开。监事会应当按照公司章程的规定发出会议通知。监事会会议议题应当事先拟定，并提供相应的决策材料。

二、董事、监事和高级管理人员

（一）任职资格

1. 一般性要求

董事、监事、高级管理人员候选人的任职资格应当符合法律法规、北交所业务规则和公司章程等规定。上市公司应当在公司章程中明确，存在下列情形之一的，不得担任公司董事、监事或者高级管理人员：（1）《公司法》规定不得担任董事、监事和高级管理人员的情形；（2）被中国证监会及其派出机构采取证券市场禁入措施或者认定为不适当人选，期限尚未届满；（3）被证券交易所或者全国股转公司认定其不适合担任公司董事、监事、高级管理人员，期限尚未届满；（4）中国证监会和北交所规定的其他情形。

2. 财务负责人

财务负责人作为高级管理人员，除符合一般性要求外，还应当具备会计师以上专业技术职务资格，或者具有会计专业知识背景并从事会计工作3年以上。

3. 兼职限制

上市公司董事会中兼任高级管理人员的董事和由职工代表担任的董事，人数总计不得超过公司董事总数的1/2；上市公司董事、高级管理人员的配偶、父母和子女在公司董事、高级管理人员任职期间不得担任公司监事。

（二）辞职

董事、监事和高级管理人员辞职应当提交书面辞职报告，不得通过辞职等方式规避其应当承担的职责。除下列情形外，董事、监事和高级管理人员的辞职自辞职报告送达董事会或者监事会时生效：（1）董事、监事辞职导致董事会、监事会成员低于法定最低人数；（2）职工代表监事辞职导致职工代表监事人数少于监事会成员的1/3；（3）董事会秘书辞职未完成工作移交或相关公告未披露。在上述情形下，辞职报告应当在下任董事、监事填补因其辞职产生的空缺，或者董事会秘书完成工作移交且相关公告披露后方能生效。在辞职报告尚未生效之前，拟辞职董事、监事或者董事会秘书仍应当继续履行职责。发生上述情形的，公司应当在2个月内完成董事、监事补选。

（三）董事参加会议

董事应当亲自出席董事会会议，因故不能出席的，可以书面形式委托其他董事代为出席。上市公司的董事出现下列情形之一的，应当作出书面说明并对外披露：（1）连续两次未亲自出席董事会会议；（2）任职期内连续12个月未亲自出席董事会会议次数超过期间董事会会议总次数的1/2。

董事连续两次未能出席，也不委托其他董事出席董事会会议，视为不能履行职责，董事会应当建议股东大会予以更换。

（四）董事长

董事长应当积极推动公司制定、完善和执行各项内部制度。董事长不得从事超越其职权范围的行为。董事长在其职权范围（包括授权）内行使权力时，遇到对公司经营可能产生重大影响的事项时，应当审慎决策，必要时应当提交董事会集体决策。对于授权事项的执行情况，董事长应当及时告知全体董事。董事长应当保证董事会秘书的知情权，不得以任何形式阻挠其依法行使职权。董事长在接到重大事件的报告后，应当立即敦促董事会秘书及时履行信息披露义务。

（五）董事会秘书

上市公司应当设董事会秘书，董事会秘书为公司的高级管理人员，负责信息披露事务、股东大会和董事会会议的筹备、投资者关系管理、股东资料管理等工作。上市公司应当为董事会秘书履行职责提供便利条件。董事会秘书应当具备履行职责所必需的财务、管理、法律专业知识及相关工作经验，具有良好的职业道德和个人品德。

上市公司应当在董事会正式聘任、解聘董事会秘书或者董事会秘书辞职的2个交易日内发布公告，并向北交所报备。

董事会秘书有下列情形之一的，上市公司应当自该事实发生之日起1个月内解聘董事会秘书：（1）出现董监高不适格情形的；（2）连续3个月以上不能履行职责的；（3）违反法律法规、北交所业务规则、公司章程，给上市公司或者股东造成重大损失的。

上市公司应当在原任董事会秘书离职3个月内聘任董事会秘书。董事会秘书空缺期间，董事会应当指定一名董事或者高级管理人员代行董事会秘书职责，并及时公告，同时向北交所报备。公司指定代行人员之前，由董事长代行董事会秘书职责。

三、股东、控股股东及实际控制人

（一）股东

1.维护股东权利

股东依照法律法规和公司章程享有权利并承担义务。上市公司章程、股东大会决议或者董事会决议等不得剥夺或者限制股东的法定权利。

2.知情权

上市公司应当建立与股东畅通有效的沟通渠道，保障股东对公司重大事项的知情权、参与决策和监督等权利。

3.分红权

上市公司应当制定利润分配制度，并可以对现金分红的具体条件和比例、未分配利润的使用原则等作出具体规定，保障股东的分红权。上市公司应当根据实际情况在公司章程中明确一定比例的现金分红相对于股票股利在利润分配方式中的优先顺序。

（二）控股股东、实际控制人

上市公司控股股东、实际控制人应当诚实守信，依法行使权利，严格履行承诺，维持公司独立性，维护公司和全体股东的共同利益。

1.维持独立性

上市公司控股股东、实际控制人应当采取切实措施保证公司资产独立、人员独立、财务独立、机构独立和业务独立，不得通过任何方式影响公司的独立性。控股股东、实际控制人及其控制的企业不得在公司上市后新增影响公司独立持续经营的同业竞争。

2.诚信义务

控股股东、实际控制人对上市公司及其他股东负有诚信义务，应当依法行使股东权利，履行股东义务。控股股东、实际控制人不得利用其控制权损害上市公司及其他股东的合法权益，不得利用控制地位谋取非法利益。

3.不得占用公司资金

上市公司控股股东、实际控制人及其关联方不得以下列任何方式占用公司资金：（1）公司为控股股东、实际控制人及其关联方垫付工资、福利、保险、广告等费用和其他支出；（2）公司代控股股东、实际控制人及其关联方偿还债务；（3）有偿或者无偿、直接或者间接地从公司拆借资金给控股股东、实际控制人及其关联方；（4）不及时偿还公司承担控股股东、实际控制人及其关联方的担保责任而形成的债务；（5）公司在没有商品或者劳务对价情况下提供给控股股东、实际控制人及其关联方使用资金；（6）中国证监会、北交所认定的其他形式的占用资金情形。

4.无控股股东、实际控制人的处理

上市公司无控股股东、实际控制人的，公司第一大股东及其实际控制人应当比照关于控股股东、实际控制人的要求履行相关义务，并承担相应的责任。

四、表决权差异安排

（一）表决权差异安排的基本含义及发展沿革

AB股制度，即双重股权制度，是一种特殊的股权架构，指的是公司的资本结构中包含两类或两类以上不同投票权的普通股架构。在股份有限公司中最常见的同股不同权形式是“双重股权结构”，又被称为“AB股结构”。其中A类股实行一股一投票权，即股市中普遍流通的普通股；B类股则实行一股多投票权。B类股一般由公司创始人或者管理层持有，这一设置使公司创始人或管理层即使只占有较少比例的公司股份，依然能够掌握公司的决策权。AB股制度的特点主要包括：股票分为两类，每股对应的投票权不同；两种股票的持有人不同；两种股票不能随意转化。AB股制度实质上是一种通过分离现金流和投票权以对公司实行有效控制的有效手段。

2013年《国务院关于开展优先股试点的指导意见》正式提出明确的差异化股东投票权制度——优先股，即优先股股份持有人优先于普通股股东分配公司利润和剩余财产，但参与公司决策管理等权利受到限制。根据《公司法》第131条规定：“国务院可以对公司发行本法规定以外的其他种类的股份，另行作出规定。”因此上海证券交易所的科创板可以在与《公司法》不抵触的情况下实行AB股制度。

2019年科创板正式推出了表决权差异安排（即特别表决权）制度。按照科创板的相关规则，AB股制度被称为表决权差异安排，即“特别表决权”，是指发行人依照《公司法》第131条的规定，在一般规定的普通股份之外，发行人拥有特别表决权的股份（以下简称特别表决权股份）。每一特别表决权股份拥有的表决权数量大于每一普通股份拥有的表决权数量，其他股东权利与普通股份相同。

2020年全国股转公司发布了《全国中小企业股份转让系统挂牌公司治理指引第3号——表决权差异安排》（简称《表决权差异安排指引》）。2020年6月19日，全国股转公司发布《全国中小企业股份转让系统表决权差异安排业务指南》，并于2021年11月12日修订。根据上述规定，设有表决权差异安排的申请挂牌公司可以申请在基础层、创新层挂牌，基础层、创新层挂牌公司可以按照《表决权差异安排指引》规定的程序设置、运行表决权差异安排。申请挂牌公司、挂牌公司具有表决权差异安排的，其股票特别标识为“W”。

（二）北交所有关表决权差异安排的规定

1.时间要求

《北京证券交易所股票上市规则（试行）》明确规定，发行人具有表决权差异安排的，该安排应当平稳运行至少一个完整会计年度，且相关信息披露和公司治理应当符合中国证监会及全国股转公司相关规定。

上市前不具有表决权差异安排的公司，不得在上市后以任何方式设置此类安排。

根据上述规定，北交所上市公司若想设置表决权差异制度，只能在其挂牌股转系统前或挂牌股转系统期间设置该制度。并且要特别注意，该制度应在股转系统合规运营一个完整的会计年度。因此，发行人应提前计划好时间，避免因该制度的设计影响了北交所上市的时间安排或为了北交所上市而至此终止了表决权差异制度。

2.表决权差异安排的基本规定

存在特别表决权股份的上市公司，应当规范履行持续信息披露义务，完善公司治理，保护投资者合法权益。特别表决权股东不得滥用其享有的特别表决权损害上市公司或者其他股东的利益。上市前不具有表决权差异安排的公司，不得在上市后以任何方式设置此类安排。

特别表决权仅适用于公司章程约定的股东大会特定决议事项。除约定事项外，特别表决权股东与持有普通股份的股东享有的权利完全相同。

涉及权益变动等事项的，特别表决权股东持股比例以其拥有权益的股份数（包括登记在其名下的股份和虽未登记在其名下但该投资者可以实际支配表决权的股份）计算。特别表决权股份原则上不得进行交易，北交所业务规则另有规定的除外。

3.股权比例限制

存在特别表决权股份的上市公司，除同比例配送股、转增股本方式外，不得在境内外新发行特别表决权股份，不得提高特别表决权比例。

因股份回购、减少注册资本等原因，可能导致特别表决权比例提高的，公司应当同时采取将相应数量特别表决权股份转换为普通股份等措施，保证特别表决权比例不高于原有水平。

4. 表决权数量相同

上市公司股东大会对下列事项进行决议时，每一特别表决权股份享有的表决权数量应当与每一普通股份的表决权数量相同：（1）修改公司章程中与表决权差异安排相关的内容；（2）合并、分立、解散或者变更公司形式；（3）选举和更换非由职工代表担任的监事；（4）决定非由职工代表担任的董事、监事的报酬事项；（5）选举或罢免独立董事；（6）聘请或解聘为上市公司定期报告出具审计意见的会计师事务所；（7）股票从北交所退市；（8）公司章程规定的其他事项。

5. 特别表决权股份转化为普通股

特别表决权股东可以申请将特别表决权股份按照1∶1的比例转换为普通股。

出现下列情形之一的，特别表决权股份应当按照1∶1的比例转换为普通股：（1）特别表决权股东丧失相应履职能力、离任或者死亡；（2）特别表决权股份因司法裁决、离婚、继承等原因需要办理过户；（3）特别表决权股东以协议转让方式向他人转让所持有的特别表决权股份；（4）表决权差异安排的实施期限届满或者失效事由发生；（5）特别表决权股东不再符合设置表决权差异安排时有关规则规定的资格和最低持股要求；（6）上市公司实际控制人发生变更；（7）上市公司股东大会做出取消表决权差异安排的决议，或者上市公司不再符合设置表决权差异安排时有关规则规定的行业要求。发生上述第（4）（6）（7）项情形的，上市公司全部特别表决权股份均应当转换为普通股份。

发生上述情形的，自相关情形发生时即应当申请办理特别表决权股份的转换，相关股东应当立即通知上市公司，上市公司应当及时披露具体情形、发生时间、转换为普通股份的特别表决权股份数量、剩余特别表决权股份数量等情况。

6. 投资者保护

上市公司应当保证普通表决权比例不低于10%。单独或者合计持有公司10%以上已发行有表决权股份的股东有权提议召开临时股东大会；单独或者合计持有公司3%以上已发行有表决权股份的股东有权提出股东大会议案。股东大会决议时应对普通股东的表决票予以单独计票并披露。

7. 监事会、独立董事专项意见

监事会、独立董事应当在年度报告、中期报告中，就下列事项出具专项意见：（1）特别表决权股东是否持续符合设置表决权差异安排时有关规则规定的资格要求；（2）特别表决权股份是否出现上述需要转化为普通股情形并及时转换为普通股份；（3）上市公司特别表决权比例是否持续符合其设置所依据的有关规则规定；（4）特别表决权股东是否存在滥用特别表决权或者其他损害投资者合法权益的情形；（5）公司及特别表决权股东遵守其他关于表决权差异安排规定的情况。

8. 中介机构监督

保荐机构等中介机构在为上市公司提供服务的过程中发现特别表决权股东直接或者间接占用公司资金、资产以及利用控制地位损害其他股东权益等情形的，应当及时告知上市公司，并向北交所报告。

9. 信息披露

存在特别表决权股份的上市公司应当在年度报告、中期报告中披露表决权差异安排的运行情况、特别表决权股份的变动情况以及投资者保护措施的落实情况等。表决权差异安排运行中出现重大变化的，上市公司及相关信息披露义务人应当及时披露。

上市公司应当在年度股东大会向股东说明表决权差异安排的运行情况、公司生产经营状况等，回应股东质询。特别表决权股份的登记和转换事宜，应当按照北交所和证券登记结算机构的相关规定办理。

（三）全国股转系统有关表决权差异安排的规定①

如前所述，申请人若要申请北交所继续执行差异表决权安排，其必须保证该制度在全国股转系统合规运营了一个完整的会计年度，因此，如要全面理解北交所的差异表决权安排，需要进一步了解及把握全国股权系统有关差异表决权的规定。

1. 全国股转系统关于表决权差异安排的规定

根据《表决权差异安排指引》，股转系统的差异表决权可从以下方面予以理解和掌握。

---

① 本部分内容参见《全国中小企业股份转让系统挂牌公司治理指引第3号——表决权差异安排》和《全国中小企业股份转让系统表决权差异安排业务指南》的相关规定。

（1）适用范围

特别表决权仅适用于公司章程约定的股东大会特定决议事项。除前述事项外，特别表决权股东与持有普通股份的股东享有的权利完全相同。涉及权益变动等事项的，特别表决权股东持股比例以其拥有权益的股份数（包括登记在其名下的股份和虽未登记在其名下但该投资者可以实际支配表决权的股份）计算。

（2）适用对象

科技创新公司可以按照法律法规、部门规章、业务规则的规定，发行拥有特别表决权股份。科技创新公司是指符合国家统计局《战略性新兴产业分类（2018）》划定的战略性新兴产业等标准的公司。科技创新公司的认定标准根据上述标准的调整而进行同步调整。

（3）财务条件

挂牌公司设置表决权差异安排，应当符合下列财务条件之一：①市值不低于6亿元，最近2个会计年度经审计的净利润均不低于1500万元，加权平均净资产收益率平均不低于8%，或者最近1个会计年度经审计的净利润不低于2500万元，且最近1年加权平均净资产收益率不低于8%。②市值不低于6亿元，最近2个会计年度经审计的营业收入平均不低于1亿元，且最近1个会计年度经审计的营业收入增长率不低于30%；最近1年经营活动现金流量净额为正。③市值不低于8亿元，最近1个会计年度经审计的营业收入不低于2亿元，最近2个会计年度合计研发投入占合计营业收入的比例不低于8%。④市值不低于15亿元，最近2个会计年度研发投入累计不低于5000万元。

（4）股东的特别约定

特别表决权股东应当为挂牌公司董事，在公司中拥有权益的股份达到公司有表决权股份的10%以上，并对挂牌公司发展具有重大贡献。

（5）负面清单

存在下列情形之一的，不得成为特别表决权股东：①最近36个月内被中国证监会采取证券市场禁入措施；②最近36个月内受到中国证监会行政处罚，或者最近12个月内受到证券交易场所的纪律处分；③因涉嫌犯罪被司法机关立案侦查或者涉嫌违法违规被中国证监会立案调查，尚未有明确结论意见；④属于失信联合惩戒对象；⑤全国股转公司认定的其他情形。

（6）章程的约定

挂牌公司设置表决权差异安排，应当在公司章程中明确下列事项：①特别表决权股东的姓名、人数和持有人资格；②每份特别表决权股份的表决权数量；每份特别表决权股份拥有的表决权数量与普通股份拥有表决权数量的比例安排，每份特别表决权股份的表决权数量不得超过每份普通股份表决权数量的10倍；每份特别表决权股份代表的表决权数量相同；③持有人所持特别表决权股份能够参与表决的股东大会事项范围；④特别表决权股份锁定安排及转让限制；特别表决权股份与普通股份的转换情形；⑤表决权差异安排的实施期限、失效事由；⑥股东的权益保护机制；⑦对异议股东的救济机制；⑧与表决权差异安排相关的纠纷解决机制；⑨全国股转公司规定的其他事项。

（7）程序

挂牌公司设置、变更表决权差异安排的，应当经董事会审议通过后提交股东大会审议。董事会审议通过后，挂牌公司应当按照全国股转系统业务规则的要求披露董事会决议、设置或变更表决权差异安排方案的公告。公告内容应当包含具体设置或变更方案、异议股东回购安排或其他救济措施等。

主办券商应当就挂牌公司设置、变更的表决权差异安排方案是否符合《差异表决权安排指引》相关要求的情况发表专项意见，并与董事会决议、设置或变更表决权差异安排方案的公告同时披露。

挂牌公司应当在披露设置、变更表决权差异安排公告的同时，一并披露关于召开股东大会的相关安排。股东大会召开日期与董事会决议披露日期的时间间隔，除符合法律法规、中国证监会及全国股转系统的相关规定外，还应当不低于10个交易日。

（8）回避表决

股东大会作出设置表决权差异安排的决议，应当经出席会议的股东所持表决权的2/3以上通过，拟持有特别表决权股份的股东及其关联方应当回避表决。拟持有特别表决权股份的股东应当对设置表决权差异安排的异议股东做出回购安排或者采取其他救济措施。相应回购安排应当考虑异议股东的利益保护。拟持有特别表决权股份的股东拥有权益的股份存在被质押、冻结情形的，应就被质押、冻结情况进行专项说明。

（9）比例限制

存在特别表决权股份的挂牌公司，除同比例配送股、转增股本方式外，不得在境内外新发行特别表决权股份，不得提高特别表决权比例。因股份回购、减少注册资本等原因，可能导致特别表决权比例提高的，公司应当同时采取将相应数量特别表决权股份转换为普通股份等措施，保证特别表决权比例不高于原有水平。特别表决权股份不得进行交易，《表决权差异安排指引》另有规定的除外。

（10）表决权数量相同

挂牌公司股东大会对下列事项进行决议时，每一特别表决权股份享有的表决权数量应当与每一普通股份的表决权数量相同：①修改公司章程中与表决权差异安排相关的内容；②合并、分立、解散或者变更公司形式；③选举和更换非由职工代表担任的监事；④决定非由职工代表担任的董事、监事的报酬事项；⑤选举或罢免独立董事；⑥聘请或解聘为挂牌公司定期报告出具审计意见的会计师事务所；⑦终止股票在全国股转系统挂牌；⑧公司章程规定的其他事项。

（11）特别表决权股份转化为普通股

特别表决权股东可以申请将特别表决权股份按照1:1的比例转换为普通股。

出现下列情形之一的，特别表决权股份应当按照1:1的比例转换为普通股：①特别表决权股东丧失相应履职能力、离任或者死亡；②特别表决权股份因司法裁决、离婚、继承等原因需要办理过户；③特别表决权股东以特定事项协议转让方式向他人转让所持有的特别表决权股份；④表决权差异安排的实施期限届满或者失效事由发生；⑤特别表决权股东不再符合《表决权差异安排指引》规定的资格和最低持股要求；⑥挂牌公司实际控制人发生变更；⑦挂牌公司股东大会做出取消表决权差异安排的决议，或者挂牌公司不再符合《差异表决权安排指引》的要求。发生上述第④⑥⑦项情形的，挂牌公司全部特别表决权股份均应当转换为普通股份。

（12）投资者保护

挂牌公司应当保证普通表决权比例不低于10%。单独或者合计持有公司10%以上已发行有表决权股份的股东有权提议召开临时股东大会；单独或者合计持有公司3%以上已发行有表决权股份的股东有权提出股东大会议案。股东大会决议时应对普通股东的表决票予以单独计票并披露。

挂牌公司应当在年度报告、中期报告中披露表决权差异安排的运行情况、特别表决权股份的变动情况以及投资者保护措施的落实情况等。表决权差异安排运行中出现重大变化或调整的，挂牌公司及其他信息披露义务人应当及时披露。

2.全国股转系统表决权差异安排办理流程

根据《全国中小企业股份转让系统表决权差异安排业务指南》，申请挂牌公司及挂牌公司均可设有表决权差异制度，其在申请挂牌过程中及挂牌后申请设立表决权差异制度的主要流程（表3-1）如下：

表3-1　全国股转系统表决权差异安排办理流程

<table>
<tr><th colspan="2">设有表决权差异安排公司申请挂牌流程的特别规定</th></tr>
<tr><td>（1）审议程序及申请材料编制要求</td><td>设有表决权差异安排的申请挂牌公司应当在申请挂牌前，按照《表决权差异安排指引》履行董事会、股东大会审议程序并完成公司章程的修改。
申请挂牌公司应当按照全国股转公司的要求编制并提交带有表决权差异安排的挂牌申请材料。</td></tr>
<tr><td>（2）股票挂牌流程</td><td>在申请股票初始登记环节，主办券商应当准确计算特别表决权股东所持特别表决权股份的数量及其对应的特别表决权比例，于完成首次信息披露及定向发行认购程序（如有）后，在全国股转系统业务支持平台（BPM系统）“股票初始登记管理”模块中的“待提交初始登记申请列表”上传股票初始登记申请表，作为办理特别表决权股票登记的依据。股票初始登记申请表应当包含特别表决权股东名称、特别表决权股份数以及每份特别表决权股份对应表决权数量等内容。
在办理股票初始登记环节，申请挂牌公司取得同意挂牌的函或同意挂牌及发行的函、证券简称和证券代码后，应当在向中国结算北京分公司申请办理股票初始登记的同时，申请办理特别表决权股份登记。</td></tr>
<tr><th colspan="2">挂牌公司设置、变更表决权差异安排</th></tr>
<tr><td colspan="2">（1）挂牌公司拟设置、变更表决权差异安排的，应当及时与主办券商进行沟通。挂牌公司在披露董事会决议及相关公告前，应当加强内幕信息知情人管理，有关各方应当做好保密工作。</td></tr>
<tr><td>（2）董事会决议</td><td>挂牌公司拟设置、变更表决权差异安排的，应当自董事会决议后的2个交易日内，按照相关规定披露《表决权差异安排设置/变更方案》、董事会决议公告、拟修订公司章程的公告、关于召开股东大会的相关安排及主办券商专项意见等。</td></tr>
</table>

续表

（3）监事会决议	挂牌公司拟设置、变更表决权差异安排的，监事会应当制作并审议关于履行表决权差异安排监督职责的方案，上述方案应当包括《表决权差异安排指引》第21条[①]规定的职责内容，并与监事会决议一并披露。
（4）信息披露完备性审查	挂牌公司设置差异化表决权安排的信息披露文件，经全国股转公司完备性审查，需要解释、说明、更正的，应当披露暂缓召开股东大会的公告。信息披露文件更正并经审查完毕后，挂牌公司应当披露更正后的相关文件并重新披露股东大会通知公告。
（5）股东大会决议	股东大会审议关于表决权差异安排的相关议案时，股权登记日在册股东人数超过200人的创新层、基础层挂牌公司应当提供网络投票，对中小股东的表决情况应当单独计票并披露，并聘请律师对股东大会的召开情况出具法律意见书。
（6）办理特别表决权股份登记	涉及办理特别表决权股份登记或变更登记事项的，挂牌公司应当在股东大会审议通过设置、变更表决权差异安排的议案后1个月内，向全国股转公司提交《特别表决权股份（变更）登记备案报告》、《特别表决权股份登记确认表》或《特别表决权股份变更登记确认表》、异议股东保护措施执行情况的说明等文件；拟变更表决权差异安排且无需办理特别表决权股份变更登记的，挂牌公司无需提交《特别表决权股份变更登记确认表》。 主办券商应当就挂牌公司设置、变更表决权差异安排的合法合规性及异议股东保护措施的执行情况等发表专项意见。 除无需办理特别表决权股份变更登记的情形外，拟设置或变更表决权差异安排的挂牌公司，应当于全国股转公司出具确认函的2个交易日内向中国结算北京分公司申请办理特别表决权股份登记或者变更登记，并于收到中国结算北京分公司关于发布公告的通知后2个交易日内披露特别表决权股份（变更）登记公告，载明特别表决权股东持有的特别表决权股份数、表决权比例以及特别表决权股份生效日等事项，其中特别表决权股份生效日应当为公告日后第3个交易日。

① 《表决权差异安排指引》第21条　监事会、独立董事（如有）应当在年度报告、中期报告中，就下列事项出具专项意见：

（一）特别表决权股东是否持续符合本指引第七条的规定；

（二）特别表决权股份是否出现本指引第十九条规定的情形并及时转换为普通股份；

（三）挂牌公司特别表决权比例是否持续符合本指引的规定；

（四）特别表决权股东是否存在滥用特别表决权或者其他损害投资者合法权益的情形；

（五）公司及特别表决权股东遵守本指引其他规定的情况。

五、承诺事项管理

上市公司及其股东、实际控制人、关联方、收购人做出的公开承诺应当具体、明确、无歧义、具有可操作性，并符合法律法规和北交所业务规则的要求。上市公司应当及时将承诺人的承诺事项单独在规定信息披露平台的专区披露。

上市公司被收购时，如原实际控制人承诺的相关事项未履行完毕，相关承诺义务应予以履行或由收购人予以承接，相关事项应当在收购相关信息披露文件中予以披露。

六、投资者关系

上市公司投资者关系管理工作应当体现公平、公正、公开原则。上市公司应当在投资者关系管理工作中，客观、真实、准确、完整地介绍和反映公司的实际状况，避免过度宣传可能给投资者决策造成误导。上市公司应当积极做好投资者关系管理工作，及时回应投资者的意见建议，做好投资者咨询解释工作。上市公司开展投资者关系管理活动，应当平等对待全体投资者，避免出现选择性信息披露。

七、社会责任

上市公司应当积极承担社会责任，维护公共利益，保障生产及产品安全、维护员工与其他利益相关者合法权益。

上市公司应当严格遵守科学伦理规范，尊重科学精神，恪守应有的价值观念、社会责任和行为规范，弘扬科学技术的正面效应。上市公司在生命科学、人工智能、信息技术、生态环境、新材料等科技创新领域，避免研究、开发和使用危害自然环境、生命健康、公共安全、伦理道德的科学技术，不得以侵犯个人基本权利或者损害社会公共利益等方式从事研发和经营活动。

第二节　信息披露

信息披露是注册制的核心，是上市公司的一项基本义务。信息披露有利于深化注册制，保护投资者利益，发挥市场主导作用，维持证券市场长期稳定发展。在注册制下，新股发行条件由关注发行人是否具有“持续盈利能力”转为关注是否具有“持续经营能力”，只要符合条件，未盈利企业亦可公开发行股票及上市。

北交所及中国证监会在对新股发行及上市的审核与注册工作中，对发行人的信息披露提出了更高的要求。只有健全完善的信息披露制度才能帮助市场全面了解和理解发行人经营情况和风险，进而对其股票价值作出合理判断，充分发挥市场的选择机制。

一、信息披露的一般规定

（一）基本原则

1. 上市公司及相关信息披露义务人应当及时、公平地披露所有可能对公司股票交易价格、投资者投资决策产生较大影响的信息，并保证信息披露内容的真实、准确、完整，不存在虚假记载、误导性陈述或重大遗漏。

2. 上市公司的董事、监事、高级管理人员应当忠实、勤勉地履行职责，保证公司及时、公平地披露信息，所披露的信息真实、准确、完整。

3. 保荐机构、会计师事务所、律师事务所、其他证券服务机构及其从业人员根据北交所业务规则的规定，对所出具文件的真实性、准确性、完整性负责。

4. 上市公司及相关信息披露义务人披露的信息应当以客观事实或者具有事实基础的判断和意见为基础，如实反映客观情况，不得有虚假记载和不实陈述。

（二）一般要求

1. 上市公司及相关信息披露义务人披露的信息包括定期报告和临时报告。

发生可能对公司股票交易价格、投资者投资决策产生较大影响的重大事件，上市公司及相关信息披露义务人应当及时披露临时报告。

2. 上市公司及相关信息披露义务人按照北交所业务规则披露的信息，应当在规定信息披露平台发布。

3. 上市公司应当在重大事件最先触及下列任一时点后，及时履行首次披露义务：（1）董事会或者监事会作出决议时；（2）有关各方签署意向书或协议时；（3）董事、监事或者高级管理人员知悉或者应当知悉该重大事件发生时。上市公司筹划的重大事项存在较大不确定性，立即披露可能会损害公司利益或者误导投资者，且有关内幕信息知情人已书面承诺保密的，公司可以暂不披露，但最迟应当在该重大事项形成最终决议、签署最终协议、交易确定能够达成时对外披露。

4. 上市公司控股子公司发生的重大事项，视同上市公司的重大事项；上市公司参股公司发生的重大事项，可能对上市公司股票交易价格或投资者决策产生较大影响的，上市公司应当参照规定履行信息披露义务。

5. 上市公司及相关信息披露义务人拟披露的信息属于商业秘密、商业敏感信息，按照规定披露或者履行相关义务可能引致不当竞争、损害公司及投资者利益或者误导投资者的，可以按照北交所规定暂缓或者豁免披露该信息。拟披露的信息被依法认定为国家秘密，按规定披露或者履行相关义务可能导致其违反法律法规或危害国家安全的，可以按照北交所相关规定豁免披露。

6. 上市公司应当充分披露可能对公司核心竞争力、经营活动和未来发展产生重大不利影响的风险因素。公司尚未盈利的，应当充分披露尚未盈利的成因，以及对公司现金流、业务拓展、人才吸引、团队稳定性、研发投入、战略性投入、生产经营可持续性等方面的影响。

（三）监管方式

1. 北交所对上市公司和相关信息披露义务人的信息披露文件进行形式审查，对其内容的真实性不承担责任。

2. 北交所可以根据监管需要调阅、检查工作底稿、证券业务活动记录及相关资料，相关主体应当积极配合。

3. 上市公司董事、监事、高级管理人员应当对公司信息披露的真实性、准确性、完整性、及时性、公平性负责，但有充分证据表明其已经履行勤勉尽责义务的除外。上市公司董事长、经理、董事会秘书，应当对公司临时报告的真实性、准确性、完整性、及时性、公平性承担主要责任。上市公司董事长、经理、财务负责人应当对公司财务会计报告的真实性、准确性、完整性、及时性、公平性承担主要责任。

（四）事务管理

1. 上市公司应当制定信息披露事务管理制度，经董事会审议并披露。

2. 公司董事长对信息披露事务管理承担首要责任。上市公司董事会秘书负责组织和协调信息披露管理事务，应当积极督促公司制定、完善和执行信息披露事务管理制度，做好相关信息披露工作。

3. 上市公司应当建立内幕信息管理制度。上市公司及其董事、监事、高级管理人员和其他内幕信息知情人在信息披露前，应当将内幕信息知情人控制在最小范围。内幕信息知情人在内幕信息公开前，不得买卖公司股票、泄露内幕信息或者建议他人买卖公司股票。上市公司应当按照中国证监会和北交所相关规定，对内幕信息知情人进行登记管理，在披露重大事项时，应当按照北交所相关规定报备内幕信息知情人档案。

二、定期报告

（一）定期报告编制及基本要求

1. 上市公司应当披露的定期报告包括年度报告、中期报告和季度报告。

2. 上市公司应当按照中国证监会和北交所相关规定编制并披露定期报告，并按照《企业会计准则》的要求编制财务报告；上市公司应当按照中国证监会和北交所行业信息披露相关规定的要求在年度报告中披露相应信息。

3. 上市公司应当在规定的期限内编制并披露定期报告，在每个会计年度结束之日起4个月内编制并披露年度报告，在每个会计年度的上半年结束之日起2个月内编制并披露中期报告；在每个会计年度前3个月、9个月结束后的1个月内编制并披露季度报告。第一季度报告的披露时间不得早于上一年的年度报告。公司预计不能在规定期限内披露定期报告的，应当及时向北交所报告，并公告不能按期披露的原因、解决方案及延期披露的最后期限。

（二）业绩预告和业绩快报

1.上市公司定期报告披露前出现业绩泄露，或者出现业绩传闻且公司股票交易出现异常波动的，应当及时披露业绩快报。

2.上市公司预计不能在会计年度结束之日起2个月内披露年度报告的，应当在该会计年度结束之日起2个月内披露业绩快报。

3.业绩快报中的财务数据包括但不限于营业收入、净利润、总资产、净资产以及净资产收益率。

4.业绩预告应当披露净利润的预计值以及重大变化的原因。重大变化的情形包括净利润同比变动超过50%且大于500万元、发生亏损或者由亏损变为盈利。

5.公司业绩快报、业绩预告中的财务数据与实际数据差异幅度达到20%以上的，应当及时披露修正公告，并在修正公告中向投资者致歉、说明差异的原因。

三、应披露的交易

（一）重大交易

1.应当及时披露的信息

上市公司发生的交易（除提供担保、提供财务资助外）达到下列标准之一的，应当及时披露：（1）交易涉及的资产总额（同时存在账面值和评估值的，以孰高为准）占上市公司最近一期经审计总资产的10%以上；（2）交易的成交金额占上市公司最近一期经审计净资产的10%以上，且超过1000万元；（3）交易标的（如股权）最近一个会计年度相关的营业收入占上市公司最近一个会计年度经审计营业收入的10%以上，且超过1000万元；（4）交易产生的利润占上市公司最近一个会计年度经审计净利润的10%以上，且超过150万元；

（5）交易标的（如股权）最近一个会计年度相关的净利润占上市公司最近一个会计年度经审计净利润的10%以上，且超过150万元。上述指标计算中涉及的数据如为负值，取其绝对值计算。

2.应当提交股东大会审议的交易

上市公司发生的交易（除提供担保、提供财务资助外）达到下列标准之一的，应当提交股东大会审议：（1）交易涉及的资产总额（同时存在账面值和评估值的，以孰高为准）占上市公司最近一期经审计总资产的50%以上；（2）交易的成交金额占上市公司最近一期经审计净资产的50%以上，且超过5000万元；（3）交易标的（如股权）最近一个会计年度相关的营业收入占上市公司最近一个会计年度经审计营业收入的50%以上，且超过5000万元；（4）交易产生的利润占上市公司最近一个会计年度经审计净利润的50%以上，且超过750万元；（5）交易标的（如股权）最近一个会计年度相关的净利润占上市公司最近一个会计年度经审计净利润的50%以上，且超过750万元。上述指标计算中涉及的数据如为负值，取其绝对值计算。

3.上市公司担保信息披露

上市公司提供担保的，应当提交公司董事会审议并对外披露。董事会审议担保事项时，必须经出席董事会会议的2/3以上董事审议同意。

符合以下情形之一的，还应当提交公司股东大会审议：（1）单笔担保额超过上市公司最近一期经审计净资产10%的担保；（2）上市公司及其控股子公司提供担保的总额，超过上市公司最近一期经审计净资产50%以后提供的任何担保；（3）为资产负债率超过70%的担保对象提供的担保；（4）按照担保金额连续12个月累计计算原则，超过上市公司最近一期经审计总资产30%的担保；（5）中国证监会、北交所或者公司章程规定的其他担保。股东大会审议前述（4）担保事项时，必须经出席会议的股东所持表决权的2/3以上通过。

上市公司为全资子公司提供担保，或者为控股子公司提供担保且控股子公司其他股东按所享有的权益提供同等比例担保，不损害公司利益的，可以适用豁免规定。

4.提供财务资助的信息披露

提供财务资助，是指上市公司及其控股子公司有偿或无偿对外提供资金、委托贷款等行为。

上市公司提供财务资助，应当经出席董事会会议的2/3以上董事同意并作出决议，及时履行信息披露义务。

上市公司对外提供财务资助事项属于下列情形之一的，经董事会审议通过后还应当提交公司股东大会审议：（1）被资助对象最近一期的资产负债率超过70%；（2）单次财务资助金额或者连续12个月内累计提供财务资助金额超过公司最近一期经审计净资产的10%；（3）中国证监会、北交所或者公司章程规定的其他情形。

上市公司不得为董事、监事、高级管理人员、控股股东、实际控制人及其控制的企业等关联方提供资金等财务资助。

5.购买、出售资产交易

上市公司购买、出售资产交易，涉及资产总额或者成交金额连续12个月内累计计算超过上市公司最近一期经审计总资产30%的，应当按规定提供评估报告或者审计报告，并提交股东大会审议，经出席会议的股东所持表决权的2/3以上通过。

（二）关联交易

1.基本含义

上市公司的关联交易，是指上市公司或者其控股子公司等其他主体与上市公司关联方发生的交易和日常经营范围内发生的可能引致资源或者义务转移的事项。

2.基本要求

上市公司应当采取有效措施防止关联方以垄断采购或者销售渠道等方式干预公司的经营，损害公司利益。关联交易应当具有商业实质，价格应当公允，原则上不偏离市场独立第三方的价格或者收费标准等交易条件。上市公司及其关联方不得利用关联交易输送利益或者调节利润，不得以任何方式隐瞒关联关系。

3.关联方告知义务

上市公司董事、监事、高级管理人员、持股5%以上的股东及其一致行动人、实际控制人，应当将与其存在关联关系的关联方情况及时告知上市公司。

4. 应当披露的关联交易

上市公司发生符合以下标准的关联交易（除提供担保外），应当及时披露：（1）公司与关联自然人发生的成交金额在30万元以上的关联交易；（2）与关联法人发生的成交金额占公司最近一期经审计总资产0.2%以上的交易，且超过300万元。

上市公司与关联方发生的成交金额（除提供担保外）占公司最近一期经审计总资产2%以上且超过3000万元的交易，应当按规定提供评估报告或者审计报告，提交股东大会审议。与日常经营相关的关联交易可免于审计或者评估。

5. 独立董事意见

关联交易事项提交董事会审议前，应当取得独立董事事前认可意见。独立董事事前认可意见应当取得全体独立董事的半数以上同意，并在关联交易公告中披露。

6. 关联担保

上市公司为关联方提供担保的，应当具备合理的商业逻辑，在董事会审议通过后及时披露，提交股东大会审议。上市公司为控股股东、实际控制人及其关联方提供担保的，控股股东、实际控制人及其关联方应当提供反担保。

7. 免予按照关联交易方式审议和披露的交易

上市公司与关联方进行下列关联交易时，可以免予按照关联交易的方式进行审议和披露：（1）一方以现金方式认购另一方公开发行的股票、公司债券或者企业债券、可转换公司债券或者其他衍生品种；（2）一方作为承销团成员承销另一方公开发行股票、公司债券或者企业债券、可转换公司债券或者其他衍生品种；（3）一方依据另一方股东大会决议领取股息、红利或者报酬；（4）一方参与另一方公开招标或者拍卖，但是招标或者拍卖难以形成公允价格的除外；（5）上市公司单方面获得利益的交易，包括受赠现金资产、获得债务减免、接受担保和资助等；（6）关联交易定价为国家规定的；（7）关联方向上市公司提供资金，利率水平不高于中国人民银行规定的同期贷款基准利率，且上市公司对该项财务资助无相应担保的；（8）上市公司按与非关联方同等交易条件，向董事、监事、高级管理人员提供产品和服务的；（9）中国证监会、北交所认定的其他交易。

四、应披露的其他重大事项

（一）股票异常波动和传闻澄清

1.上市公司股票交易出现北交所业务规则规定或者北交所认定的异常波动的，北交所可以根据异常波动程度和监管需要，采取下列措施：（1）要求上市公司披露股票交易异常波动公告；（2）要求上市公司停牌核查并披露核查公告；（3）向市场提示异常波动股票投资风险；（4）北交所认为必要的其他措施。

2.上市公司股票交易出现北交所业务规则规定或北交所认定的异常波动的，公司应当于次一交易日开盘前披露异常波动公告。如次一交易日开盘前无法披露，上市公司应当向北交所申请停牌直至披露后复牌。

3.上市公司和相关信息披露义务人应当密切关注公共媒体关于公司的重大报道、市场传闻。相关传闻可能或者已经对公司股票交易价格或者投资决策产生较大影响的，公司应当及时核实，并视情况披露或者澄清。北交所认为相关传闻可能对公司股票交易价格产生较大影响的，可以要求公司予以核实、澄清。公司应当在北交所要求的期限内核实，及时披露传闻澄清公告。

（二）股份质押和司法冻结

上市公司任一股东所持公司5%以上的股份被质押、冻结、司法拍卖、托管、设定信托或者被依法限制表决权的，应当及时通知公司并予以披露。

（三）其他应当披露的重大事项

1.应当披露的重大诉讼、仲裁

（1）涉案金额超过1000万元，且占公司最近一期经审计净资产绝对值10%以上；（2）股东大会、董事会决议被申请撤销或者宣告无效；（3）可能对公司控制权稳定、生产经营或股票交易价格产生较大影响的其他诉讼、仲裁；（4）北交所认为有必要的其他情形。

上市公司发生的重大诉讼、仲裁事项应当采取连续12个月累计计算的原则，经累计计算达到上述标准的，适用上述规定。已经按照上述规定履行披露义务的，不再纳入累计计算范围。

2. 重大风险披露

上市公司出现下列重大风险情形之一的，应当自事实发生之日起及时披露：（1）停产、主要业务陷入停顿；（2）发生重大债务违约；（3）发生重大亏损或重大损失；（4）主要资产被查封、扣押、冻结，主要银行账号被冻结；（5）公司董事会、股东大会无法正常召开会议并形成决议；（6）董事长或者经理无法履行职责，控股股东、实际控制人无法取得联系；（7）公司其他可能导致丧失持续经营能力的风险。

3. 重大事项披露

上市公司出现以下情形之一的，应当自事实发生或董事会决议之日起及时披露：（1）变更公司名称、证券简称、公司章程、注册资本、注册地址、主要办公地址、联系电话等，其中公司章程发生变更的，还应在股东大会审议通过后披露新的公司章程；（2）经营方针和经营范围发生重大变化；（3）上市公司控股股东、实际控制人及其一致行动人，或第一大股东发生变更；（4）上市公司控股股东、实际控制人及其关联方占用公司资金；（5）上市公司控股股东、实际控制人及其控制的其他企业从事与公司相同或者相似业务的情况发生较大变化；（6）法院裁定禁止控股股东、实际控制人转让其所持上市公司股份；（7）上市公司董事、监事、高级管理人员发生变动；（8）上市公司减资、合并、分立、解散及申请破产，或者依法进入破产程序、被责令关闭；（9）订立重要合同、获得大额政府补贴等额外收益，可能对公司的资产、负债、权益和经营成果产生重大影响；（10）上市公司提供担保，被担保人于债务到期后15个交易日内未履行偿债义务，或者被担保人出现破产、清算或其他严重影响其偿债能力的情形；（11）营业用主要资产的抵押、质押、出售或者报废一次超过该资产的30%；（12）上市公司发生重大债务；（13）上市公司变更会计政策、会计估计（法律法规或者国家统一会计制度要求的除外），变更会计师事务所；（14）上市公司或其控股股东、实际控制人、董事、监事、高级管理人员被纳入失信联合惩戒对象；（15）上市公司取得或丧失重要生产资质、许可、特许经营权，或生产经营的外部条件、行业政策发生重大变化；（16）上市公司涉嫌违法违规被中国证监会及其派出机构或其他有权机关调查，被移送司法机关或追究刑事责任，受到对公司生产经营有重大影响的行政处罚，或者被中国证监会及其派出机构采取行政监管措施或行政处罚；（17）上市公司董事、监事、高级管理人员、控股股东或实际控制人涉嫌违法违规被中国证监会及其派出机构或其他有权机关调查、采取留置、强制措施或者追究重大刑事责任，被中国证监会及其派出机构处以证券市场禁入、认定为不适当人员等监管措施或行政处罚，受到对公司生产经营有重大影响的其他行政处罚；或者因身体、工作安排等原因无法正常履行职责达到或者预计达3个月以上；（18）因已披露的信息存在差错、虚假记载或者未按规定披露，被有关机构要求改正或者经董事会决定进行更正；（19）法律法规规定的，或者中国证监会、北交所认定的其他情形。

4. 与业务有关的重大信息披露

上市公司出现以下情形之一的，应当自事实发生或董事会决议之日起及时披露：（1）开展与主营业务行业不同的新业务；（2）重要在研产品或项目取得阶段性成果或研发失败；（3）主要产品或核心技术丧失竞争优势。

第三节　股权激励与员工持股计划

由于北交所的特殊机制，股权激励应从三个阶段予以把握：挂牌全国股转系统前、挂牌全国股转系统期间及北交所上市后。对于挂牌前的股权激励，除税法外，我国现行的其他法律法规对于股权激励并没有明确的规定，关于股权激励的规定主要集中于证券交易所及全国股权系统的业务规则中。

一、挂牌全国股转系统前的股权激励

（一）股权激励的意义

股权激励和员工持股作为"利益共享、风险共担"的治理机制，是创新型、创业型、成长型中小企业吸引人才常用的重要工具。其有利于端正员工的工作心态，提高企业的凝聚力和战斗力；规避员工的短期行为，降低员工"不安全感"，维持企业战略的连贯性；吸引外部优秀人才，为企业不断输送新鲜血液；有利于创始人从业务和管理中脱身出来，做更加长远的规划和设计。

（二）拟上市企业实施股权激励的基本原则

拟上市企业实施股权激励方案在充分披露的情况下，通常不构成申报A股IPO的实质性障碍，但应保证申报后的股权清晰和稳定，可采取的措施包括但不限于设定禁止转让、收益上缴以及由特定对象进行股份回购等权利限制。

（三）股权激励的主要内容

表3-2　股权激励的主要内容

1.激励对象	
考虑因素	由企业自主决定，但通常不包括公司监事和独立董事。
通常适用范围	（1）董事（不含独立董事）、高级管理人员、中层管理人员以及核心技术（业务）人员。 （2）集团和/或其他关联方的管理层成员以及核心技术（业务）人员。 （3）董事会认为需要参与本次股权激励的其他对象。
2.股份数量授予及分配	
考虑因素	（1）授予股份前是否需要根据服务年限、岗位、职级和业绩完成度等考核指标设定授予条件和实际分配的股份数量。 （2）如计划实施多期股权激励，各期设立的公司业绩指标应保持可比性，后期业绩指标低于前期计划的，公司应当充分说明其原因与合理性。 （3）股权激励如采取分批实施的方式，应考虑预留适当的份额。

续表

3.授予股份及资金来源	
授予股份来源	（1）控股股东股权转让。 （2）公司回购股权转让。 （3）激励对象对公司增资。 **注意：**实践中（1）（3）比较常见。
资金来源	（1）拟上市企业一般不适宜为激励对象依股权激励计划获取有关权益提供贷款以及其他任何形式的财务资助，包括为其贷款提供担保。 （2）激励对象应当使用其自有资金按约定足额缴纳授予股份的认购资金。 （3）发行人在IPO审核中，中国证监会通常要求中介机构对激励对象的资金来源进行核查。
4.授予股份的定价	
通常要求	发行人报告期内为获取职工和其他方提供服务而授予股份的交易，在编制申报会计报表时，应按照《企业会计准则第11号——股份支付》相关规定进行处理。
适用情形	（1）对于报告期内发行人向职工（含持股平台）、客户、供应商等新增股份，以及主要股东及其关联方向职工（含持股平台）、客户、供应商等转让股份，均应考虑是否适用《企业会计准则第11号——股份支付》。对于报告期前的股份支付事项，如对期初未分配利润造成重大影响，也应考虑是否适用《企业会计准则第11号——股份支付》。 （2）通常情况下，解决股份代持等规范措施导致股份变动，家族内部财产分割、继承、赠与等非交易行为导致股权变动，资产重组、业务并购、持股方式转换、向老股东同比例配售新股等导致股权变动等，在有充分证据支持相关股份获取与发行人获得其服务无关的情况下，一般无需作为股份支付处理。 （3）对于为发行人提供服务的实际控制人/老股东以低于股份公允价值的价格增资入股事宜，如果根据增资协议，并非所有股东均有权按各自原持股比例获得新增股份，对于实际控制人/老股东超过其原持股比例而获得的新增股份，应属于股份支付；如果增资协议约定，所有股东均有权按各自原持股比例获得新增股份，但股东之间转让新增股份受让权且构成集团内股份支付，导致实际控制人/老股东超过其原持股比例获得的新增股份，也属于股份支付。对于实际控制人/老股东原持股比例，应按照相关股东直接持有与穿透控股平台后间接持有的股份比例合并计算。

续表

确定公允价值	存在股份支付事项的，发行人及申报会计师应按照企业会计准则规定的原则确定权益工具的公允价值。 在确定公允价值时，可合理考虑入股时间阶段、业绩基础与变动预期、市场环境变化、行业特点、同行业并购重组市盈率水平、股份支付实施或发生当年市盈率与市净率指标等因素的影响；也可优先参考熟悉情况并按公平原则自愿交易的各方最近达成的入股价格或相似股权价格确定公允价值，如近期合理的PE入股价；也可采用恰当的估值技术确定公允价值，但要避免采取有争议的、结果显失公平的估值技术或公允价值确定方法，如明显增长预期下按照成本法评估的每股净资产价值或账面净资产。
计量方式	确认股份支付费用时，对增资或受让的股份立即授予或转让完成且没有明确约定服务期等限制条件的，原则上应当一次性计入发生当期，并作为偶发事项计入非经常性损益。对设定服务期等限制条件的股份支付，股份支付费用可采用恰当的方法在服务期内进行分摊，并计入经常性损益。
披露与核查	发行人应在招股说明书及报表附注中披露股份支付的形成原因、权益工具的公允价值及确认方法。保荐机构及申报会计师应对首发企业报告期内发生的股份变动是否适用《企业会计准则第11号——股份支付》进行核查，并对以下问题发表明确意见：股份支付相关权益工具公允价值的计量方法及结果是否合理，与同期可比公司估值是否存在重大差异及原因；对于存在与股权所有权或收益权等相关的限制性条件的，相关条件是否真实、可行，服务期的判断是否准确，服务期各年/期确认的员工服务成本或费用是否准确；发行人报告期内股份支付相关会计处理是否符合《企业会计准则》相关规定。 股权激励所采用的价格一般包括面值平价（1元/股）、账面净资产值和以市场价格为基础的折扣价（市场价格通常为PE入股价格或市场上同类其他企业的PE价格）。实践中，激励对象通常愿意接受以面值平价和每股账面净资产（略高于或略低于均可）作为定价标准。 鉴于授予股份公允价格和授予价格之间的差额适用股份支付的会计处理，将对公司的当期损益构成影响，因此一般要求在报告期前尽量完成股权激励（完成款项和权益/份额的交割，并办妥工商变更登记）。
限售期	公司董事和高级管理人员通过直接持股方式参与股权激励的，其所持有公司股权的限售期应适用《公司法》《证券法》以及其他规范性文件的规定。除此以外，公司可在《公司章程》或相关认购协议中对授予股份的限售期自行作出特别约定和安排。该等特别约定和安排属于协议各方意思自治的范畴，在不违反和不抵触现行法律法规的强制性规定的前提下，对协议各方均具有约束力。

续表

回购		针对限售期届满前或激励对象行权前发生的特定事由（如激励对象发生岗位调整、离职和违法违规等），《公司章程》或相关认购协议通常会赋予特定对象（通常为控股股东、实际控制人或其指定的第三方，下同）享有独占性的回购权利。具体操作如下：因激励对象的过失或过错触发回购条款的，特定对象有权以平价甚至折价的方式回购激励对象所持有的全部或部分授予股权（份）。非因激励对象的过失或过错触发回购条款的，特定对象有权以溢价的方式回购激励对象所持有的全部或部分授予股权（份）。
5.激励资格指标		
可根据岗位重要性（如可替代性、先进性和增长性等）确定不同岗位的系数，设定其他因素（如学历、业绩、其他员工认可度）及相应权重，综合计算得分，取得分高者入选。		
6.考核期指标		
该指标应更多与具体业绩挂钩，一般由公司的人力部门和业务部门协商确定，可从公司整体业绩、部门业绩、员工个人业绩层面进行考核，业绩的财务评价指标典型如营业收入、销售额、净资产收益率、净利润率等，其他指标如客户满意度和推荐度、技术创新度等。		
7.激励份额退出		
退出类型	无过错退出	即不存在限制性条件的情况下正常变现，例如无过错离职、限制期届满后售股等。 这种情况下，员工往往可以按照股权的实际市场价值获得退出对价。包括激励对象因非过错原因离职、公司被第三方收购、公司上市、公司依法解散或清算、激励对象死亡等。无过错处置时，公司通常可以允许激励对象直接在二级市场抛售股票（如已上市）或公司按事先约定的溢价收购激励对象持有的公司股权以体现出股权激励的作用和对激励对象为公司做出贡献的回报。
	过错退出	即员工发生违约或违法等过错行为，公司强制要求员工退股，例如过错离职、违反激励计划、违法犯罪等。 这种情况下，员工往往不能获得任何收益，甚至可能损失行权成本。该等过错事件通常包括激励对象严重违反公司制度、给公司造成重大损失、触犯法律被采取刑事强制措施、被公司解除劳动关系、激励对象违反相关协议、泄露公司商业机密、违反公司竞业禁止规定等。由于该等过错由激励对象造成，因此在发生该等过错后，通常公司会按授予股权时的价格回购激励对象持有的公司股权，甚至在给公司造成损失时，直接从回购价款中扣除。

续表

接盘方式	（1）公司指定特定人员（例如GP）受让拟退出股权（份额），此后由其代持该等股权（份额），以备发给未来其他激励对象。 （2）持股平台减资（退伙），员工直接做退伙处理。 （3）由其他激励对象直接受让拟退出股权，对此公司可在激励计划中规定受让价款的支付时间、受让资格等具体要求。

（四）股权激励的实施方式

从权益及现金结算角度可以对股权激励进行区分。

以权益结算的股权激励形式主要包括干股（直接持股）、限制性股票和股票期权等，激励对象因持有相关权益而享有分红权、表决权、处分权和增值部分的收益权等相对完整的权利。

以现金结算的股权激励形式主要包括虚拟股票和股票增值权。激励对象不享有相关权益的所有权，其所享有的权利仅限于分红权和增值部分的收益权，是一种衍生权益。境内部分企业以虚拟股等形式（类似于境外的股份单元）作为激励标的，实际上是以内部记账的方式虚构一套企业内部的股权生态（市场中也有为此设计软件系统的机构），员工不真正持有公司的股权，股权价值、分红、变现等收入均以奖金等法律形式体现。

实务中，限制性股票和股票期权是较为常见的激励方式。具体而言，常见的股权激励方式包括：

1.股票期权

股票期权指在一个特定的时间内，使用特定的价格购买公司股份的计划。股票期权是使用最广的股权激励计划。期权具有如下特征：

（1）期权是一种期待权。激励对象当期并不直接享有股权，而是需要实现一系列要求后方可获得。

（2）期权约定了一个事先购买的价格，因此激励对象并非免费获得，需要支付一定的成本。但该成本应在未来行权时获得，因此对于激励对象当期的财务压力较小。

（3）激励对象可放弃期权。由于期权当期并未实质性给予激励对象股权，因此如激励对象因各种原因不想行权时（如公司的发展前景发生了重大不利变化），可以放弃。

2. 绩效股份计划

绩效股份计划指一种根据事先确定的内部或者外部绩效目标的达成情况而授予股票的授予计划。必须在一定时期内（3年至5年）达到这些目标，激励计划的接收者才有资格获得这些股票。这是将绩效目标和股票价格分红有机结合的一种形式。

3. 限制性股票

限制性股票指公司授予激励对象一定数量的股权，但对该等股权的权利进行限制。当激励对象实现预先设定的条件后方可解除该等限制。限制性股票是雇主授予雇员的股票奖励，但员工所持有股票的权利受到一定的限制并存在丧失的风险。限制性股票有一定的时间限制，在一定程度上有利于留住员工。与期权相比，属于先给股票。限制性股权具有如下特征：

（1）激励对象获得的是真实的股权。限制性股权与其他激励模式最大的区别是激励对象获得的是真实的股权，且授予时即可获得。

（2）激励对象所获股权的权利受限。为了起到激励作用，受限的权利通常为分红权和处置权。当激励对象实现设定的条件后其方可享受该等股权带来的收益。

（3）激励对象获得股权需支付一定的成本。由于是真实的股权授予，因此激励对象通常需要支付受让成本，但其价格也通常较一般的股权转让价格低。

4. 股票增值权

股票增值权是一种长期激励工具，通过股票增值权计划，公司授予高管一种获得预期股份未来增值等额的奖励的权利。不需要购买或者增发股票，可以从公司股票增值中获取利益。

5. 虚拟股权（或影子股权）

虚拟股权与实有股权相对，虚拟股权不同于一般意义上的企业股权。公司为了很好地激励核心员工，在公司内部无偿地派发一定数量的虚拟股份给公司核心员工，其持有者可以按照虚拟股权的数量，按比例享受公司税后利润的分配。虚拟股权的持有者只能享受到分红收益权，即按照持有虚拟股权的数量，按比例享受公司税后利润分配的权利，而不能享受普通股股东的权益（如表决权、分配权等），所以虚拟股权的持有者会更多地关注企业经营状况及企业利润的情况；虚拟股权由公司无偿赠送或以奖励的方式发放给特定员工，无需员工出资。

6. 员工股票所有权计划——ESOP

ESOP（Employee Stock Ownership Plan），又称公司职工持股计划，是指由企业内部员工出资认购本企业部分股权，委托一个专门机构（如职工持股会、信托基金会等）以社团法人身份托管运作，集中管理，并参与董事会管理，按股份分享红利的一种新型股权安排方式。ESOP是一种由企业员工拥有本企业产权的股份制形式，包括两种方式：非杠杆型ESOP和杠杆型ESOP。非杠杆型ESOP指实行员工持股计划的过程中，不依赖于外部资金的支持，主要采取股票奖金或者是股票奖金与购买基金相结合的方法予以解决。杠杆型ESOP（Leveraged Employee Stock Ownership Plan，LESOP），通常由公司出面以LESOP所要购买的股票作为抵押，向商业银行或其他金融机构融资，所得款项用于购买股票。只有在LESOP定期利用公司的捐赠偿还本金和利息时，才能逐步、按比例将这部分股票划入员工的私人账户。由于高科技公司创办初期缺少流动资金，此种激励方式是公司为留住人才、鼓舞士气所采取的措施之一。

（五）持股方式

拟上市企业在上市前实施股权激励时，主要采用以下三种持股方式：（1）持有控股股东股权（份）；（2）员工直接持股；（3）设立员工持股平台。

表3–3　三种持股方式利弊

类别	优点	弊端
1. 持有控股股东股权（份）	对拟上市主体的影响较小，不影响拟上市主体净利润，不改变拟上市主体股权结构。	激励对象税负较高，股份流通性较差，股权激励效果也相对较差。
2. 员工直接持股	股权（份）流通性与激励效果较好。	易因激励对象的变动导致拟上市企业的股权结构不稳定，且有可能对拟上市企业的损益（净利润）构成消极影响。
3. 设立员工持股平台（**主流持股方式**）	激励对象的变动对拟上市企业的股权稳定性影响较小，有利于股权激励方案的分批实施，激励效果较好。此外，为避免重复征税，持股平台一般采用实际控制人或其关联方作为普通合伙人的合伙企业的模式。	可能对拟上市企业的损益构成影响。

（六）设计激励计划时的考量因素

1.把握企业发展阶段，量体裁衣

创业公司投融资阶段：起始种子轮投资—天使轮投资—风险投资（通常多轮）—Pre-IPO融资—IPO。

企业的发展阶段：初创期、发展期、扩张期、成熟期、发行期。不同的阶段应运用不同的股权激励方式，如创业初期生存下去是第一要务，不适宜使用虚拟股票或者期权。

在开始激励计划内容细节的设计之前，尤其是国有企业、A股上市公司等存在特殊监管规则的企业，应就其个性化情况进行分析和判断，为后续激励计划内容的设计确定合规基础。

注意掌握好股票发放的节奏，早期阶段一般不适合全员持股，通常只有未来可能给企业带来重大价值或与企业发展目标、重要利益一致的核心员工的人员给予期权；就公司核心高管而言，可考虑给予限制性股权，让其与公司利益绑定，在享受公司增长收益的同时，也承担公司经营失败的风险。

2.公平性及保密性

激励计划内容相对公平合理，对员工更具有吸引力，如果做不好保密工作，容易激发员工内部矛盾。在境外公司（通常是离岸公司）层面上的股权激励，由于股东信息并不公开，因此难以查询到；在境内公司实施股权激励，工商登记会使得公司或持股平台的股东或合伙人姓名成为公众信息，公司可选择不将具体股权比例和份额信息勾选为公开信息。

3.恰当的约束机制

没有规矩不成方圆，应设置恰当的约束机制，如期权应设立等待期，行权条件与业绩挂钩等。确定激励的实施时点，企业发展是一个相对长期的过程，确认激励的必要性并选定妥当的时间点，是股权激励计划的第一个问题。

4.财务成本

根据《企业会计准则第11号——股份支付》，股份支付，是指企业为获取职工和其他方提供服务而授予权益工具或者承担以权益工具为基础确定的负债的交易。可见，员工获得激励股权的成本与该等权益的市场公允价值之间的差额（“成本差”），在财务上将计入管理费用，直接对企业利润构成影响。尤其对于拟上市的企业，在报告期内进行该等会计处理，将直接影响财务数据表现，甚至构成对上市的实质障碍。因此，拟开展股权激励之前，一定要首先对股份支付问题进行论证。股份支付是一次性计入费用还是分期摊销确认到各会计期间，在方案设计上应谨慎与中介机构充分论证，注意减少对公司财务报表的跨期影响。

5. 税务筹划

在设计股权激励方案时，要根据公司所处的具体阶段同时对税务风险进行优化。例如，选择以大股东向持股平台转让股权的方式预留激励池的，且转让定价与公司公允价值存在一定差距时，可能涉及核定征收，应注意各地主管税务机关的不同监管口径，上述激励池的预留可能涉及一定的税务成本。建议在企业净资产值发生显著上升之前，及早搭建架构并实施员工股权激励。

在员工以低于公允价值的价格获得公司股权时，价差部分就相当于员工的个人所得，在行权取得股权时，员工应对实际出资额低于公平市场价格的差额，按照“工资、薪金所得”项目缴纳个人所得税（最高可达45%），公司有代扣代缴义务。但纳税的时点在满足法定条件时，可以向主管税务部门申请缓缴。

6. 提前布局，便于融资

企业在投资前已预设股权激励池，则激励股权全部来源于原股东，投资人入股后所持股权不会因股权激励而被摊薄或稀释，融资估值可能被作为公允价值的定价参考，在企业启动融资之前一段时间即实施员工股权激励，更有利于降低对企业的财务影响和税务影响。

7. 境内外架构有所区分

因法律体系和公司资本制度的不同，境外企业和境内企业的股权激励持股架构也有很大差别。一般境内公司预留股份通常会预先设立持股平台并完成工商主管部门的备案，而境外（主要指开曼群岛或英属维尔京群岛）公司则一般无需设置持股平台，采取股份预留或设置信托的方式。

8. 注意特别规范

国有公司及上市公司的股权激励均有相关规定予以规范，因此应特别注意。

国有企业股权激励的合规要求较高，不仅需符合国资审批、国资评估备案等一般性监管程序，同时也需注意国有企业员工持股、股权激励的特别规范。

A股上市公司的股权激励规则自成体系，最为核心的规范如《上市公司股权激励管理办法》，直接规定了对期权和限制性股票这两种主流激励方式的合规要求。科创公司可关注及利用好相关政策，包括但不限于：（1）符合“闭环原则”或已经在基金业协会依法依规备案的员工持股计划，在计算公司股东人数时，无需穿透，可以仅按一名股东计算；（2）科创板允许拟上市公司保留在首发申报前制定、但于上市后实施的期权激励计划，即所谓的“带着期权上市”等。

9.股权激励方案必须向税务主管机关报备

国家税务总局于2021年10月12日发布了《国家税务总局关于进一步深化税务领域“放管服”改革 培育和激发市场主体活力若干措施的通知》（税总征科发〔2021〕69号），该文件要求，加强股权激励个人所得税管理。严格执行个人所得税有关政策，实施股权（股票）激励的企业应当在决定实施股权激励的次月15日内，向主管税务机关报送《股权激励情况报告表》，并按照《财政部 国家税务总局关于个人股票期权所得征收个人所得税问题的通知》（财税〔2005〕35号）[①]、《财政部 国家税务总局关于完善股权激励和技术入股有关所得税政策的通知》（财税〔2016〕101号）等现行规定向主管税务机关报送相关资料。境内企业以境外企业股权为标的对员工进行股权激励的，应当按照工资、薪金所得扣缴个人所得税，并执行上述规定。

二、挂牌全国股转系统期间的股权激励与员工持股计划

（一）股权激励与员工持股计划的区别

在实务中，不少人将股权激励与员工持股计划相混淆，二者其实是两个不同的概念。在非公众公司阶段，大部分公司实行的是股权激励计划，但成为公众公司或上市公司后，员工持股计划便比较常见。笔者就股权激励与员工持股计划的区别（表3-4）简要整理如下：

① 第3条、第4条第1项现已废止。

表3-4 股权激励与员工持股计划的区别

对比事项	股权激励	员工持股计划
含义	股权激励是指有条件地给予激励对象部分股东权益，使其与企业结成利益共同体，从而实现企业的长期目标。限制性股票、股票期权等为其常见模式。	员工持股计划是指上市公司根据员工意愿，通过合法方式使员工获得本公司股票并长期持有，股份权益按约定分配给员工的制度安排。
参加对象	股权激励对象通常涉及董监高和核心技术人员，也可以包括其他对公司做出突出贡献的非公司员工。	所有员工都可以是持股对象，且员工持股计划的持股对象只能是员工。
公司业绩等限制性条件	股权激励通常会与公司的业绩等方面结合起来。	员工持股计划并不需要与公司的业绩等方面结合起来。
实施方式	股权激励一般是公司自我管理。	员工持股计划可分为自我管理和委托管理，委托管理是指将本公司员工持股计划委托给具有资产管理资质的机构（信托公司、保险资产管理公司、证券公司、基金管理公司、其他符合条件的资产管理机构等）管理。

（二）全国股转系统挂牌公司股权激励与员工持股计划规定解读

虽然在全国股转系统挂牌前没有关于股权激励的明确规定，但是挂牌后，公众公司想要实施股权激励和员工持股计划的，应遵守全国股权系统有关股权激励和员工持股计划的规定。中国证监会于2020年8月21日发布了《非上市公众公司监管指引第6号——股权激励和员工持股计划的监管要求（试行）》（简称《监管指引》），自发布之日起施行。《监管指引》坚持市场化、法治化原则，扩大公司自主决策空间，丰富员工持股计划形式，强化市场约束机制，发挥主办券商督导作用，明确了适应新三板市场实践和挂牌公司特点的股权激励和员工持股计划监管规则。

《监管指引》分三个部分：第一部分规定了股权激励的对象、激励方式、定价方式、股票来源、条件、必备内容和各方权利义务安排，对绩效考核指标、分期行权、信息披露以及实施程序等进行规定。其中，股权激励的方式主要是限制性股票和股票期权，股票来源主要为发行新股、回购股票和股东赠与。第二部分规定了员工持股计划的资金和股票来源、持股形式、管理方式和信息披露要求。其中按管理方式分为委托管理型和自我管理型两类，委托管理型应备案为金融产品且持股12个月以上，自我管理型需"闭环运行"至少36个月，两类员工持股计划在参与发行时均视为一名股东，无需穿透或还原。第三部分附则主要规定禁止利用股权激励和员工持股计划进行内幕交易等违法违规活动。主要内容（表3–5）整理如下：

表3–5 全国股转系统股权激励和员工持股计划相关规定

事项	适用情形
1. 股权激励	
1.1 类型	股票期权，是指挂牌公司授予激励对象在未来一定期限内以预先确定的条件购买本公司一定数量股份的权利。 限制性股票，是指激励对象按照股权激励计划规定的条件，获得的转让等部分权利受到限制的本公司股票。
1.2 激励对象	挂牌公司的董事、高级管理人员及核心员工，但不应包括公司监事。 挂牌公司聘任独立董事的，独立董事不得成为激励对象。
1.3 股票来源	（1）向激励对象发行股票；（2）回购本公司股票；（3）股东自愿赠与；（4）法律、行政法规允许的其他方式。
1.4 激励额度	挂牌公司全部在有效期内的股权激励计划所涉及的标的股票总数累计不得超过公司股本总额的30%。
1.5 绩效考核	激励对象为董事、高级管理人员的，挂牌公司应当设立绩效考核指标作为激励对象行使权益的条件。 绩效考核指标应当包括公司业绩指标和激励对象个人绩效指标。 相关指标应当客观公开、清晰透明，符合公司的实际情况，有利于促进公司竞争力的提升。
1.6 激励计划有效期	股权激励计划的有效期从首次授予权益日起不得超过10年。挂牌公司应当规定分期行使权益，激励对象获授权益与首次行使权益的间隔不少于12个月，每期时限不得少于12个月，各期行使权益的比例不得超过激励对象获授总额的50%。

续表

事项	适用情形
1.7 预留权益	股权激励计划预留权益的，预留比例不得超过本次股权激励计划拟授予权益数量的20%，并应当在股权激励计划经股东大会审议通过后12个月内明确预留权益的授予对象；超过12个月未明确激励对象的，预留权益失效。
1.8 激励股票价格	限制性股票的授予价格、股票期权的行权价格不得低于股票票面金额。限制性股票的授予价格原则上不得低于有效的市场参考价的50%；股票期权的行权价格原则上不得低于有效的市场参考价。 对授予价格、行权价格低于有效的市场参考价标准的，或采用其他方法确定授予价格、行权价格的，挂牌公司应当在股权激励计划中对定价依据及定价方法作出说明。 主办券商应对股权激励计划的可行性、相关定价依据和定价方法的合理性、是否有利于公司持续发展、是否损害股东利益等发表意见。
1.9 基本程序	挂牌公司董事会负责提名股权激励对象、拟订股权激励计划草案，并就股权激励计划草案作出决议，经公示、披露后，提交股东大会审议。主办券商应当对股权激励计划草案和挂牌公司、激励对象是否符合《监管指引》及有关法律法规规定出具合法合规专项意见，并在召开关于审议股权激励计划的股东大会前披露。 挂牌公司应当在召开股东大会前，通过公司网站或者其他途径，将经董事会审议通过的激励名单向全体员工公示，公示期不少于10天。挂牌公司监事会应当充分听取公示意见，在公示期后对股权激励名单进行审核，同时就股权激励计划是否有利于挂牌公司持续发展，是否有明显损害挂牌公司及全体股东利益的情形发表意见。挂牌公司聘任独立董事的，独立董事应当对上述事项发表意见。 挂牌公司股东大会就股权激励计划等股权激励事项作出决议，必须经出席会议的股东所持表决权的2/3以上通过，并及时披露股东大会决议。
1.10 回避表决	董事会、股东大会对股权激励计划事项作出决议时，拟作为激励对象的董事、股东及与其存在关联关系的董事、股东应当回避表决。
1.11 及时公告	股权激励计划经股东大会审议通过后，挂牌公司应当在60日内授予权益并完成公告、登记；有获授权益条件的，应当在条件成就后60日内授出权益并完成公告、登记。 挂牌公司未能在60日内完成上述工作的，应当及时披露未完成的原因，并宣告终止实施股权激励，自公告之日起3个月内不得再次审议股权激励计划。

续表

事项	适用情形
2. 员工持股计划	
2.1 参与对象	已签订劳动合同的员工，包括管理层人员。 参与持股计划的员工，与其他投资者权益平等，盈亏自负，风险自担。
2.2 出资	员工持股应以货币出资，并按约定及时足额缴纳，可以由员工合法薪酬和法律、行政法规允许的其他方式解决。
2.3 股票来源	（1）挂牌公司回购本公司股票；（2）通过全国股转系统购买；（3）认购定向发行股票；（4）股东自愿赠与；（5）法律、行政法规允许的其他方式。 其中向员工持股计划定向发行股票的，应当符合《证券法》《非上市公众公司监督管理办法》的规定。
2.4 管理	挂牌公司实施员工持股计划，可以自行管理，也可以委托给具有资产管理资质的机构管理。 （1）自行管理：应当由公司员工通过直接持有公司制企业、合伙制企业的股份（份额）或者员工持股计划的相应权益进行间接持股，并建立健全持股在员工持股计划内部的流转、退出机制以及日常管理机制。 自行管理的员工持股计划还应符合以下要求：自设立之日锁定至少36个月；股份锁定期间内，员工所持相关权益转让退出的，只能向员工持股计划内员工或其他符合条件的员工转让；股份锁定期满后，员工所持相关权益转让退出的，按照员工持股计划的约定处理。 （2）委托管理：委托给具有资产管理资质的机构管理的，持股期限应在12个月以上，并按照有关法律法规的规定在中国证券投资基金业协会备案。 参加员工持股计划的员工可通过员工持股计划持有人会议选出代表或设立相应机构，监督员工持股计划的日常管理，代表员工持股计划持有人行使股东权利或者授权资产管理机构行使股东权利。
2.5 股东人数计算	员工持股计划在参与认购定向发行股票时，不穿透计算股东人数。
2.6 员工持股计划草案	至少应包含如下内容：（1）员工持股计划的参加对象及确定标准、资金与股票来源；（2）员工持股计划的设立形式、存续期限、管理模式、持有人会议的召集及表决程序；（3）员工持股计划的变更、终止，员工发生不适合参加持股计划情况时所持股份权益的处置办法；（4）员工持股计划持有人代表或机构的选任程序；（5）员工持股计划管理机构的选任、管理协议的主要条款、管理费用的计提及支付方式；（6）员工持股计划期满后员工所持有股份的处置办法；（7）其他重要事项。

续表

事项	适用情形
2.7 程序上的基本要求	董事会提出员工持股计划草案并提交股东大会表决。员工持股计划拟选任的资产管理机构为公司股东或者股东关联方的，相关主体应当在股东大会表决时回避；员工持股计划涉及相关股东的，相关股东应当回避表决。 监事会负责对拟参与对象进行核实，对员工持股计划是否有利于公司的持续发展，是否存在损害公司及全体股东利益，是否存在摊派、强行分配等方式强制员工参与员工持股计划等情形发表意见。 挂牌公司聘任独立董事的，独立董事应当对上述事项发表意见。 主办券商应就员工持股计划草案出具合法合规专项意见，并在召开关于审议员工持股计划的股东大会前披露。 挂牌公司变更、终止员工持股计划，应当经持有人会议通过后，由董事会提交股东大会审议。 挂牌公司实施员工持股计划前，应当通过职工代表大会等组织充分征求员工意见。
2.8 信息披露	挂牌公司应当规范履行信息披露义务，按照《非上市公众公司监督管理办法》及相关文件的规定披露员工持股计划决策、设立、存续期间的相关信息。员工持股计划、参与员工应依法依规履行权益变动披露义务。 挂牌公司应当在年度报告中披露报告期内员工持股计划实施情况。

三、北交所上市后的股权激励[①]

根据《北京证券交易所股票上市规则（试行）》等相关规定，北交所上市公司在全国股转系统挂牌期间依法实施的股权激励计划，上市后可以继续实施，限制性股票的限售安排和授予价格、股票期权的行权安排和行权价格等事项按已披露的股权激励计划方案执行。上市公司在全国股转系统挂牌期间依法设立的员工持股计划，上市后可以继续实施，管理方式、持股期限等事宜按照已披露的员工持股计划方案办理。

此外，北交所上市公司如考虑以限制性股票、股票期权实行股权激励，应

① 本部分内容参见《北京证券交易所股票上市规则（试行）》第八章。

适用《上市公司股权激励管理办法》等相关规定制订并实施股权激励计划；如设立员工持股计划，也应按照《关于上市公司实施员工持股计划试点的指导意见》等相关规定予以制定执行。

根据《北京证券交易所股票上市规则（试行）》等相关规定，对北交所的股权激励及员工持股计划的相关规定（表3-6）简要整理如下：

表3-6　北交所股权激励和员工持股计划相关规定

事项	适用情形
激励对象	激励对象包括上市公司的董事、高级管理人员、核心技术人员或者核心业务人员（经法定程序认定的核心员工），以及公司认为应当激励的对公司经营业绩和未来发展有直接影响的其他员工，独立董事和监事除外。 单独或合计持有上市公司5%以上股份的股东或实际控制人及其配偶、父母、子女以及上市公司外籍员工，在上市公司担任董事、高级管理人员、核心技术人员或者核心业务人员的，可以成为激励对象。上市公司应当充分说明前述人员成为激励对象的必要性、合理性。 下列人员不得成为激励对象： （1）最近12个月内被证券交易所认定为不适当人选；（2）最近12个月内被中国证监会及其派出机构认定为不适当人选；（3）最近12个月内因重大违法违规行为被中国证监会及其派出机构行政处罚或者采取市场禁入措施；（4）具有《公司法》规定的不得担任公司董事、高级管理人员情形的；（5）法律法规规定不得参与上市公司股权激励的；（6）中国证监会认定的其他情形。
股票价格	上市公司实施股权激励，应当合理确定限制性股票授予价格或股票期权行权价格，并在股权激励计划中对定价依据和定价方式进行说明。 限制性股票授予价格低于市场参考价①的50%，或者股票期权行权价格低于市场参考价的，上市公司应当聘请独立财务顾问对股权激励计划的可行性、相关定价依据和定价方法的合理性、是否有利于公司持续发展、是否损害股东利益等发表意见。
激励股票额度	上市公司全部在有效期内的股权激励计划所涉及的标的股票总数，累计不得超过公司股本总额的30%。 经出席会议的股东所持表决权的2/3以上通过，单个激励对象通过全部在有效期内的股权激励计划获授的本公司股票，累计可以超过公司股本总额的1%。

① 市场参考价是指股权激励计划草案公布前1个交易日、20个交易日、60个交易日或120个交易日股票交易均价孰高者。

第四节　重大资产重组[①]

一、基本含义

根据《北京证券交易所上市公司持续监管办法（试行）》，上市公司实施重大资产重组或者发行股份购买资产的，标的资产应当符合北交所相关行业要求，或者与上市公司处于同行业或上下游。

北交所上市公司实施重大资产重组的标准，按照《上市公司重大资产重组管理办法》（简称《重组办法》）第12条[②]予以认定，其中营业收入指标执行下列标准：购买、出售的资产在最近一个会计年度所产生的营业收入占上市公司同期经审计的合并财务会计报告营业收入的比例达到50%以上，且超过5000万元人民币。上市公司实施重大资产重组，构成《重组办法》第13

① 本节内容参见《北京证券交易所上市公司重大资产重组审核规则（试行）》。

② 《上市公司重大资产重组管理办法》第12条　上市公司及其控股或者控制的公司购买、出售资产，达到下列标准之一的，构成重大资产重组：

（一）购买、出售的资产总额占上市公司最近一个会计年度经审计的合并财务会计报告期末资产总额的比例达到50%以上；

（二）购买、出售的资产在最近一个会计年度所产生的营业收入占上市公司同期经审计的合并财务会计报告营业收入的比例达到50%以上；

（三）购买、出售的资产净额占上市公司最近一个会计年度经审计的合并财务会计报告期末净资产额的比例达到50%以上，且超过5000万元人民币。

购买、出售资产未达到前款规定标准，但中国证监会发现存在可能损害上市公司或者投资者合法权益的重大问题的，可以根据审慎监管原则，责令上市公司按照本办法的规定补充披露相关信息、暂停交易、聘请符合《证券法》规定的独立财务顾问或者其他证券服务机构补充核查并披露专业意见。

条[①]规定的交易情形的，置入资产的具体条件由北交所制定。上市公司发行股份购买资产的，发行股份的价格不得低于市场参考价的80%，市场参考价按照

---

① 《上市公司重大资产重组管理办法》第13条 上市公司自控制权发生变更之日起36个月内，向收购人及其关联人购买资产，导致上市公司发生以下根本变化情形之一的，构成重大资产重组，应当按照本办法的规定报经中国证监会核准：

（一）购买的资产总额占上市公司控制权发生变更的前一个会计年度经审计的合并财务会计报告期末资产总额的比例达到100%以上；

（二）购买的资产在最近一个会计年度所产生的营业收入占上市公司控制权发生变更的前一个会计年度经审计的合并财务会计报告营业收入的比例达到100%以上；

（三）购买的资产净额占上市公司控制权发生变更的前一个会计年度经审计的合并财务会计报告期末净资产额的比例达到100%以上；

（四）为购买资产发行的股份占上市公司首次向收购人及其关联人购买资产的董事会决议前一个交易日的股份的比例达到100%以上；

（五）上市公司向收购人及其关联人购买资产虽未达到本款第（一）至第（四）项标准，但可能导致上市公司主营业务发生根本变化；

（六）中国证监会认定的可能导致上市公司发生根本变化的其他情形。

上市公司实施前款规定的重大资产重组，应当符合下列规定：

（一）符合本办法第十一条、第四十三条规定的要求；

（二）上市公司购买的资产对应的经营实体应当是股份有限公司或者有限责任公司，且符合《首次公开发行股票并上市管理办法》规定的其他发行条件；

（三）上市公司及其最近3年内的控股股东、实际控制人不存在因涉嫌犯罪正被司法机关立案侦查或涉嫌违法违规正被中国证监会立案调查的情形，但是，涉嫌犯罪或违法违规的行为已经终止满3年，交易方案能够消除该行为可能造成的不良后果，且不影响对相关行为人追究责任的除外；

（四）上市公司及其控股股东、实际控制人最近12个月内未受到证券交易所公开谴责，不存在其他重大失信行为；

（五）本次重大资产重组不存在中国证监会认定的可能损害投资者合法权益，或者违背公开、公平、公正原则的其他情形。

上市公司通过发行股份购买资产进行重大资产重组的，适用《证券法》和中国证监会的相关规定。

本条第一款所称控制权，按照《上市公司收购管理办法》第八十四条的规定进行认定。上市公司股权分散，董事、高级管理人员可以支配公司重大的财务和经营决策的，视为具有上市公司控制权。

创业板上市公司自控制权发生变更之日起，向收购人及其关联人购买符合国家战略的高新技术产业和战略性新兴产业资产，导致本条第一款规定任一情形的，所购买资产对应的经营实体应当是股份有限公司或者有限责任公司，且符合《首次公开发行股票并在创业板上市管理办法》规定的其他发行条件。

上市公司自控制权发生变更之日起，向收购人及其关联人购买的资产属于金融、创业投资等特定行业的，由中国证监会另行规定。

《重组办法》的规定计算。

北交所对重大资产重组进行审核，并对信息披露、持续督导等进行自律管理。涉及发行股份购买资产的，北交所审核通过后，报中国证监会履行注册程序。

二、标的资产的要求

1.上市公司使用现金购买与主营业务和生产经营相关的土地、厂房、机械设备等，充分说明合理性和必要性的，可以视为日常经营行为，不纳入重大资产重组管理。

2.标的资产对应的经营实体应当是符合《北京证券交易所向不特定合格投资者公开发行股票注册管理办法（试行）》规定的发行条件的股份有限公司或者有限责任公司，不存在《北京证券交易所股票上市规则（试行）》规定的不得申请公开发行并上市的情形，并符合下列条件之一：（1）最近两年净利润均不低于1500万元且加权平均净资产收益率平均不低于8%，或者最近一年净利润不低于2500万元且加权平均净资产收益率不低于8%；（2）最近两年营业收入平均不低于1亿元，且最近一年营业收入增长率不低于30%，最近一年经营活动产生的现金流量净额为正。

3.上市公司实施重组上市，标的资产对应的经营实体尚未盈利的，控股股东、实际控制人的股份减持应当符合《北京证券交易所股票上市规则（试行）》关于公司上市时未盈利的减持相关规定。

三、重组审核内容与方式

（一）电子化审核

北交所实行电子化审核，申请、受理、问询、回复等事项通过北交所并购重组审核业务系统办理。

（二）重组审核

北交所重大资产重组审核机构按照规定对申请文件进行审核，出具审核报告，提出初步审核意见后，提交并购重组委员会审议，提出审议意见。北交所结合并购重组委员会审议意见作出是否同意的决定。

北交所对上市公司发行股份购买资产或者重组上市是否符合法定条件、是否符合中国证监会和北交所信息披露要求进行审核。

（三）审核方式

北交所通过提出问题、回答问题等多种方式，督促上市公司、交易对方、独立财务顾问、证券服务机构完善信息披露，真实、准确、完整地披露或者提供信息，提高信息披露质量。

四、重组审核程序

重组审核程序流程图

（一）申请与受理

上市公司实施发行股份购买资产或者重组上市的，应当按照规定聘请独立财务顾问，并委托独立财务顾问在股东大会作出重大资产重组决议后3个工作日内，通过北交所审核系统报送申请文件。

（二）重组审核机构审核

北交所重组审核机构按照申请文件受理的先后顺序开始审核。

上市公司、交易对方、独立财务顾问、证券服务机构应当按照审核问询要求进行必要的补充调查和核查，及时、逐项回复北交所重组审核机构提出的审核问询，相应补充或者修改申请文件并披露。

上市公司申请发行股份购买资产的，回复审核问询的时间总计不得超过1个月；申请重组上市的，回复审核问询的时间总计不得超过3个月。逾期未回复的，上市公司应当在到期日的次日，披露本次交易的进展情况及未能及时回复的具体原因等事项。上市公司难以在前述时限内回复的，可以在期限届满前向北交所申请延期一次，时间不得超过1个月。中止审核、请示有权机关、实施现场检查、落实并购重组委意见、暂缓审议、处理会后事项、要求进行专项核查等情形的时间，不计算在前述时限内。

（三）并购重组委员会审议

并购重组委员会召开审议会议，对北交所重组审核机构出具的审核报告及上市公司申请文件进行审议。并购重组委员会的审议程序等事项适用《北京证券交易所上市委员会管理细则》的相关规定。

（四）中国证监会注册

北交所审核通过的，向中国证监会报送同意发行股份购买资产或者重组上市的审核意见、相关审核资料及上市公司申请文件，但不涉及股份发行的重组上市除外。中国证监会在注册程序中，要求北交所进一步问询的，由北交所提出反馈问题。

五、持续督导

为上市公司提供服务的独立财务顾问，应当按照中国证监会和北交所的相关规定，履行持续督导职责。上市公司实施除重组上市外的其他重大资产重组的，持续督导期限为本次交易实施完毕当年剩余时间以及其后一个完整会计年度。期限届满后，存在尚未完结事项的，独立财务顾问应当继续履行持续督导职责，并在各年度报告披露之日起15日内就相关事项的进展情况出具核查意见。

存在下列情形之一的，独立财务顾问应当对上市公司或者标的资产进行现场核查，出具核查报告并披露：（1）标的资产存在重大财务造假嫌疑；（2）上市公司可能无法有效控制标的资产；（3）标的资产可能存在未披露担保；（4）标的资产可能存在非经营性资金占用；（5）标的资产股权可能存在重大未披露质押。独立财务顾问进行现场核查的，应当就核查情况、提请上市公司及投资者关注的问题、本次现场核查结论等事项出具现场核查报告，并在现场核查结束后5个工作日内披露。

第五节 停牌和复牌①

一、基本原则

1.公司应当维护证券交易的连续性，谨慎申请停牌，不得滥用停牌或者复牌损害投资者的合法权益。

2.上市公司及其股东、实际控制人、董事、监事、高级管理人员和其他交易各方，以及提供服务的证券公司、证券服务机构等，在筹划重大事项过程中，应当严格履行保密义务，做好信息管理和内幕信息知情人登记工作，不得以停牌代替公司及有关各方在筹划重大事项过程中的信息保密义务。

3.停牌期间，公司应当分阶段披露所筹划重大事项的进展情况，避免笼统、概况式披露，并至少每5个交易日披露一次进展公告。

4.上市公司完成重大事项筹划、停牌期限届满或者终止筹划重大事项的，应当立即申请复牌。

二、停牌情形及停牌时间

表3–7 停牌情形及停牌时间

类别	停牌情形	停牌时间
筹划重大事项	1.上市公司因筹划重大资产重组或发行股份购买资产	停牌时间不超过10个交易日。 公司可以在披露重组预案或者报告书后，以对相关方案作出重大调整为由申请停牌，停牌时间不超过5个交易日。
	2.上市公司筹划控制权变更、要约收购等事项	原则上应当分阶段披露筹划进展，确有需要申请停牌的，停牌时间不超过5个交易日。

① 本节内容参见《北京证券交易所股票上市规则（试行）》第九章。

续表

类别	停牌情形	停牌时间
	3.上市公司破产重整	确有需要申请停牌的，应当披露停牌具体事由、重整事项进展和预计复牌时间等内容，停牌时间原则上不超过5个交易日。
	4.上市公司向境内其他证券交易所申请股票转板	应当申请股票于向境内其他证券交易所提交申报材料的次一交易日停牌。在收到境内其他证券交易所不予受理决定、终止审核决定等文书后，应当申请股票复牌。
	5.上市公司发生风险事件等存在重大不确定性	中国证监会或北交所认为有必要的，公司可以申请停牌。
	6.无法按期完成筹划事项	上市公司无法在停牌期限届满前完成相关事项筹划，但国家有关部门对相关事项的停复牌时间另有要求的，公司可以向北交所申请延期复牌，但连续停牌时间原则上不得超过25个交易日。涉及国家重大战略项目、国家军工秘密等事项，对停复牌时间另有要求的从其要求。
其他事项	1.上市公司未在规定期限内披露定期报告	上市公司未在《证券法》规定期限内披露年度报告或者中期报告等涉及强制退市情形的，其股票停复牌按照退市的相关规定办理。 上市公司未在规定期限内披露季度报告，公司股票应当于报告披露期限届满的次一交易日停牌1天。
	2.上市公司被要约收购	要约收购期限届满后的次一交易日至披露要约收购查询结果期间，公司股票应当停牌。 根据收购结果，被收购上市公司股权分布仍符合上市条件的，公司股票应当于要约收购结果公告日申请复牌。不再符合上市条件的，公司股票应当继续停牌，并按照退市和要约收购相关规定办理后续程序。

三、特殊处理

表3–8　特殊情况的处理

事项	适用情况
暂停办理	证券市场交易出现极端异常情况的，北交所可以根据中国证监会的决定或者市场实际情况，暂停办理上市公司停牌申请。
不予受理	停牌申请不符合北交所规定的事由、条件和要求的，北交所不予受理。 上市公司无法按照《北京证券交易所股票上市规则（试行）》和北交所相关规定在申请停牌时披露相关内容的，北交所不予受理公司停牌申请，但国家有关部门对相关事项的披露内容另有要求的除外。
要求复牌	上市公司股票停牌后，北交所发现公司的停牌事由不成立，或者其停牌申请不符合或不再符合北交所规定的条件和要求的，北交所可以要求公司立即申请复牌。
停复牌	上市公司可能触及重大违法强制退市情形且上市公司未及时披露的，北交所可以在获悉相关情况后对公司股票实施停牌，并向市场公告。

第六节　退市机制①

退市制度为注册制企业的一项基础制度。退市制度旨在维持“有进有出”“能进能出”的市场生态，构建多元化的退市指标体系，强化市场出清功能。退市制度可简要概括为退市标准、退市流程、退市去向三个方面的内容（表3–9）。

表3–9　退市标准、退市流程及退市去向

事项	适用情形
退市标准	（1）主动退市。 （2）强制退市：交易类、财务类、规范类、重大违法类。

① 本节内容参见《北京证券交易所股票上市规则（试行）》第十章。

续表

事项	适用情形
退市流程	（1）退市风险警示。 （2）强制退市由北交所上市委员会审议。 （3）拟终止股票上市的事先告知书。 （4）退市整理期。
退市去向	（1）基础层、创新层。 （2）退市板块。

一、退市标准

退市包括强制终止上市（简称强制退市）和主动终止上市（简称主动退市）。

（一）强制退市

强制退市分为交易类强制退市、财务类强制退市（表3-10）、规范类强制退市（表3-11）和重大违法类强制退市四类情形。

1.交易类强制退市

上市公司连续60个交易日[①]出现下列情形之一的，北交所决定终止其股票上市：

（1）股票每日收盘价均低于每股面值。

（2）股东人数均少于200人。

（3）按照预计市值不低于15亿元，最近两年研发投入合计不低于5000万元标准上市的公司，股票交易市值均低于3亿元。

（4）北交所认定的其他情形。

① 不包含公司股票停牌日和公开发行股票并上市之日起的20个交易日。

2.财务类强制退市

表3–10　财务类强制退市标准

<table>
<tr><th colspan="2">退市风险警示</th><th>退市</th></tr>
<tr><td colspan="3">具体情形</td></tr>
<tr><td>（1）</td><td>最近一个会计年度经审计的净利润为负值且营业收入低于5000万元，或追溯重述后最近一个会计年度净利润[1]为负值且营业收入低于5000万元。[2]</td><td rowspan="5">（1）因净利润和营业收入触及左列情形（1）其股票被实施退市风险警示后，首个会计年度净利润继续为负值且营业收入继续低于5000万元。[3]
（2）因净资产触及左列情形（2）规定情形其股票被实施退市风险警示后，首个会计年度净资产继续为负值。
（3）因触及左列情形（4）其股票被实施退市风险警示后，实际触及退市风险警示指标相应年度的次一年度，继续出现上述第（1）（2）项情形的。
（4）因触及左列情形其股票被实施退市风险警示后，首个会计年度的财务会计报告被出具保留意见、无法表示意见或否定意见的审计报告。
（5）虽满足撤销退市风险警示的条件，但公司未在规定期限内向北交所申请撤销的。
（6）因不满足撤销退市风险警示的条件，北交所决定不予撤销的。
（7）北交所认定的其他情形。</td></tr>
<tr><td>（2）</td><td>最近一个会计年度经审计的期末净资产为负值，或追溯重述后最近一个会计年度期末净资产为负值。</td></tr>
<tr><td>（3）</td><td>最近一个会计年度的财务会计报告被出具无法表示意见或否定意见的审计报告。</td></tr>
<tr><td>（4）</td><td>中国证监会及其派出机构行政处罚决定书表明公司已披露的最近一个会计年度经审计的年度报告存在虚假记载、误导性陈述或者重大遗漏，导致该年度相关财务指标实际已触及上述第（1）（2）项情形的。[4]</td></tr>
<tr><td>（5）</td><td>北交所认定的其他情形。</td></tr>
</table>

---

① 净利润以扣除非经常性损益前后孰低者为准，营业收入应当扣除不具备商业实质的收入。负责审计的会计师事务所应当就公司营业收入扣除事项是否符合上述规定及扣除后的营业收入金额出具专项核查意见。

② 按照《北京证券交易所股票上市规则（试行）》第2.1.3条第1款第2~4项规定上市的公司，不适用该要求。

《北京证券交易所股票上市规则（试行）》第2.1.3条规定："……（二）预计市值不低于4亿元，最近两年营业收入平均不低于1亿元，且最近一年营业收入增长率不低于30%，最近一年经营活动产生的现金流量净额为正；（三）预计市值不低于8亿元，最近一年营业收入不低于2亿元，最近两年研发投入合计占最近两年营业收入合计比例不低于8%；（四）预计市值不低于15亿元，最近两年研发投入合计不低于5000万元。前款所称预计市值是指以发行人公开发行价格计算的股票市值。……"

③ 按照《北京证券交易所股票上市规则（试行）》第2.1.3条第1款第2~4项规定上市的公司，不适用该要求。

④ 公司因追溯重述或者本项情形导致相关财务指标触及上述第（1）（2）项规定情形的，最近一个会计年度指最近一个已经披露经审计财务会计报告的年度。

3. 规范类强制退市

表3–11　规范类强制退市标准

<table>
<tr><th colspan="2">退市风险警示</th><th>退市</th></tr>
<tr><td colspan="3">具体情形</td></tr>
<tr><td>（1）</td><td>未在法定期限内披露年度报告或者中期报告，且在公司股票停牌2个月内仍未披露。</td><td rowspan="8">（1）因左列情形（1）被实施退市风险警示之日起的2个月内仍未披露过半数董事保证真实、准确、完整的相关年度报告或者中期报告。
（2）因左列情形（2）被实施退市风险警示之日起的2个月内仍有半数以上董事无法保证年度报告或者中期报告真实、准确、完整。
（3）因左列情形（3）被实施退市风险警示之日起的2个月内仍未披露经改正的财务会计报告。
（4）因左列情形（4）被实施退市风险警示之日起的2个月内仍未按要求完成改正。
（5）因左列情形（5）被实施退市风险警示之日起的6个月内仍未解决股本总额或公众股东持股比例问题。
（6）因左列情形（6）（7）其股票被实施退市风险警示的，公司依法被吊销营业执照、被责令关闭或者被撤销等强制解散条件成就，或者法院裁定公司破产。
（7）虽满足撤销退市风险警示的条件，但公司未在规定期限内向本所申请撤销的。
（8）因不满足撤销退市风险警示的条件，北交所决定不予撤销的。
（9）北交所认定的其他情形。</td></tr>
<tr><td>（2）</td><td>半数以上董事无法保证公司所披露年度报告或中期报告的真实性、准确性和完整性，且未在法定期限内改正，此后股票停牌2个月内仍未改正。</td></tr>
<tr><td>（3）</td><td>财务会计报告存在重大会计差错或者虚假记载，被中国证监会及其派出机构责令改正，但公司未在要求期限内改正，且在公司股票停牌2个月内仍未改正。</td></tr>
<tr><td>（4）</td><td>信息披露或者规范运作等方面存在重大缺陷[①]，被北交所限期改正但公司未在规定期限内改正，且公司在股票停牌2个月内仍未改正。</td></tr>
<tr><td>（5）</td><td>公司股本总额或公众股东持股比例发生变化，导致连续60个交易日不再具备上市条件，且公司在股票停牌1个月内仍未解决。</td></tr>
<tr><td>（6）</td><td>公司可能被依法强制解散。</td></tr>
<tr><td>（7）</td><td>法院依法受理公司重整、和解或破产清算申请。</td></tr>
<tr><td>（8）</td><td>北交所认定的其他情形。</td></tr>
</table>

4. 重大违法类强制退市

重大违法类强制退市，包括下列情形：

（1）涉及国家安全、公共安全、生态安全、生产安全和公众健康安全等领

① 信息披露或者规范运作等方面存在重大缺陷情形，具体包括以下情形：（1）北交所失去公司有效信息来源；（2）公司拒不披露应当披露的重大信息；（3）公司严重扰乱信息披露秩序，并造成恶劣影响；（4）北交所认为公司存在其他信息披露或者规范运作缺陷且情节严重的。

域的重大违法行为被追究法律责任，导致上市公司或其主要子公司依法被吊销营业执照、责令关闭或者被撤销，依法被吊销主营业务生产经营许可证，或存在丧失继续生产经营法律资格的其他情形。

（2）上市公司公开发行并上市，申请或者披露文件存在虚假记载、误导性陈述或重大遗漏，被中国证监会及其派出机构依据《证券法》第181条[①]作出行政处罚决定，或者被人民法院依据《刑法》第160条[②]作出有罪生效判决。

（3）上市公司发行股份购买资产并构成重组上市，申请或者披露文件存在虚假记载、误导性陈述或者重大遗漏，被中国证监会及其派出机构依据《证券法》第181条作出行政处罚决定，或者被人民法院依据《刑法》第160条作出有罪生效判决。

（4）上市公司披露的年度报告存在虚假记载、误导性陈述或者重大遗漏，根据中国证监会及其派出机构行政处罚决定认定的事实，导致连续会计年度财务类指标已实际触及北交所关于财务类强制退市的退市标准。

（5）北交所认定的其他情形。

---

① 《证券法》第181条　发行人在其公告的证券发行文件中隐瞒重要事实或者编造重大虚假内容，尚未发行证券的，处以二百万元以上二千万元以下的罚款；已经发行证券的，处以非法所募资金金额百分之十以上一倍以下的罚款。对直接负责的主管人员和其他直接责任人员，处以一百万元以上一千万元以下的罚款。

发行人的控股股东、实际控制人组织、指使从事前款违法行为的，没收违法所得，并处以违法所得百分之十以上一倍以下的罚款；没有违法所得或者违法所得不足二千万元的，处以二百万元以上二千万元以下的罚款。对直接负责的主管人员和其他直接责任人员，处以一百万元以上一千万元以下的罚款。

② 《刑法》第160条　【欺诈发行证券罪】在招股说明书、认股书、公司、企业债券募集办法等发行文件中隐瞒重要事实或者编造重大虚假内容，发行股票或者公司、企业债券、存托凭证或者国务院依法认定的其他证券，数额巨大、后果严重或者有其他严重情节的，处五年以下有期徒刑或者拘役，并处或者单处罚金；数额特别巨大、后果特别严重或者有其他特别严重情节的，处五年以上有期徒刑，并处罚金。

控股股东、实际控制人组织、指使实施前款行为的，处五年以下有期徒刑或者拘役，并处或者单处非法募集资金金额百分之二十以上一倍以下罚金；数额特别巨大、后果特别严重或者有其他特别严重情节的，处五年以上有期徒刑，并处非法募集资金金额百分之二十以上一倍以下罚金。

单位犯前两款罪的，对单位判处非法募集资金金额百分之二十以上一倍以下罚金，并对其直接负责的主管人员和其他直接责任人员，依照第一款的规定处罚。

（二）主动退市

1.可以主动退市

上市公司股东大会审议通过的，可以向北交所申请终止其股票上市。

2.应当主动退市

上市公司出现下列情形之一的，应当向北交所申请终止其股票上市：

（1）上市公司股东大会决议解散公司。

（2）上市公司因新设合并或者吸收合并，将不再具有独立主体资格并被注销。

（3）上市公司因回购或要约收购导致公众股东持股比例、股东人数等发生变化不再具备上市条件。

（4）转板申请已获同意。

（5）北交所认定的其他申请终止上市的情形。

3.退市条件

上市公司向北交所申请终止股票上市，应当同时符合下列条件：

（1）终止上市决策程序、信息披露和股票停复牌安排符合北交所业务规则的规定。

（2）上市公司已在法定期限内披露最近一期年度报告或中期报告，或未在法定期限内披露最近一期年度报告或中期报告，但已在期满后2个月内补充披露。

（3）上市公司应制定合理的异议股东保护措施，对股东权益保护作出安排，转板申请已获同意的除外。

（4）北交所要求的其他条件。

二、退市流程

表3-12　退市步骤及具体情况

步骤	具体情况
1.退市风险警示	上市公司出现财务状况异常情况或者其他异常情况导致其股票存在被强制退市风险，北交所对该公司股票实施风险警示。上市公司股票被实施退市风险警示的，在公司股票简称前冠以“*ST”字样。北交所可以规定对其他情形实施风险警示。

续表

步骤	具体情况
2.发出拟终止上市事先告知书	公司因触发强制退市情形停牌的，北交所在作出终止上市决定前，向公司发出拟终止其股票上市的事先告知书。公司收到事先告知书后，可以根据北交所相关规定提出听证、陈述和申辩。
3.上市委员会审议、申请复核、中国证监会备案	北交所上市委员会在听证、陈述和申辩有关期限届满或者听证程序结束后15个交易日内，就是否终止上市进行审议，形成审议意见。 上市公司被北交所作出强制终止上市决定的，可以根据北交所相关规定申请复核。 北交所结合上市委员会的审议意见，作出是否终止股票上市的决定。 北交所作出终止上市决定的，出具相关文件，发布公告，并报中国证监会备案。
4.退市整理期	退市整理期的交易期限为15个交易日。上市公司股票在退市整理期全天停牌的，停牌期间不计入退市整理期，但停牌天数不超过5个交易日。 北交所作出强制终止上市决定后，上市公司未提出复核申请的，公司股票自申请复核期限届满后的第6个交易日起复牌，进入退市整理期。 上市公司提出复核申请，北交所作出维持强制终止上市决定的，公司股票自作出维持终止上市决定后的第6个交易日起复牌，进入退市整理期。
5.终止上市	退市整理期届满的次一交易日终止上市。

三、退市去向

北交所上市公司退市后的去向有不同的路径，其中最主要的去向有三个（表3–13），列示如下：

表3–13　退市去向

退市去向	具体要求
股转系统基础层、创新层	上市公司股票终止上市后，符合全国股转系统挂牌条件或进入创新层条件的，可以转入相应层级挂牌交易。

续表

退市去向	具体要求
退市公司板块	不符合全国股转系统挂牌条件，且股东人数超过200人的，转入全国股转公司代为管理的退市公司板块，其股份转让和信息披露按相关规定办理。 上市公司退市后转入全国股转公司代为管理的退市公司板块，应当聘请证券公司担任其主办券商，协助公司办理相关业务。公司无法自行聘请主办券商，原则上由北交所随机抽选证券公司担任。
重新上市	上市公司股票终止上市后，其终止上市情形已消除，符合重新上市条件的可以向北交所申请重新上市。

第四章　监督管理

第一节　现场检查

一、现场检查的一般规定——《首发企业现场检查规定》解读[①]

为规范首发企业现场检查行为，强化首发企业信息披露监管，督促中介机构归位尽责，保护投资者合法权益，结合《证券法》有关规定，在认真总结实践经验基础上，中国证监会制定了《首发企业现场检查规定》(以下简称《检查规定》)。

（一）制定背景

2014年以来，中国证监会持续对首发企业开展现场检查，查处信息披露违法违规行为，对于推动各方归位尽责、提高信息披露质量发挥了积极作用。2020年3月，修订后的《证券法》正式施行，明确规定了以信息披露为核心的证券发行注册制度，要求发行人真实、准确、完整地披露信息。为贯彻落实修法精神，做好配套制度建设，进一步加强首发企业信息披露监管，严把IPO入口关，提升上市公司质量，同时，在规则层面明确将注册制板块纳入现场检查范围，中国证监会结合实际情况制定了《检查规定》。

（二）主要内容

《检查规定》规范了首发企业现场检查的基本要求、标准、流程以及后续

① 参见《〈首发企业现场检查规定〉立法说明》。

处理工作，明确了检查涉及单位和人员的权利义务，压实了发行人和中介机构责任，并加强了对检查人员的监督。

《检查规定》共23条，对现场检查适用范围、检查对象、检查程序、监督管理措施等内容进行了规定。主要内容如下：

1.明确适用范围

明确证券交易所各板块的首发申请企业均予以适用，检查内容为首发企业信息披露质量及中介机构执业质量。

2.确定检查对象

检查对象按问题导向和随机抽取两种方式确定。问题导向企业由中国证监会和证券交易所相关审核或注册部门确定，随机抽取工作由中国证券业协会依照相关规定实施。对于问题导向企业，结合重点存疑事项的性质和内容开展现场检查，并可以围绕前述存疑事项对检查范围进行必要拓展；对于随机抽取企业，重点围绕财务信息披露质量等事项开展现场检查。

3.规范检查程序

规范组建检查组、采用检查方式、确认检查事实等全流程内容，确保检查工作的独立、公正、客观、高效。

4.压实各方责任

对于检查发现首发企业信息披露和中介机构执业质量违法违规行为以及有关人员不予配合检查的情形，明确依据有关规定进行处理。

二、北交所上市公司的现场检查

（一）北交所上市公司需现场检查

如前所述，现场检查为实现中国特色注册制的重要手段和方式，《检查规定》也明确适用于中国证券交易所的各个板块。北交所为与沪深交易所并列的第三个全国性证券交易所，且北交所从设立之日起便实施注册制，因此，北交所上市公司必然需要接受监管机构的现场检查。

公司质量是资本市场的基石，关系市场成色和发展走势。打造主阵地，质量是根本，数量是关键，要坚持数量与质量并重，在一段时间内聚集一批高质量的创新型中小企业，达到一定的市场规模，形成品牌效应。实践中，对市值、财务指标、业绩波动等方面的包容，并不意味着放松审核，北京证券交易所发行上市审核严守财务真实性和信息披露充分性底线，压实中介机构责任，强化监管执法，把好公司质量关。[①]

（二）北交所上市公司面对现场检查的注意事项

笔者从实务的角度，就发行人可能面临的现场检查提出几点注意事项，以供相关方参考：

1.掌握现场检查的主要内容

（1）容易被现场检查的企业

检查对象按问题导向和随机抽取两种方式确定。中国证监会关于“必要实施现场检查的企业”的规定比较笼统，实务中，下列企业被现场检查的概率比较高：农林牧渔类企业；贫困地区申报的企业；过往有被否和撤材料历史的企业；主要财务指标明显背离同行业公司的企业；业务模式、盈利模式不常见的企业；项目证券服务机构有被处罚历史的企业；被多方实名举报的企业。

（2）核查方式

实施现场检查时，检查组可以根据需要采取以下检查方式：

①查看检查对象的生产、经营、管理场所及其他相关场所，获取有关工商等资料；

②获取有关资金流水，生产、销售、仓储记录，会计凭证，会计账簿，财务报表等文件资料；

③就主要业务循环和会计信息系统进行穿行测试；

④问询检查对象控股股东和实际控制人、董事、监事、高级管理人员以及销售、采购、生产、仓储、财务等相关人员；

⑤走访检查对象重要客户及供应商等有关单位和人员，核实相关信息；

⑥核查中介机构工作底稿，询问有关人员、进行现场取证等；

⑦检查组认为必要的其他方式。

---

① 参见《努力建设好服务创新型中小企业的证券市场》，载北京证券交易所网站，http://www.bse.cn/important_news/200010886.html，最后访问时间：2021年11月15日。

（3）重点关注事项

现场检查核心目标是验证财务的真实性，财务数据是衡量公司是否符合上市标准的硬杠杆，现场检查始终以核查财务真实性作为重点。现场检查中会重点关注5项会计循环，即收入循环、固定资产和在建工程、成本循环、资金循环、费用循环。资金检查是最关键的部分，发行人、董事长以及董监高的所有账户流水，甚至其他相关人员的账户流水都会被监测。

2.现场检查的趋势

（1）逐步常态化

随着《证券法》《检查规定》等规范性文件的正式落地实施，监管机构负责人在多个场合多次表态要将现场检查常态化。而事实也表明，目前监管机构对于申报A股上市企业的现场检查已经步入常态化的趋势。

（2）多种方式结合

现场督导是指审核机构在发行审核时结合审核问询情况对保荐机构进行现场督导，侧重于保荐机构，一般时间为两周左右；现场检查是指审核机构采取抽签的方式抽取现场检查对象，对发行人进行全面现场检查，侧重于发行人。现场督导可能升级为现场检查。两种核查方式不可分割，现场检查与现场督导为监管机构的常用核查手段。此外，发行人还会面临各式各样的核查，如现场检查会升级为异地交叉检查，由甲地证监局检查乙地企业。

（3）检查升级

检查升级意味着准备时间变短。之前现场检查的具体方式是各地证监局稽查组带队，抽调当地的会计师和律师参与。自2020年11月以来，现场检查逐步升级，现场检查人员中加入了交易所的代表，同时不会给发行人提前一个月以上的准备时间，通常在决定检查作出后的下一周就立即启动，发行人几乎没有补救的机会。

（4）反对“一查就撤、一撤了之”的做法

中国证券业协会于2021年1月底启动对20家首发企业IPO信息披露质量抽查，截至2021年3月1日，16家拟注册上市公司发行人或保荐机构主动撤回材料终止审核，抽查名单企业主动撤回材料比例已高达80%。针对“现场督导、检查即撤回”的现象，监管机构出台了一系列政策，例如，对现场督导中发现的保荐机构执业质量问题，纳入保荐机构执业质量评价。发行人撤回发行上市申请或者保荐机构撤销保荐，该项目在撤回发行上市申请后12个月内重新申报的，受理后将启动现场督导。中国证监会、证券交易所等监管机构的相关负责人在多个场合多次强调：对于现场检查进场前撤回的项目，如发现存在涉嫌财务造假、虚假陈述等重大违法违规问题的，保荐机构、发行人都要承担相应的责任，绝不能“一撤了之”，也绝不允许“带病闯关”。

3. 企业不要心存侥幸心理，应提前布局、做好内功

（1）坚持以信息披露为核心

发行人应如实全面地将相关信息向证券服务机构披露，不要心存侥幸。例如，现场检查中要求核查发行人、实际控制人以及董监高等相关方的所有账户流水，如果相关方在证券服务机构要求提供全部资金流水账户信息时不予以全面配合，仅提供了部分资金流水信息，检查人员可以直接在银行协助下核查发行人的账户流水信息，只要有一笔有问题，就会被怀疑，需要相关方及证券服务机构进行充分解释。

实务中也存在部分发行人、实际控制人等相关方希望全面配合，但不知道从哪方面配合的情况，此时需要证券服务机构正确、全面地指导和解释，因此选择有经验的中介机构对于发行人上市而言也十分重要。

（2）提前规范，做好内功

具体而言，其一是证券服务机构在为发行人提供服务的过程中，发行人应按照相关中介机构的要求全面、真实、准确地提供相关资料，尽早把存在的问题与相关中介机构沟通，对于中介机构开展尽职调查中发现的问题，应积极整改，不要心存侥幸。

其二是认清上市只是一个阶段，公司规范运营为长久之计。中介机构及早入场对企业进行规范指导，有利于发行人及早发现问题、解决问题；应避免为了上市而上市或突击上市、带着问题闯关的博弈心态，而是立足长远，早做准备，早做规范，未雨绸缪。

4. 证券服务机构亦应提高核查能力

一方面，现场检查主要是针对发行人的，证券交易所等监管机构可以依据有关规定对检查对象及其控股股东、实际控制人和相关责任人员采取自律管理措施；另一方面，检查组也会围绕检查对象存在的相关问题对中介机构执业质量进行延伸检查，就中介机构履职尽责情况发表意见。现场检查发现中介机构及相关执业人员未勤勉尽责、在执业质量等方面存在违法违规行为的，证券交易所可以依据有关规定对上述单位和个人采取自律管理措施，中国证监会可以依据法律、行政法规、中国证监会规章对上述单位和个人采取行政监管措施，给予行政处罚。

因此，相关证券服务机构应提高业务能力水平，谨慎从业，做好平时相关工作的一切证据搜集及整理，加强多种核查方式、多渠道核查，提高核查能力，以合理怀疑的态度面对遇到的问题，踏实认真做好工作底稿，加强与其他中介机构及相关方的沟通交流。

第二节　自律监管措施

根据《北京证券交易所股票上市规则（试行）》第11.3条的规定，本规则第1.5条[①]规定的监管对象违反北交所业务规则或者其所作出的承诺的，北交所可对其实施以下自律监管措施：

1.口头警示。

2.约见谈话。

3.要求提交书面承诺。

4.出具警示函。

5.限期改正。

6.要求公开更正、澄清或说明。

7.要求公开致歉。

8.要求限期参加培训或考试。

9.要求限期召开投资者说明会。

10.暂停解除上市公司控股股东、实际控制人的股票限售。

① 《北京证券交易所股票上市规则（试行）》第1.5条　发行人、上市公司及其董事、监事、高级管理人员、股东、实际控制人、收购人、重大资产重组交易对方、破产管理人等机构及其相关人员，应当遵守法律、行政法规、部门规章、规范性文件（以下统称法律法规），本规则以及本所其他业务规则（以下统称本所业务规则），履行信息披露义务，促进公司规范运作。

11.建议上市公司更换相关任职人员。

12.北交所规定的其他自律监管措施。

第三节　纪律处分

一、监管对象及纪律处分

（一）保荐机构及其保荐代表人、证券服务机构及其相关人员

1.违反北交所业务规则①

保荐机构及其保荐代表人、证券服务机构及其相关人员违反北交所业务规则的，北交所可以实施口头警示、约见谈话、要求提交书面承诺、出具警示函、限期改正的自律监管措施。

2.违反北交所业务规则或承诺②

保荐机构及其保荐代表人、证券服务机构及其相关人员出具的相关文件存在虚假记载、误导性陈述或者重大遗漏，或者存在违反北交所业务规则或者其所作出的承诺的其他情形的，北交所视情节轻重给予以下纪律处分：

（1）通报批评。

（2）公开谴责。

（3）暂不受理相关机构或其人员出具的文件。

（4）北交所规定的其他纪律处分。

（二）发行人、上市公司、相关信息披露义务人及其相关人员③

发行人、上市公司、相关信息披露义务人及其相关人员违反北交所业务规则或者其所作出的承诺的，北交所视情节轻重给予以下纪律处分：

① 参见《北京证券交易所股票上市规则（试行）》第11.4条。

② 参见《北京证券交易所股票上市规则（试行）》第11.7条。

③ 参见《北京证券交易所股票上市规则（试行）》第11.5条。

1.通报批评。

2.公开谴责。

3.北交所规定的其他纪律处分。

（三）上市公司控股股东、实际控制人、董事、监事、高级管理人员①

上市公司控股股东、实际控制人、董事、监事、高级管理人员违反北交所业务规则或者其所作出的承诺的，北交所视情节轻重给予以下纪律处分：

1.通报批评。

2.公开谴责。

3.认定其不适合担任上市公司董事、监事、高级管理人员。

4.北交所规定的其他纪律处分。

二、纪律处分委员会②

北交所设立纪律处分委员会对涉及《北京证券交易所股票上市规则（试行）》第1.5条和第1.6条③规定的监管对象的纪律处分事项进行审核，作出独立的专业判断并形成审核意见。

北交所根据纪律处分委员会的审核意见，作出是否给予纪律处分的决定。

三、申请复核④

当事人对北交所作出的相关纪律处分决定不服的，可以按照北交所业务规则规定的受理范围和程序申请复核。

---

① 参见《北京证券交易所股票上市规则（试行）》第11.6条。

② 参见《北京证券交易所股票上市规则（试行）》第11.8条。

③ 《北京证券交易所股票上市规则（试行）》第1.6条　为发行人、上市公司以及相关信息披露义务人提供服务的保荐机构及其保荐代表人、证券服务机构及其相关人员，应当遵守法律法规、本所业务规则，诚实守信，勤勉尽责。保荐机构、保荐代表人、证券服务机构制作、出具文件应当对所依据资料内容的真实性、准确性、完整性进行核查和验证，所制作、出具的文件不得有虚假记载、误导性陈述或者重大遗漏。

④ 参见《北京证券交易所股票上市规则（试行）》第11.9条。

四、自查整改[①]

监管对象被北交所实施自律监管措施或者纪律处分，北交所要求其自查整改的，监管对象应当及时报送并按要求披露相关自查整改报告。

① 参见《北京证券交易所股票上市规则（试行）》第11.10条。

第五章　再融资

第一节　再融资制度概述

根据深化新三板改革、将精选层挂牌公司平移为北交所上市公司并试点注册制的总体要求，为构建“小额、快速、灵活、多元”的再融资制度，支持创新型中小企业利用北交所做优做强，保护投资者合法权益和社会公共利益，中国证监会公布了《北京证券交易所上市公司证券发行注册管理办法（试行）》（简称《再融资办法》）等规范性文件，规范北交所上市公司证券发行行为。

《再融资办法》共6章77条，分为总则、发行条件、发行程序、信息披露、监督管理与法律责任以及附则。主要包括如下内容：

一、明确再融资制度总体要求

对立法依据、适用范围、融资品种、审核注册安排等总体要求予以明确，同时按照注册制要求，进一步厘清、强化各方责任：上市公司为信息披露第一责任人，应当真实、准确、完整地披露信息；保荐人需对申请文件进行全面核查验证并对其真实性、准确性、完整性负责；证券服务机构对与其专业职责有关的内容负责。

二、依法分类设置发行条件

按照《证券法》规定，经国务院同意，从创新型中小企业实际情况出发，与产品风险特征相匹配，分别设定上市公司定向发行股票、公开发行股票以及发行可转债的条件。同时明确禁止保底承诺、规范财务投资等方面的监管要求。

三、构建清晰明确的发行程序

上市公司再融资应当经董事会、股东大会审议，监事会应当提出书面审核意见。建立北交所审核与中国证监会注册两环节各有侧重、相互衔接的审核注册程序，明确各环节时限要求，提升审核透明度。明确发行定价、限售要求，其中，公开发行不低于市价发行，可以采取询价、竞价或直接定价的发行方式；定向发行要求不低于市价8折发行，原则上应当通过竞价方式确定发行对象和发行价格，普通投资者限售不少于6个月。

四、强化信息披露要求

上市公司应当按照募集说明书准则等要求编制并披露信息，注重以投资者需求为导向，根据自身特点，有针对性地披露发行相关信息。中国证监会依法制定相关信息披露规则，并授权北交所提出细化和补充要求。

五、强化各方责任追究

多措并举加大违法违规追责力度，切实提高违法成本。加强自律监管，由北交所和证券业协会对再融资过程中相关违法违规行为采取自律管理措施。强化行政监管“硬”约束，证监会可以对上市公司、中介机构以及责任人员,采取较长时间不予受理证券发行相关文件、认定为不适当人选、市场禁入等严厉措施。加大行政、刑事追责力度，相关主体依法应予以行政处罚的，证监会依法予以行政处罚，涉嫌犯罪的，依法移送司法机关追究刑事责任。

第二节 再融资发行条件

再融资发行通用条件、负面清单及特殊情况

类别	适用情形
通用条件	上市公司向特定对象发行股票，应当符合下列规定： （1）具备健全且运行良好的组织机构。 （2）具有独立、稳定经营能力，不存在对持续经营有重大不利影响的情形。 （3）最近一年财务会计报告无虚假记载，未被出具否定意见或无法表示意见的审计报告；最近一年财务会计报告被出具保留意见的审计报告，保留意见所涉及事项对上市公司的重大不利影响已经消除。本次发行涉及重大资产重组的除外。 （4）合法规范经营，依法履行信息披露义务。
负面清单	上市公司存在下列情形之一的，不得向特定对象发行股票： （1）上市公司或其控股股东、实际控制人最近三年内存在贪污、贿赂、侵占财产、挪用财产或者破坏社会主义市场经济秩序的刑事犯罪，存在欺诈发行、重大信息披露违法或者其他涉及国家安全、公共安全、生态安全、生产安全、公众健康安全等领域的重大违法行为。 （2）上市公司或其控股股东、实际控制人，现任董事、监事、高级管理人员最近一年内受到中国证监会行政处罚、北交所公开谴责；或因涉嫌犯罪正被司法机关立案侦查或者涉嫌违法违规正被中国证监会立案调查，尚未有明确结论意见。 （3）擅自改变募集资金用途，未作纠正或者未经股东大会认可。 （4）上市公司或其控股股东、实际控制人被列入失信被执行人名单且情形尚未消除。 （5）上市公司利益严重受损的其他情形。
特殊情况	1.上市公司向不特定合格投资者公开发行股票的，应当符合《北京证券交易所向不特定合格投资者公开发行股票注册管理办法（试行）》的规定。 2.上市公司发行可转换为股票的公司债券，应当符合下列规定： （1）具备健全且运行良好的组织机构； （2）最近三年平均可分配利润足以支付公司债券一年的利息； （3）具有合理的资产负债结构和正常的现金流量。 公开发行可转债需符合《发行注册办法》的规定。 3.上市公司及其控股股东、实际控制人、主要股东不得向发行对象做出保底保收益或者变相保底保收益承诺，也不得直接或者通过利益相关方向发行对象提供财务资助或者其他补偿。

第三节　再融资审核与注册程序

北交所对上市公司证券发行上市实行电子化审核，通过北交所发行上市审核业务系统办理。北交所上市公司证券发行注册管理主要分为发行上市审核（北交所）、发行注册（中国证监会）两大核心流程。交易所审核过程中，行业咨询委员会负责为发行上市审核提供专业咨询和政策建议，上市委员会负责对审核部门出具的审核报告提出审议意见。自北交所受理至出具审核意见的时间不超过2个月。

一、发行人审议并提交注册材料

发行人董事会应当依法就本次发行证券的具体方案、本次募集资金使用的可行性及其他必须明确的事项作出决议，并提请股东大会批准。发行人股东大会就本次股票发行证券作出决议，必须经出席会议的股东所持表决权的2/3以上通过。

根据发行人公司章程的规定，上市公司年度股东大会可以授权董事会向特定对象发行累计融资额低于1亿元且低于公司最近一年末净资产20%的股票，该项授权的有效期不得超过上市公司下一年度股东大会召开日。

上市公司申请发行证券，应当按照中国证监会有关规定制作注册申请文件，依法由保荐人保荐并向北交所申报。北交所收到注册申请文件后，应当在5个工作日内作出是否受理的决定。

二、北交所审核部门审核

北交所审核部门负责审核上市公司证券发行申请，主要通过向上市公司提出审核问询、上市公司回答问题方式开展审核工作，判断上市公司是否符合发行条件和信息披露要求。北交所应当自受理注册申请文件之日起2个月内形成审核意见。

上市公司采用授权发行方式向特定对象发行股票且按照竞价方式确定发行

价格和发行对象的，北交所应当在2个工作日内作出是否受理的决定，并自受理注册申请文件之日起3个工作日内形成审核意见。

三、中国证监会发行注册

中国证监会收到北交所报送的审核意见、上市公司注册申请文件及相关审核资料后，履行发行注册程序。中国证监会认为存在需要进一步说明或者落实事项的，可以要求北交所进一步问询。中国证监会认为北交所对影响发行条件的重大事项未予关注或者北交所的审核意见依据明显不充分的，可以退回北交所补充审核。北交所补充审核后，认为上市公司符合发行条件和信息披露要求的，重新向中国证监会报送审核意见及相关资料，注册期限重新计算。

中国证监会在15个工作日内对上市公司的注册申请作出同意注册或不予注册的决定。通过要求北交所进一步问询、要求保荐人和证券服务机构等对有关事项进行核查、对发行人现场检查等方式要求发行人补充、修改申请文件的时间不计算在内。

中国证监会的予以注册决定，自作出之日起1年内有效，上市公司应当在注册决定有效期内发行证券，发行时点由上市公司自主选择。北交所认为上市公司不符合发行条件或者信息披露要求，作出终止发行上市审核决定，或者中国证监会作出不予注册决定的，自决定作出之日起6个月后，上市公司可以再次提出证券发行申请。

第四节　再融资定价、发售与认购

一、承销和定价方式

上市公司发行证券，应当聘请具有证券承销业务资格的证券公司承销。

上市公司向原股东配售股份的，应当采用代销方式发行。控股股东应当在股东大会召开前公开承诺认配股份的数量。控股股东不履行认配股份的承诺，或者代销期限届满，原股东认购股票的数量未达到拟配售数量70%的，上市公司应当按照发行价并加算银行同期存款利息返还已经认购的股东。

上市公司向特定对象发行股票的，发行对象不属于特殊股东的，上市公司应当以竞价方式确定发行价格和发行对象。

上市公司向特定对象发行可转换为股票的公司债券的，上市公司应当采用竞价方式确定利率和发行对象，本次发行涉及发行可转换为股票的公司债券购买资产的除外。

二、发行价格和转让要求

上市公司向不特定合格投资者公开发行股票的，发行价格应当不低于公告招股意向书前20个交易日或者前一个交易日公司股票均价。上市公司向特定对象发行股票的，发行价格应当不低于定价基准日前20个交易日公司股票均价的80%，向特定对象发行股票的定价基准日为发行期首日。

上市公司董事会决议提前确定全部发行对象，且发行对象属于特殊情形的，定价基准日可以为关于本次发行股票的董事会决议公告日、股东大会决议公告日或者发行期首日。

向特定对象发行的股票，自发行结束之日起6个月内不得转让，做市商为取得做市库存股参与发行认购的除外，但做市商应当承诺自发行结束之日起6个月内不得申请退出为上市公司做市。

发行对象属于通过认购本次发行的股票成为上市公司控股股东或实际控制人的投资者的，其认购的股票自发行结束之日起12个月内不得转让。

第六章　交易制度

第一节　全国股转系统与北交所交易制度概述

一、全国股转系统主要交易制度

根据《全国中小企业股份转让系统股票交易规则》《全国中小企业股份转让系统投资者适当性管理办法》等相关规定，全国股转系统的主要交易制度概括如下：

1.全国股转系统的基础层、创新层股票可以采取做市交易方式或集合竞价交易方式进行交易。

集合竞价是指对一段时间内接受的买卖申报一次性集中撮合的竞价方式。

做市商应在全国股转系统持续发布买卖双向报价，并在其报价数量范围内按其报价履行与投资者的成交义务。采取做市交易方式的股票，应当有2家以上做市商为其提供做市报价服务。采取集合竞价交易方式的股票，全国股转系统根据挂牌公司所属市场层级为其提供相应的撮合频次。

2.基础层、创新层采取做市交易方式的股票，为其做市的做市商不足2家，且未在30个交易日内恢复为2家以上的，交易方式强制变更为集合竞价交易方式。

3.符合全国股转公司规定的单笔申报数量或交易金额标准的，全国股转系统同时提供大宗交易安排。

4.因收购、股份权益变动或引进战略投资者等原因需要进行股票转让的，可以申请特定事项协议转让。

5.合格投资者

表6–1 合格投资者具体要求

层级	具体要求
基础层合格投资者	投资者参与基础层股票交易应当符合下列条件： （1）实收资本或实收股本总额200万元人民币以上的法人机构。 （2）实缴出资总额200万元人民币以上的合伙企业。 （3）申请权限开通前10个交易日，本人名下证券账户和资金账户内的资产日均人民币200万元以上（不含该投资者通过融资融券融入的资金和证券），且具有规定的投资经历、工作经历或任职经历的自然人投资者。
创新层合格投资者	投资者参与创新层股票交易应当符合下列条件： （1）实收资本或实收股本总额100万元人民币以上的法人机构。 （2）实缴出资总额100万元人民币以上的合伙企业。 （3）申请权限开通前10个交易日，本人名下证券账户和资金账户内的资产日均人民币100万元以上（不含该投资者通过融资融券融入的资金和证券），且规定的投资经历、工作经历或任职经历的自然人投资者。
其他要求	（1）自然人投资者参与挂牌公司股票交易的，应当具有2年以上证券、基金、期货投资经历，或者具有2年以上金融产品设计、投资、风险管理及相关工作经历，或者具有《证券期货投资者适当性管理办法》第8条第1款第1项①规定的证券公司、期货公司、基金管理公司及其子公司、商业银行、保险公司、信托公司、财务公司等，以及经行业协会备案或者登记的证券公司子公司、期货公司子公司、私募基金管理人等金融机构的高级管理人员任职经历。 （2）具有上述投资经历、工作经历或任职经历的人员属于《证券法》规定禁止参与股票交易的，不得参与挂牌公司股票交易。 （3）《证券期货投资者适当性管理办法》第8条第1款第2项、第3项②规定的证券公司资产管理产品、基金管理公司及其子公司产品、期货公司资产管理产品、银行理财产品、保险产品、信托产品、经行业协会备案的私募基金等理财产品，社会保障基金、企业年金等养老基金，慈善基金等社会公益基金，合格境外机构投资者（QFII）、人民币合格境外机构投资者（RQFII）等机构投资者，可以参与挂牌公司股票交易。

---

① 《证券期货投资者适当性管理办法》第8条 符合下列条件之一的是专业投资者：（一）经有关金融监管部门批准设立的金融机构，包括证券公司、期货公司、基金管理公司及其子公司、商业银行、保险公司、信托公司、财务公司等；经行业协会备案或者登记的证券公司子公司、期货公司子公司、私募基金管理人。……

② 《证券期货投资者适当性管理办法》第8条 符合下列条件之一的是专业投资者：……（二）上述机构面向投资者发行的理财产品，包括但不限于证券公司资产管理产品、基金管理公司及其子公司产品、期货公司资产管理产品、银行理财产品、保险产品、信托产品、经行业协会备案的私募基金。（三）社会保障基金、企业年金等养老基金，慈善基金等社会公益基金，合格境外机构投资者（QFII）、人民币合格境外机构投资者（RQFII）。……

二、北交所主要交易制度

根据《北京证券交易所交易规则（试行）》《北京证券交易所投资者适当性管理办法（试行）》等相关规定，北交所主要交易制度如下：

1.北交所可以采取下列交易方式：竞价交易、大宗交易、盘后固定价格交易、中国证监会批准的其他交易方式。

2.因收购、股份权益变动或引进战略投资者等原因需要进行股票转让的，可以申请协议转让。

3.经中国证监会批准，竞价交易可以引入做市商机制。

4.个人投资者参与北交所市场股票交易，应当符合下列条件：（1）申请权限开通前20个交易日证券账户和资金账户内的资产日均不低于人民币50万元（不包括该投资者通过融资融券融入的资金和证券）；（2）参与证券交易24个月以上。

机构投资者参与北交所股票交易，应当符合法律法规及北交所业务规则的规定。

三、全国股转系统与北交所主要交易制度比较

表6-2 主要交易制度比较

<table>
<tr><th colspan="2"></th><th>盘中交易</th><th>盘后交易</th><th>系统外</th></tr>
<tr><td colspan="2">北交所
（个人合格投资者门槛50万元）</td><td>连续竞价交易/做市交易（中国证监会批准）</td><td rowspan="3">大宗交易</td><td rowspan="3">（特定事项）协议转让</td></tr>
<tr><td rowspan="2">全国股转系统</td><td>创新层
（个人合格投资者门槛100万元）</td><td>集合竞价/做市交易</td></tr>
<tr><td>基础层
（个人合格投资者门槛200万元）</td><td>集合竞价/做市交易</td></tr>
</table>

第二节　北交所交易制度解读[①]

一、交易方式、交易时间等一般规定

北交所股票可以采取下列交易方式：竞价交易（经中国证监会批准，竞价交易可以引入做市商机制）、大宗交易、盘后固定价格交易、中国证监会批准的其他交易方式。盘后固定价格交易的具体事宜将另行规定。因收购、股份权益变动或引进战略投资者等原因需要进行股票转让的，可以申请协议转让。

交易日为每周一至周五，国家法定节假日和北交所公告的休市日，市场休市。采取竞价交易方式的，每个交易日的9：15至9：25为开盘集合竞价时间，9：30至11：30、13：00至14：57为连续竞价时间，14：57至15：00为收盘集合竞价时间。

会员[②]接受投资者的买卖委托后，应当确认投资者具备相应证券或资金，并按照委托的内容向北交所申报，承担相应的交易、交收责任。会员接受投资者买卖委托达成交易的，投资者应当向会员交付其委托会员卖出的证券或其委托会员买入证券的款项，会员应当向投资者交付卖出证券所得款项或买入的证券。

交易参与人应当按照有关规定妥善保管委托和申报记录。投资者买入的证券，买入当日不得卖出。

---

①　本节内容参见《北京证券交易所交易规则（试行）》。

②　《北京证券交易所会员管理规则（试行）》第2.1.1条　具备下列条件的证券经营机构可申请成为本所会员：

（一）取得经营证券期货业务许可证，经营证券经纪、证券承销与保荐业务或中国证券监督管理委员会（以下简称中国证监会）认可的其他证券业务；

（二）依法取得登记机关颁发的企业法人营业执照；

（三）具有良好的信誉和经营业绩；

（四）组织机构和业务人员符合中国证监会和本所规定的条件；

（五）具有完善的风险管理与内部控制制度；

（六）具有合格的经营场所、业务设施和技术系统；

（七）遵守本所业务规则，按规定交纳相关费用；

（八）中国证监会及本所规定的其他条件。

二、委托

投资者买卖证券，应当以实名方式开立证券账户和资金账户，与会员签订证券交易委托协议，并按相关规定签署风险揭示书。投资者开立证券账户，应当按照证券登记结算机构的规定办理。

投资者可以通过书面或电话、自助终端、互联网等自助委托方式委托会员买卖证券。投资者进行自助委托的，应按相关规定操作，会员应当记录投资者委托的电话号码、网卡地址、IP地址等信息。

投资者可以采用限价委托和市价委托方式委托会员买卖证券。限价委托，是指投资者委托会员按其限定的价格买卖证券的指令。会员必须按限定的价格或低于限定的价格申报买入证券；按限定的价格或高于限定的价格申报卖出证券。市价委托，是指投资者委托会员按市场价格买卖证券的指令。

投资者可以撤销委托的未成交部分。被撤销和失效的委托，会员应当在确认后及时向投资者返还相应的资金或证券。

三、申报

交易参与人竞价交易申报的时间为每个交易日9：15至9：25、9：30至11：30、13：00至15：00。每个交易日9：20至9：25的开盘集合竞价阶段、14：57至15：00的收盘集合竞价阶段，北交所交易主机不接受撤销申报；在其他接受申报的时间内，未成交申报可以撤销。

通过竞价交易买卖股票的，单笔申报数量应当不低于100股。卖出股票时，余额不足100股的部分应当一次性申报卖出。股票竞价交易单笔申报最大数量应当不超过100万股。股票交易的申报价格最小变动单位为0.01元人民币。

北交所股票交易实行价格涨跌幅限制，涨跌幅限制比例为30%。价格涨跌幅限制以内的申报为有效申报，超过价格涨跌幅限制的申报为无效申报。涨跌幅限制价格的计算公式为：涨跌幅限制价格=前收盘价×（1±涨跌幅限制比例）。

向不特定合格投资者公开发行的股票上市交易首日及退市整理期首日，股票交易无价格涨跌幅限制。

有价格涨跌幅限制和无价格涨跌幅限制的股票，在连续竞价阶段的限价申报应当符合下列要求，否则为无效申报：（1）买入申报价格不高于买入基准价格的105%或买入基准价格以上10个最小价格变动单位（以孰高为准）；（2）卖出申报价格不低于卖出基准价格的95%或卖出基准价格以下10个最小价格变动单位（以孰低为准）。[①]

四、竞价

证券竞价交易采用集合竞价和连续竞价两种方式。集合竞价是指对一段时间内接受的买卖申报一次性集中撮合的竞价方式。连续竞价是指对买卖申报逐笔连续撮合的竞价方式。

当前竞价交易阶段未成交的买卖申报，自动进入当日后续竞价交易阶段。

五、成交

竞价交易按价格优先、时间优先的原则撮合成交。

价格优先的原则为：较高价格买入申报优先于较低价格买入申报，较低价格卖出申报优先于较高价格卖出申报。

时间优先的原则为：买卖方向、价格相同的，先申报者优先于后申报者，先后顺序按交易主机接受申报的时间确定。

（一）集合竞价成交价的定价原则

表6-3　集合竞价成交价的定价原则

序号	适用情形
1	可实现最大成交量。
2	高于该价格的买入申报与低于该价格的卖出申报全部成交。
3	与该价格相同的买方或卖方至少有一方全部成交。

① 上述买入（卖出）基准价格，为即时揭示的最低卖出（最高买入）申报价格；无即时揭示的最低卖出（最高买入）申报价格的，为即时揭示的最高买入（最低卖出）申报价格；无即时揭示的最高买入（最低卖出）申报价格的，为最近成交价；当日无成交的，为前收盘价。北交所可以根据市场情况调整股票的申报有效价格范围。

续表

序号	适用情形
注	两个以上价格符合上述条件的，取在该价格以上的买入申报累计数量与在该价格以下的卖出申报累计数量之差最小的价格为成交价。若买卖申报累计数量之差仍存在相等情况的，取最接近最近成交价的价格为成交价；当日无成交的，取最接近前收盘价的价格为成交价。 集合竞价的所有交易以同一价格成交。

（二）连续竞价成交价的定价原则

表6-4　连续竞价成交价的定价原则

序号	适用情形
1	最高买入申报与最低卖出申报价格相同，以该价格为成交价。
2	买入申报价格高于集中申报簿当时最低卖出申报价格时，以集中申报簿最低卖出申报价格为成交价。
3	卖出申报价格低于集中申报簿当时最高买入申报价格时，以集中申报簿最高买入申报价格为成交价。

买卖申报经交易主机撮合成交后，交易即告成立。

六、大宗交易

股票交易单笔申报数量不低于10万股，或者交易金额不低于100万元人民币的，可以采用大宗交易方式。

投资者可以采用成交确认委托方式[①]委托会员进行大宗交易。大宗交易成交确认申报的时间为每个交易日的9：15至11：30、13：00至15：30。每个交易日的15：00至15：30为大宗交易的成交确认时间。

有价格涨跌幅限制的股票，大宗交易的成交价格由买卖双方在当日价格涨跌幅限制范围内确定。无价格涨跌幅限制的股票，大宗交易的成交价格应当不

① 根据《北京证券交易所交易规则（试行）》第3.6.2条第2款的规定，成交确认委托，是指投资者买卖双方达成成交协议，委托会员按其指定的价格和数量与指定对手方确认成交的指令。

高于前收盘价的130%或当日已成交的最高价格中的较高者，且不低于前收盘价的70%或当日已成交的最低价格中的较低者。

大宗交易不纳入即时行情和指数的计算，成交量在大宗交易结束后计入当日该证券成交总量。

七、临时停牌与交易信息

北交所的相关交易规则整体延续精选层以连续竞价为核心的交易制度，（1）北交所将实行连续竞价交易，新股上市首日不设涨跌幅限制，实施临时停牌机制，即当盘中成交价格较开盘价首次上涨或下跌达到或超过30%、60%时，盘中临时停牌10分钟，复牌时进行集合竞价；（2）自次日起涨跌幅限制为30%，增加市场弹性；（3）连续竞价期间，对限价申报设置基准价格 ±5%的申报有效价格范围，对市价申报采取限价保护措施；（4）买卖申报的最低数量为100股，每笔申报可以1股为单位递增；（5）单笔申报数量不低于10万股或成交金额不低于100万元的，可以进行大宗交易。同时还为引入做市机制，实行混合交易预留了制度空间。

八、异常波动

股票竞价交易出现下列情形之一的，属于异常波动，北交所公告该股票异常波动期间累计涨跌幅、成交量和成交金额，以及异常波动期间累计买入、卖出金额最大5家会员证券营业部或交易单元的名称及其各自的买入、卖出金额：（1）最近3个有成交的交易日[①]以内收盘价涨跌幅偏离值累计达到 ±40%；（2）中国证监会或者北交所认定属于异常波动的其他情形。

收盘价涨跌幅偏离值为单只股票涨跌幅与对应基准指数涨跌幅之差。基准指数由北交所向市场公告。

① 最近3个有成交的交易日，是指在最长不超过20个交易日的期限以内股票最近3个有成交的交易日。

九、交易行为监督

本部分内容主要包括北交所对于重点事项的监控、常见异常交易行为及判断参考因素（表6–5）、监管措施、自律监管措施及纪律处分（表6–6）等内容。

（一）北交所重点监控事项、常见异常交易行为及判断参考因素

表6–5　重点监控事项及常见异常交易行为

1.重点事项监控	（1）涉嫌内幕交易、操纵市场等违法违规行为。 （2）可能影响证券交易价格或者证券成交量的异常交易行为。 （3）证券交易价格或者证券成交量明显异常的情形。 （4）买卖证券的范围、时间、数量、方式等受到法律法规、部门规章及北交所业务规则限制的行为。 （5）北交所认为需要重点监控的其他事项。
2.可能影响证券交易价格或者证券成交量的异常交易行为	（1）可能对证券交易价格产生重大影响的信息披露前，大量或持续买入或卖出相关证券。 （2）单个证券账户，或两个以上固定的或涉嫌关联的证券账户之间，大量或频繁进行反向交易。 （3）单个证券账户，或两个以上固定的或涉嫌关联的证券账户，大笔申报、连续申报、密集申报或申报价格明显偏离该证券行情揭示的最近成交价。 （4）单独或者合谋，以涨幅或跌幅限制的价格大额申报或连续申报，致使该证券交易价格达到或维持涨幅或跌幅限制。 （5）频繁申报或撤销申报，或大额申报后撤销申报，以影响证券交易价格或误导其他投资者。 （6）集合竞价期间以明显高于前收盘价的价格申报买入后又撤销申报，随后申报卖出该证券，或以明显低于前收盘价的价格申报卖出后又撤销申报，随后申报买入该证券。 （7）对单一证券在一段时期内进行大量且连续交易。 （8）大量或者频繁进行高买低卖交易。 （9）申报或成交行为造成市场价格异常或秩序混乱。 （10）利用虚假或者不确定的重大信息，诱导投资者作出投资决策，并进行相关交易的。 （11）通过对证券及其发行人、上市公司公开作出评价、预测或者投资建议，误导投资者作出投资决策，并进行与其评价、预测、投资建议方向相反的证券交易的。 （12）通过策划、实施虚假重大事项，误导投资者作出投资决策，并进行相关交易的。

续表

	（13）通过控制发行人、上市公司信息的生成或者控制信息披露的内容、时点、节奏，误导投资者作出投资决策，并进行相关交易的。 （14）北交所认为需要重点监控的其他异常交易。 会员发现客户存在上述异常交易行为，应提醒客户；对可能严重影响交易秩序的异常交易行为，应及时报告北交所。
3.证券交易价格或者证券成交量明显异常的情形	（1）同一证券营业部或同一地区的证券营业部集中买入或卖出同一证券且数量较大。 （2）证券交易价格连续大幅上涨或下跌，且上市公司无重大事项公告。 （3）北交所认为需要重点监控的其他异常交易情形。

（二）北交所监管措施

北交所可以单独或联合其他有关单位，对异常交易行为等情形进行现场或非现场调查。相关会员和投资者应当予以配合。北交所对发生异常交易行为和其他违反规定的相关主体，可以视情节轻重采取自律监管措施或纪律处分。

表6–6　自律监管措施和纪律处分

1.自律监管措施	（1）口头警示。 （2）监管关注。 （3）约见谈话。 （4）要求提交书面承诺。 （5）出具警示函。 （6）将证券账户列入重点监控账户。 （7）限期改正。 （8）暂停证券账户交易。 （9）限制证券账户交易。 （10）北交所规定的其他自律监管措施。
2.纪律处分	（1）通报批评。 （2）公开谴责。 （3）暂停或者限制交易权限。 （4）取消交易权限。 （5）取消交易参与人资格。 （6）取消会员资格。 （7）北交所规定的其他纪律处分。 北交所发现相关主体涉嫌违反法律法规和中国证监会相关规定的，应当向中国证监会报告。

十、小结

北交所设置了30%的涨跌幅限制比例，之所以如此规定，是因为考虑到与沪深市场不同，北交所上市公司之前已经在全国股转系统公开市场挂牌交易，持仓成本不同，投资者结构更多元，估值差异相对较大，30%的涨跌幅比例可以减少交易阻力，使价格能够更快、更有效率地反映市场供需关系。

北交所个人投资者的门槛设定为申请权限开通前20个交易日证券账户和资金账户内的资产日均不低于人民币50万元，相较于精选层的开户门槛大幅下调。此次改革降低门槛非常有必要，也符合市场预期，当前50万元的门槛并不是很高，A股大量沪港通、融资融券、科创板的门槛都基本处于这一水平，是对科技企业投资的初始级别门槛。此次改革旨在提高市场流动性，有利于补足此前因门槛较高造成的企业端融资功能缺失，也意味着更多投资者可以分享优秀中小企业成长发展的红利。但抓住投资机会时也要谨慎对待投资风险，一是市场改革带来的短期涨幅更多是非理性的；二是中小企业依旧具备成长风险较高、发展不确定性较强等特征，中长期上市公司也面临资本价值分化态势。

—— 下篇 ——

实 务 篇

第七章　北交所上市路径

根据《北京证券交易所股票上市规则（试行）》等相关规定，发行人申请在北交所公开发行并上市，应当符合“发行人为在全国股转系统连续挂牌满12个月的创新层挂牌公司”的要求。据此，发行人申请在北交所上市通常有两种路径（表7–1）：

表7–1　北交所两大上市路径

路径	适用情形	挂牌时间
路径一	发行人申请基础层挂牌+转层为创新层挂牌公司+北交所上市申报。	发行人在全国股转系统挂牌的起算时间从挂牌基础层时起算至少1年。
路径二	发行人直接申请创新层挂牌+北交所上市申报。	发行人在全国股转系统挂牌的起算时间从挂牌创新层时起算至少1年。

由于北交所上市可能会涉及挂牌全国股转系统基础层、挂牌全国股转系统创新层及北交所申请上市三个环节，因此，为准确、全面把握北交所上市，笔者从挂牌基础层、挂牌创新层挂牌的相关制度入手展开分析。

第一节　挂牌基础层

一、挂牌的基本条件

根据《全国中小企业股份转让系统分层管理办法》，申请挂牌公司符合挂牌条件，但未进入创新层的，应当自挂牌之日起进入基础层。

根据《全国中小企业股份转让系统业务规则（试行）》等相关规定，股份有限公司申请股票在全国股份转让系统挂牌，不受股东所有制性质的限制，不限于高新技术企业，应当符合下列条件：

1. 依法设立且存续满两年。有限责任公司按原账面净资产值折股整体变更为股份有限公司的，存续时间可以从有限责任公司成立之日起计算。

2. 业务明确，具有持续经营能力。

3. 公司治理机制健全，合法规范经营。

4. 股权明晰，股票发行和转让行为合法合规。

5. 主办券商推荐并持续督导。

6. 全国股份转让系统公司要求的其他条件。

二、挂牌条件详解

根据《关于修订〈全国中小企业股份转让系统股票挂牌条件适用基本标准指引〉的公告》等规范性文件，对全国股转系统的六个挂牌条件解读如下：

挂牌条件一：依法设立且存续满两年

表7-2　具体要求

基本标准	依法设立，是指公司依据《公司法》等法律、法规及规章的规定向公	1. 公司设立的主体、程序合法、合规。	（1）国有企业需提供相应的国有资产监督管理机构或国务院、地方政府授权的其他部门、机构关于国有股权设置的批复文件。[①] （2）外商投资企业须提供商务主管部门出具的设立批复或备案文件。

① 国有企业应严格按照国有资产管理法律法规的规定提供国有股权设置批复文件，但因客观原因确实无法提供批复文件且符合以下条件的，在公司和中介机构保证国有资产不流失的前提下，可按以下方式解决：以国有产权登记表（证）替代国资监管机构的国有股权设置批复文件；公司股东中含有财政参与出资的政府引导型股权投资基金的，可以基金的有效投资决策文件替代国资监管机构或财政部门的国有股权设置批复文件；国有股权由国资监管机构以外的机构监管的公司以及国有资产授权经营单位的下属子公司，可提供相关监管机构或国有资产授权经营单位出具的批复文件或经其盖章的产权登记表（证）替代国资监管机构的国有股权设置批复文件；公司股东中存在为其提供做市服务的国有做市商的，暂不要求提供该类股东的国有股权设置批复文件。

续表

	司登记机关申请登记，并已取得《企业法人营业执照》。		（3）《公司法》修改（2006年1月1日）前设立的股份有限公司，须取得国务院授权部门或者省级人民政府的批准文件。
		2.公司股东的出资合法、合规，出资方式及比例应符合《公司法》相关规定。	（1）以实物、知识产权、土地使用权等非货币财产出资的，应当评估作价，核实财产，明确权属，财产权转移手续办理完毕。 （2）以国有资产出资的，应遵守有关国有资产评估的规定。 （3）公司注册资本缴足，不存在出资不实情形。
	存续两年是指存续两个完整的会计年度。		
	有限责任公司按原账面净资产值折股整体变更为股份有限公司的，存续时间可以从有限责任公司成立之日起计算。①		

挂牌条件二：业务明确，具有持续经营能力

表7-3　具体要求

基本标准	业务明确，是指公司能够明确、具体地阐述其经营的业务、产品或服务、用途及其商业模式等信息。
	公司可同时经营一种或多种业务，每种业务应具有相应的关键资源要素，该要素组成应具有投入、处理和产出能力，能够与商业合同、收入或成本费用等相匹配。
	公司业务在报告期内应有持续的营运记录。营运记录包括现金流量、营业收入、交易客户、研发费用支出等。②
	持续经营能力，是指公司在可预见的将来，有能力按照既定目标持续经营下去。③

---

① 整体变更不应改变历史成本计价原则，不应根据资产评估结果进行账务调整，应以改制基准日经审计的净资产额为依据折合为股份有限公司股本。公司申报财务报表最近一期截止日不得早于股份有限公司成立日。

② 公司营运记录应满足下列条件：（1）公司应在每一个会计期间内形成与同期业务相关的持续营运记录，不能仅存在偶发性交易或事项。（2）最近两个完整会计年度的营业收入累计不低于1000万元；因研发周期较长导致营业收入少于1000万元，但最近一期末净资产不少于3000万元的除外。（3）报告期末股本不少于500万元。（4）报告期末每股净资产不低于1元/股。

③ 公司存在以下情形之一的，应认定为不符合持续经营能力要求：（1）存在依据《公司法》第180条规定解散的情形，或法院依法受理重整、和解或者破产申请。（2）公司存在《中国注册会计师审计准则第1324号——持续经营》应用指南中列举的影响其持续经营能力的相关事项或情况，且相关事项或情况导致公司持续经营能力存在重大不确定性。（3）存在其他对公司持续经营能力产生重大影响的事项或情况。

挂牌条件三：公司治理机制健全，合法规范经营

表7–4　具体要求

基本标准	公司治理机制健全，是指公司按规定建立股东大会、董事会、监事会和高级管理层（以下简称“三会一层”）组成的公司治理架构，制定相应的公司治理制度，并能证明有效运行，保护股东权益。	1.公司依法建立“三会一层”，并按照《公司法》《非上市公众公司监督管理办法》及《非上市公众公司监管指引第3号——章程必备条款》等规定制定公司章程、“三会一层”运行规则、投资者关系管理制度、关联交易管理制度等，建立全面完整的公司治理制度。	
		2.公司“三会一层”应按照公司治理制度进行规范运作。在报告期内的有限公司阶段应遵守《公司法》的相关规定。	
		3.公司董事会应对报告期内公司治理机制执行情况进行讨论、评估。	
		4.公司现任董事、监事和高级管理人员应具备《公司法》规定的任职资格，履行《公司法》和公司章程规定的义务，且不应存在以下情形：	（1）最近24个月内受到中国证监会行政处罚，或者被中国证监会采取证券市场禁入措施且期限尚未届满，或者被全国中小企业股份转让系统有限责任公司认定不适合担任挂牌公司董事、监事、高级管理人员； （2）因涉嫌犯罪被司法机关立案侦查或者涉嫌违法违规被中国证监会立案调查，尚未有明确结论意见。
		5.公司进行关联交易应依据法律法规、公司章程、关联交易管理制度的规定履行审议程序，保证交易公平、公允，维护公司的合法权益。	
		6.公司的控股股东、实际控制人及其关联方存在占用公司资金、资产或其他资源情形的，[①]应在申请挂牌前予以归还或规范（完成交付或权属变更登记）。	

① 占用公司资金、资产或其他资源的具体情形包括：从公司拆借资金；由公司代垫费用、代偿债务；由公司承担担保责任而形成债权；无偿使用公司的土地房产、设备动产等资产；无偿使用公司的劳务等人力资源；在没有商品和服务对价情况下其他使用公司的资金、资产或其他资源的行为。

续表

	合法合规经营，是指公司及其控股股东、实际控制人、下属子公司[①]须依法开展经营活动，经营行为合法、合规，不存在重大违法违规行为。	1. 公司及下属子公司的重大违法违规行为是指公司及下属子公司最近24个月内因违犯国家法律、行政法规、规章的行为，受到刑事处罚或适用重大违法违规情形的行政处罚。[②]	
		2. 控股股东、实际控制人合法合规，最近24个月内不存在涉及以下情形的重大违法违规行为：	（1）控股股东、实际控制人受刑事处罚。 （2）受到与公司规范经营相关的行政处罚，且情节严重；情节严重的界定参照前述规定。 （3）涉嫌犯罪被司法机关立案侦查，尚未有明确结论意见。
		3. 公司及下属子公司业务如需主管部门审批，应取得相应的资质、许可或特许经营权等。	
		4. 公司及其法定代表人、控股股东、实际控制人、董事、监事、高级管理人员、下属子公司，在申请挂牌时应不存在被列为失信联合惩戒对象的情形。	
		5. 公司及下属子公司业务须遵守法律、行政法规和规章的规定，符合国家产业政策以及环保、质量、安全等要求。[③]	

① 下属子公司是指公司的全资、控股子公司或通过其他方式纳入合并报表的公司或其他法人。

② （1）行政处罚是指经济管理部门对涉及公司经营活动的违法违规行为给予的行政处罚。（2）重大违法违规情形是指，凡被行政处罚的实施机关给予没收违法所得、没收非法财物以上行政处罚的行为，属于重大违法违规情形，但处罚机关依法认定不属于的除外；被行政处罚的实施机关给予罚款的行为，除主办券商和律师能依法合理说明或处罚机关认定该行为不属于重大违法违规行为的外，都视为重大违法违规情形。（3）公司及下属子公司最近24个月内不存在涉嫌犯罪被司法机关立案侦查，尚未有明确结论意见的情形。

③ 公司及下属子公司所属行业为重污染行业的，根据相关规定应办理建设项目环评批复、环保验收、排污许可证以及配置污染处理设施的，应在申请挂牌前办理完毕；不属于重污染行业的，但根据相关规定必须办理排污许可证和配置污染处理设施的，应在申请挂牌前办理完毕。

续表

		6. 公司财务机构设置及运行应独立且合法合规，会计核算规范。[①]

① （1）公司及下属子公司应设有独立财务部门，能够独立开展会计核算、作出财务决策。（2）公司及下属子公司的财务会计制度及内控制度健全且得到有效执行，会计基础工作规范，符合《会计法》《会计基础工作规范》以及《公司法》《现金管理条例》等其他法律法规要求。（3）公司应按照《企业会计准则》和相关会计制度的规定编制并披露报告期内的财务报表，在所有重大方面公允地反映公司的财务状况、经营成果和现金流量，财务报表及附注不得存在虚假记载、重大遗漏以及误导性陈述。公司财务报表应由具有证券期货相关业务资格的会计师事务所出具标准无保留意见的审计报告。财务报表被出具带强调事项段的无保留审计意见的，应全文披露审计报告正文以及董事会、监事会和注册会计师对强调事项的详细说明，并披露董事会和监事会对审计报告涉及事项的处理情况，说明该事项对公司的影响是否重大、影响是否已经消除、违反公允性的事项是否已予纠正。（4）公司存在以下情形的应认定为财务不规范：①公司申报财务报表未按照《企业会计准则》的要求进行会计处理，导致重要会计政策适用不当或财务报表列报错误且影响重大，需要修改申报财务报表（包括资产负债表、利润表、现金流量表、所有者权益变动表）；②因财务核算不规范情形被税务机关采取核定征收企业所得税且未规范；③其他财务信息披露不规范情形。

挂牌条件四：股权明晰，股票发行和转让行为合法合规

表7–5　具体要求

<table>
<tr><td rowspan="4">基本标准</td><td>股权明晰，是指公司的股权结构清晰，权属分明，真实确定，合法合规，股东特别是控股股东、实际控制人及其关联股东或实际支配的股东持有公司的股份不存在权属争议或潜在纠纷。</td><td colspan="2">1.公司的股东不存在国家法律、法规、规章及规范性文件规定不适宜担任股东的情形。
2.申请挂牌前存在国有股权转让的情形，应遵守国资管理规定。
3.申请挂牌前外商投资企业的股权转让应遵守商务部门的规定。</td></tr>
<tr><td rowspan="2">股票发行和转让合法合规，是指公司及下属子公司的股票发行和转让依法履行必要内部决议、外部审批（如有）程序。</td><td>1.公司及下属子公司股票发行和转让行为合法合规，不存在下列情形：</td><td>（1）最近36个月内未经法定机关核准，擅自公开或者变相公开发行过证券。
（2）违法行为虽然发生在36个月前，目前仍处于持续状态，但《非上市公众公司监督管理办法》实施前形成的股东超200人的股份有限公司经中国证监会确认的除外。</td></tr>
<tr><td colspan="2">2.公司股票限售安排应符合《公司法》和《全国中小企业股份转让系统业务规则（试行）》的有关规定。</td></tr>
<tr><td colspan="3">公司曾在区域股权市场及其他交易市场进行融资及股权转让的，股票发行和转让等行为应合法合规；在向全国中小企业股份转让系统申请挂牌前应在区域股权市场及其他交易市场停牌或摘牌，并在全国中小企业股份转让系统挂牌前完成在区域股权市场及其他交易市场的摘牌手续。</td></tr>
</table>

挂牌条件五：主办券商推荐并持续督导

表7–6　具体要求

<table>
<tr><td rowspan="2">基本标准</td><td>公司须经主办券商推荐，双方签署了《推荐挂牌并持续督导协议》。</td></tr>
<tr><td>主办券商应完成尽职调查和内核程序，对公司是否符合挂牌条件发表独立意见，并出具推荐报告。</td></tr>
</table>

挂牌条件六：全国股转公司要求的其他条件

第二节　挂牌创新层

一、挂牌创新层

根据《全国中小企业股份转让系统分层管理办法》，创新层挂牌标准包括两种情况：第一种情况为路径一涉及的基础层转层至创新层（表7–7）；第二种情况为路径二涉及的直接申请创新层挂牌（表7–8）。需注意的是，创新层挂牌标准包括三个方面的内容，即财务要求、融资要求及负面清单。

情况一：基础层转层至创新层（适用路径一）

表7–7　基础层转层至创新层的适用情形

事项	适用情形①
财务要求	挂牌公司进入创新层，应当符合下列条件之一： （1）最近两年净利润均不低于1000万元，最近两年加权平均净资产收益率平均不低于8%，股本总额不少于2000万元。

① 表7–7、表7–8用语的具体含义或计算方法如下：（1）净利润，是指归属于挂牌公司股东的净利润，不包括少数股东损益，并以扣除非经常性损益前后孰低者为计算依据。（2）净资产，是指归属于挂牌公司股东的净资产，不包括少数股东权益。（3）加权平均净资产收益率，以扣除非经常性损益前后孰低者为计算依据，并根据中国证监会发布的《公开发行证券的公司信息披露编报规则第9号——净资产收益率和每股收益的计算及披露》规定计算。（4）年均复合增长率：年均复合增长率 $=\sqrt{\frac{R_n}{R_{n-2}}}-1$，其中Rn代表最近一年（第n年）的营业收入。（5）经营活动产生的现金流量净额，是指公司现金流量表列报的经营活动产生的现金流量净额；公司编制合并财务报表的，为合并现金流量表列报的经营活动产生的现金流量净额。（6）最近有成交的60个做市或者集合竞价交易日，是指以每年的4月30日为截止日，在最长不超过120个做市交易日或者集合竞价交易日的期限内，最近有成交的60个做市交易日或者集合竞价交易日。（7）挂牌以来完成过定向发行股票：包括公司挂牌后进行的定向发行和挂牌同时定向发行。（8）发行融资：发行融资的完成时间以全国股转公司出具新增股份登记函的时间为准；发行融资的金额不包括非现金认购部分。（9）股本总额，是指公司的普通股股本总额；《全国中小企业股份转让系统分层管理办法》第11条所称股本总额以每年4月30日当日数据为准。（10）合格投资者人数：合格投资者人数以每年4月30日当日数据为准。（11）最近12个月：最近12个月是以每年4月30日为截止日，往前计算的12个月。（12）连续60个交易日：不包括挂牌公司股票停牌日。

续表

事项	适用情形
	（2）最近两年营业收入平均不低于6000万元，且持续增长，年均复合增长率不低于50%，股本总额不少于2000万元。 （3）最近有成交的60个做市或者集合竞价交易日的平均市值不低于6亿元，股本总额不少于5000万元；采取做市交易方式的，做市商家数不少于6家。
融资要求	挂牌公司进入创新层，同时还应当符合下列条件： （1）公司挂牌以来完成过定向发行股票（含优先股），且发行融资金额累计不低于1000万元。 （2）符合全国股转系统基础层投资者适当性条件的合格投资者人数不少于50人。 （3）最近一年期末净资产不为负值。 （4）公司治理健全，制定并披露股东大会、董事会和监事会制度、对外投资管理制度、对外担保管理制度、关联交易管理制度、投资者关系管理制度、利润分配管理制度和承诺管理制度；设立董事会秘书。 （5）中国证监会和全国股转公司规定的其他条件。
负面清单	挂牌公司或其他相关主体最近12个月内或层级调整期间出现下列情形之一的，挂牌公司不得进入创新层： （1）挂牌公司或其控股股东、实际控制人存在贪污、贿赂、侵占财产、挪用财产或者破坏社会主义市场经济秩序的刑事犯罪；存在欺诈发行、重大信息披露违法或者其他涉及国家安全、公共安全、生态安全、生产安全、公众健康安全等领域的重大违法行为。 （2）挂牌公司或其控股股东、实际控制人、董事、监事、高级管理人员被中国证监会及其派出机构采取行政处罚；或因证券市场违法违规行为受到全国股转公司等自律监管机构公开谴责。 （3）挂牌公司或其控股股东、实际控制人、董事、监事、高级管理人员因涉嫌犯罪正被司法机关立案侦查或涉嫌违法违规正被中国证监会及其派出机构立案调查，尚未有明确结论意见。 （4）挂牌公司或其控股股东、实际控制人被列入失信被执行人名单且情形尚未消除。 （5）未按照全国股转公司规定在每个会计年度结束之日起4个月内编制并披露年度报告，或者未在每个会计年度的上半年结束之日起2个月内编制并披露半年度报告。 （6）最近两年财务会计报告被会计师事务所出具非标准审计意见的审计报告；仅根据《全国中小企业股份转让系统分层管理办法》第11条第2项[①]规定标准进入创新层的，最近三年财务会计报告被会计师事务所出具非标准审计意见的审计报告； （7）中国证监会和全国股转公司规定的其他情形。

① 《全国中小企业股份转让系统分层管理办法》第11条　挂牌公司进入创新层，应当符合下列条件之一：……（二）最近两年营业收入平均不低于6000万元，且持续增长，年均复合增长率不低于50%，股本总额不少于2000万元；……

情况二：直接申请创新层挂牌（适用路径二）

表7–8　直接申请创新层挂牌的适用情形

适用情形	申请挂牌公司同时符合挂牌条件和下列条件的，自挂牌之日起进入创新层： （1）符合《全国中小企业股份转让系统分层管理办法》第11条第1项或第2项[①]的规定；或者在挂牌时即采取做市交易方式，完成挂牌同时定向发行股票后，公司股票市值[②]不低于6亿元，股本总额不少于5000万元，做市商家数不少于6家，且做市商做市库存股均通过本次定向发行取得。 （2）完成挂牌同时定向发行股票，且融资金额不低于1000万元。 （3）完成挂牌同时定向发行股票后，符合全国股转系统基础层投资者适当性条件的合格投资者人数不少于50人。 （4）符合《全国中小企业股份转让系统分层管理办法》第12条第3项和第4项[③]的规定。 （5）不存在《全国中小企业股份转让系统分层管理办法》第13条第1项至第4项、第6项[④]情形。 （6）中国证监会和全国股转公司规定的其他条件。

---

① 《全国中小企业股份转让系统分层管理办法》第11条　挂牌公司进入创新层，应当符合下列条件之一：（一）最近两年净利润均不低于1000万元，最近两年加权平均净资产收益率平均不低于8%，股本总额不少于2000万元；（二）最近两年营业收入平均不低于6000万元，且持续增长，年均复合增长率不低于50%，股本总额不少于2000万元；……

② 市值是指以申请挂牌公司挂牌同时定向发行价格计算的股票市值。

③ 《全国中小企业股份转让系统分层管理办法》第12条　挂牌公司进入创新层，同时还应当符合下列条件：……（三）最近一年期末净资产不为负值；（四）公司治理健全，制定并披露股东大会、董事会和监事会制度、对外投资管理制度、对外担保管理制度、关联交易管理制度、投资者关系管理制度、利润分配管理制度和承诺管理制度；设立董事会秘书……

④ 《全国中小企业股份转让系统分层管理办法》第13条　挂牌公司或其他相关主体最近12个月内或层级调整期间出现下列情形之一的，挂牌公司不得进入创新层：（一）挂牌公司或其控股股东、实际控制人存在贪污、贿赂、侵占财产、挪用财产或者破坏社会主义市场经济秩序的刑事犯罪；存在欺诈发行、重大信息披露违法或者其他涉及国家安全、公共安全、生态安全、生产安全、公众健康安全等领域的重大违法行为；（二）挂牌公司或其控股股东、实际控制人、董事、监事、高级管理人员被中国证监会及其派出机构采取行政处罚；或因证券市场违法违规行为受到全国股转公司等自律监管机构公开谴责；（三）挂牌公司或其控股股东、实际控制人、董事、监事、高级管理人员因涉嫌犯罪正被司法机关立案侦查或涉嫌违法违规正被中国证监会及其派出机构立案调查，尚未有明确结论意见；（四）挂牌公司或其控股股东、实际控制人被列入失信被执行人名单且情形尚未消除；……（六）最近两年财务会计报告被会计师事务所出具非标准审计意见的审计报告；仅根据本办法第十一条第二项规定标准进入创新层的，最近三年财务会计报告被会计师事务所出具非标准审计意见的审计报告；……

二、调出创新层

根据《全国中小企业股份转让系统分层管理办法》，如创新层挂牌公司不符合相关规定的，将会被定期或即时调出创新层（表7–9）。

表7–9 调出创新层的具体情形

事项	具体情形
1.定期被降层	创新层挂牌公司出现下列情形之一的，全国股转公司定期将其调出创新层： （1）最近两年净利润均为负值，且营业收入均低于3000万元，或者最近一年净利润为负值，且营业收入低于1000万元。（仅根据《全国中小企业股份转让系统分层管理办法》第11条第3项[①]或第14条第1款第1项[②]规定中的市值标准进入创新层的挂牌公司，不适用此项） （2）最近一年期末净资产为负值。 （3）最近一年财务会计报告被会计师事务所出具否定意见或无法表示意见的审计报告。 （4）中国证监会和全国股转公司规定的其他情形。
2.即时被降层	创新层挂牌公司出现下列情形之一的，全国股转公司即时将其调出创新层： （1）连续60个交易日，符合全国股转系统创新层投资者适当性条件的合格投资者人数均少于50人。 （2）连续60个交易日，股票每日收盘价均低于每股面值。 （3）未按照全国股转公司规定在每个会计年度结束之日起4个月内编制并披露年度报告，或者未在每个会计年度的上半年结束之日起2个月内编制并披露半年度报告。

① 《全国中小企业股份转让系统分层管理办法》第11条　挂牌公司进入创新层，应当符合下列条件之一：……（三）最近有成交的60个做市或者集合竞价交易日的平均市值不低于6亿元，股本总额不少于5000万元；采取做市交易方式的，做市商家数不少于6家。

② 《全国中小企业股份转让系统分层管理办法》第14条　申请挂牌公司同时符合挂牌条件和下列条件的，自挂牌之日起进入创新层：（一）符合本办法第十一条第一项或第二项的规定；或者在挂牌时即采取做市交易方式，完成挂牌同时定向发行股票后，公司股票市值不低于6亿元，股本总额不少于5000万元，做市商家数不少于6家，且做市商做市库存股均通过本次定向发行取得；……

续表

事项	具体情形
	(4)挂牌公司进层后，最近24个月内因不同事项受到中国证监会及其派出机构行政处罚或全国股转公司公开谴责的次数累计达到2次，或者受到刑事处罚。 (5)因更正年度报告导致进层时不符合所属市场层级进入条件，或者出现《全国中小企业股份转让系统分层管理办法》第18条第1款第1项至第3项[①]规定情形。 (6)不符合所属市场层级进入条件，但依据虚假材料进入的。 (7)仅根据《全国中小企业股份转让系统分层管理办法》第11条第3项或第14条第1款第1项规定中的市值标准进入创新层的挂牌公司，连续60个交易日，股票交易市值均低于2亿元的。 (8)中国证监会和全国股转公司规定的其他情形。

根据《全国中小企业股份转让系统分层管理办法》的规定，创新层挂牌公司出现降层规定情形的，全国股转公司自该情形认定之日起5个交易日内启动层级调整工作。

挂牌公司出现即时被降层情形被调出创新层的，自调出之日起12个月内，不得再次进入原市场层级。

挂牌公司因更正年度报告导致其定期被降层情形被调整至基础层的，且因信息披露文件存在虚假记载受到中国证监会及其派出机构行政处罚或全国股转公司公开谴责的，自调整至基础层之日起24个月内，不得再次进入创新层。

全国股转公司于每年4月30日启动挂牌公司所属市场层级定期调整工作。笔者认为，前述规定意味着如果采取路径一，就要特别注意安排好时间，由于发行人股改、规范、准备申报资料、中介机构内核及挂牌基础层需要时间，所以要提前规划好，而且需注意的是，每年仅有一次由基础层转为创新层的机会，即每年的4月30日。如果采取路径一，时间点的选择就越发重要；如果不

① 《全国中小企业股份转让系统分层管理办法》第18条　创新层挂牌公司出现下列情形之一的，全国股转公司定期将其调出创新层：(一)最近两年净利润均为负值，且营业收入均低于3000万元，或者最近一年净利润为负值，且营业收入低于1000万元；(二)最近一年期末净资产为负值；(三)最近一年财务会计报告被会计师事务所出具否定意见或无法表示意见的审计报告；……

能在本年或次年4月30日转层至创新层，则只能等到下一年度再行申报。

三、基础层挂牌公司定期调入创新层指南

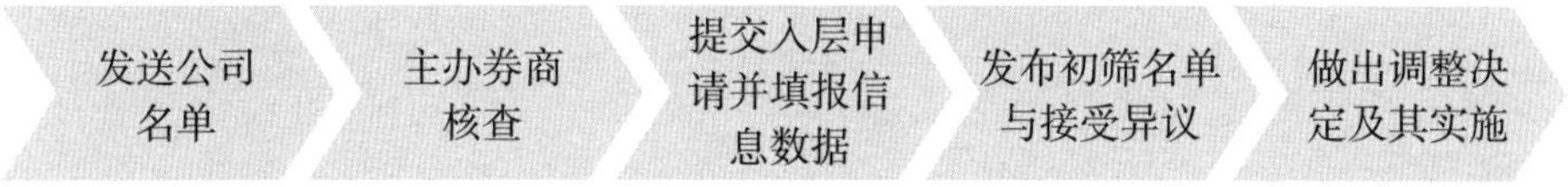

定期调入创新层流程图

基础层挂牌公司定期调入创新层，其主要步骤（表7-10）如下：

表7-10　定期调入创新层的主要步骤

事项	适用情形
1.发送公司名单	全国股转公司于每年4月30日启动市场层级定期调整工作，向主办券商发送经初步判断符合《全国中小企业股份转让系统分层管理办法》规定条件的基础层挂牌公司名单及相关信息。
2.主办券商核查	主办券商收到公司名单后，对拟申请进入创新层的基础层挂牌公司，应结合相关信息，按照《全国中小企业股份转让系统分层管理办法》的规定，核查其是否符合创新层进入条件。 主办券商在核查过程中，除核对公开披露的信息外，必要时应向挂牌公司及其控股股东、实际控制人、董事、监事、高级管理人员核实并取得相应的证明材料。
3.提交入层申请并填报信息数据	经核查确认符合创新层进入条件，拟申请进入创新层的基础层挂牌公司，应通过主办券商提交进入创新层的申请。主办券商应按照全国股转公司通知的时间，填报经审查确认的进入创新层所需相关信息和数据。挂牌公司或主办券商发现公司名单有遗漏或相关信息有误的，应当向全国股转公司申请补充或更正，同时提交相关证明材料。
4.发布初筛名单与接受异议	全国股转公司根据相关申请及核查情况，确定拟调入创新层的挂牌公司初筛名单，并在全国股转系统官网公示。挂牌公司对初筛名单存在异议的，应当按规定在5个交易日内按照全国股转公司规定方式提交书面说明及相关证明材料。
5.做出调整决定及其实施	全国股转公司根据异议核实情况调整初筛名单，提交挂牌委员会审议后，做出市场层级调整决定，并将调入创新层的挂牌公司正式名单在全国股转系统官网公布。全国股转公司按照市场层级调整决定载明的日期，将正式名单中的基础层挂牌公司调至创新层。

第八章　北交所上市实操

第一节　北交所上市的基本流程、时间及费用

一、北交所的上市流程及时间

（一）挂牌全国股转系统的流程及时间

	相关工作	预期目标	所需时间
尽职调查	券商、律师、会计师对公司开展尽职调查，发现问题并协助发行人整改	提前规范、发现问题、解决问题	1~2 个月
股改	确定股改方案，完善公司治理，完成有限公司变更为股份公司的工商备案登记	明晰权属，发行人更加规范	1~2 个月
准备申报	券商、会计师、律师各自准备申报资料	完成申报资料准备	2~3 个月
内核	券商、会计师、律师各机构内核	中介机构内部风险把控	7~30 日
股转公司审查	提交申报资料，取得受理通知书；审核后取得挂牌同意函	完成挂牌	3 个月

图 8–1　挂牌全国股转系统的流程及时间

说明

（1）各项目难易不同，具体时间会有所变化，通常情况下，从项目（尚未规范及股改）启动到挂牌完成大概8~11个月；从递交资料到完成审核的时间为4个月左右。

（2）路径一需注意每年由基础层转层至创新层的时间为4月30日，在正式申报北交所前必须为创新层公司，挂牌时间从挂牌基础层日起算。

（3）路径二可直接申请挂牌创新层，挂牌时间从挂牌创新层日起算。

（二）北交所上市的流程及时间

发行人在全国股权系统挂牌1年后，发行人可正式启动北交所上市程序。

阶段	工作内容	所需时间
辅导阶段	• 确定中介机构 • 中介机构开展全面的尽职调查 • 券商为发行人提供上市辅导，发行人接受当地证监局验收 • 确定上市方案	3个月 辅导及申报阶段时间可重合，相关工作同步开展
申报阶段	• 各方中介机构根据需要开展补充尽调，做好工作底稿 • 发行人准备募投项目 • 各方保持有效沟通，各中介机构准备各自的申报文件	
审核阶段	• 向北交所递交申报文件 • 北交所反馈及发行人、中介机构回复 • 北交所审核 • 中国证监会注册	4~6个月
发行阶段	• 路演、投标询价、定价、配售发行	1个月
上市阶段	• 核准上市、后市发行	1个月

图8-2 北交所上市的流程及时间

说明

（1）各项目难易不同，具体时间会有所变化。

（2）通常情况下，从正式启动北交所A股IPO项目之日起到发行上市完成为9~15个月；其中，规定要求北交所形成审核意见2个月的时间、中国证监会注册20个工作日，但结合监管部门的不断反馈及回复时间，北交所审核、中国证监会注册及反馈回复的时间为4~6个月；发行上市2个月左右的时间。

二、北交所的上市费用

北交所上市从广义上讲包括挂牌全国股转系统、全国股转系统挂牌1年以上及北交所上市三个阶段，从狭义上讲仅指挂牌全国股转系统1年以上后申请在北交所上市，此处的北交所上市费用指的是广义的上市费用。

北交所上市的费用主要是中介机构的费用。当然，每个项目情况、发行人情况、中介机构等并不相同，因此收费标准也存在一定差距（表8-1），在此列表仅供读者参考：

表8-1　各中介机构上市费用

阶段	费用（预估）	备注
1.挂牌全国股转系统	200万~300万元	（1）券商100万~160万元、会计师50万~60万元、律所35万~50万元、资产评估机构10万元左右。 （2）资金来源：该部分费用可来源于政府补贴或投资人投资的费用。
2.挂牌1年的常年服务费用	10万元	律所常年服务费通常在10万元左右。
3.北交所上市	2000万元以上	（1）本部分费用参照原精选层收费标准预估，应在原精选层及目前A股其他板块上市费用之间。 （2）券商费用按照阶段性收取，财务顾问阶段、辅导阶段、保荐阶段、承销阶段。从原精选层实践来看，承销保荐费用平均在7%，最低3%左右。费用最多的其实是券商的承销和保荐费，而这部分费用通常在募集资金中扣除，企业前期不需要承担太多费用。

第二节　中介机构的选择及其服务内容

一、中介机构的选择

（一）中介机构

北交所IPO上市工作是一项专业性极强的工作，这项工作涉及面广，工作量大，企业必须借助中介机构的帮助才能成功实现北交所上市。在上市的中介机构中，证券公司（也称“券商”）、律师事务所、会计师事务所是法定的企业必须聘请的中介机构，由这些中介机构负责完成上市过程中有关事项。在涉及改制、评估、公证等事项时，企业还需要聘请评估事务所、公证处等其他机构。

1.全国股转系统挂牌中的中介机构

券商负责对企业新三板挂牌工作全面督导。律师事务所帮助挂牌企业完成股份制改造、完善公司治理、保护知识产权，并依据法律和有关规定出具法律意见书或其他专业意见。会计师事务所负责对企业资产进行审计，并出具审计报告。评估事务所负责对企业资产进行评估，并出具评估报告。

2.北交所上市中的中介机构

券商在推荐发行人首次公开发行股票前，应当按照中国证监会的规定对发行人进行辅导、保荐并负责发行人证券发行的主承销工作。券商依法对公开发行募集文件进行核查，出具保荐意见。券商应当尽职推荐发行人证券发行上市，在发行人证券上市后，券商应当持续督导发行人履行规范运作、信守承诺、信息披露义务。律师事务所主要对股票发行与上市的各种文件的合法性进行判断，并对有关发行上市涉及的法律问题出具法律意见和律师工作报告。会计师事务所对企业资产进行审计，并出具审计报告等申报文件。评估事务所（若有）负责对企业资产进行评估，并出具评估报告。

（二）选择中介机构时的常见误区

1.团队误区：“就近”或“就熟”

在判断中介机构团队能力水平方面，一则不易获取，二则较难衡量，故企业容易选择“就近”或“就熟”的简单方式，但这两种方式均会带来一系列弊端。

“就近”主要体现在企业认为中介机构总部在当地就可以安排更为优质的团队，能快速反应，保障工作效率以及降低差旅成本。值得说明的是，这种方式带来一定好处时，也暗藏很多弊端。

因为中介机构在实操中更倾向于将优质的驻场团队安排在更受重视且收益丰厚的企业，反而将不乐意出差、能力一般或有特殊情况的人员安排在当地企业，甚至当地团队人员更换频繁，不利于项目的稳定。

“就熟”主要体现在依赖朋友推荐，这种方式要求推荐人有足够强的专业能力和专业资源，且不存在其他利益安排，这样才能保证所推荐机构的质量。

2.经验误区：过度推崇过往成功案例

中小企业在中介机构选择时，一方面受IPO中介机构营销手段影响，如在承揽项目过程中大力宣传过往成功案例；另一方面受媒体影响，过往成功IPO案例常常被媒体报道追捧，难免存在信息失真。由于企业对过往案例详情知之甚少，对资本市场欠缺专业分辨，过度推崇成功经验，往往会选择不适合自身的中介机构。

因此企业在选择中介机构时，要平衡利弊，重视品牌声誉，但又不能盲目选择“头牌”；要深入了解，重视团队成员，但又不能偏听偏信；要多方面考察，重视团队经验，但又不能只看中介机构的成功案例，需要根据企业自身特点匹配中介机构。

（三）券商的选择

券商负责对企业挂牌全国股转系统、北交所IPO上市的各项工作进行统筹安排，工作内容涉及范围广，要求券商不仅是财务专家，还是法律专家、行业专家，考量的是其综合能力。不同的券商将对企业挂牌、北交所上市的进程产生不同影响。在选择券商的过程中需要注意下列问题：

1.挂牌推荐、保荐资格

全国股转系统挂牌试行备案制，挂牌推荐需要券商具有主办券商资格，北交所IPO上市需要主办券商或其子公司具有保荐承销资格，只有具备相应资格的券商才能开展全国股转系统、北交所相关业务。

2. 专业部门和专业人员

全国股转系统挂牌和北交所上市工作专业性很强，必须由具备专业知识的人员完成。券商组建了专门负责相关事务的部门并配置专业人员，包括保荐代表人、注册会计师、律师、行业分析师等，这样极大提高了专业化能力和工作效率。

3. 执业能力、执业经验和执业质量

北交所设立后，不少企业挂牌全国股转系统的目的是在北交所上市，全国股转系统只是北交所IPO上市的跳板，以期获取更多的融资。挂牌全国股转系统及持续信息披露工作是北交所IPO上市的重要审查事项，挂牌及持续信息披露过程是否规范直接影响到北交所IPO上市能否实现。在业内有较强执业能力、执业经验丰富、执业质量优秀并有一定影响力的券商，有能力帮助企业尽早登陆北交所。

4. 服务专注度

近年来，我国IPO市场表现活跃，势头迅猛，申请上市企业数量增加，券商投行业务繁忙，项目人员身兼数职或更换频繁，不利于项目的推进。全国股转系统挂牌并最终实现北交所上市时间相对较长，涉及公司法律、财务、业务多个层面，因此，团队的专注度和稳定性至关重要。

（四）律师事务所的选择

1. 高度专业化的资本法律服务能力

全国股转系统、北交所法律事务是资本法律事务中的重要业务领域，资本法律事务涉及金融、法律、财务、税务、管理、人力资源等诸多方面，是一项综合性、专业性极强的法律事务。资本市场的法律事务，通常是多项工作同时跟进，分工明确，程序严格，需要具有高度专业化的资本法律服务能力的律师开展相应工作，保障各项事务都有专业律师分工负责，如尽职调查、股份制工作、劳动人力资源整合、股权转让等环节的法律事务都需要专门人员进行。

2. 资本法律实务经验

资本法律事务，主要是非诉讼类的程序性事务，包括方案设计、调查分析、材料准备、程序履行等，细节性强，如果律师没有丰富的实务经验，很难及时、优质、高效地完成要应对的事务。如尽职调查要审查哪些材料、收集的材料存在哪些问题、法律意见书针对某些不确定事项如何表述等。与诉讼领域的法律事务不同的是，一个律师要熟悉相应事务，拥有实践经验，方能得心应手。

3. 稳定、专业的团队

资本法律服务，往往周期长、涉及领域广、事务多且琐碎。股份制改造、公司治理都是战略性较强的综合法律事务，不但需要有法律知识结构全面、专业知识丰富的专业律师参与相应工作，更需要律师与企业长期合作。没有稳定、专业的团队很难保障各项工作的顺利开展。

（五）会计师事务所的选择

1. 证券市场财务、审计实务经验

证券市场的财务、审计工作复杂，是否具有从事证券市场财务、审计实务的经验对审计工作的顺利推进非常重要，无相关经验的会计师事务所甚至可能给企业造成会计处理上不可逆转的问题，解决这些问题往往需要将报告期往后顺延，加大企业的成本，从而影响企业的上市进程。

2. 高度专业化的财务、审计实务能力

北交所IPO上市审计过程中，会计师事务所需要完成股份制改造“基准日”净资产审计和净资产折股验资报告、督促辅导对象建立健全公司财务会计管理体系、提供三年一期的审计报告，并配合公司接受证券监管部门的审核问询等工作，与普通的会计事务差别明显，需要专业化能力强的会计师事务所进行，否则将不能有效开展相关工作。

3. 稳定、专业的团队

具体事务都是由具体个人完成的，项目组人员的素质、年龄、经验、团队情况等决定着工作能否有效开展。同时由于上市各项事务需要一定的周期，更需要团队的稳定，需要团队具有与企业长期合作、满足企业不同发展阶段需求的能力。

（六）资产评估机构的选择

企业以实物、知识产权、土地使用权等非货币资产出资设立公司的，应当聘请资产评估机构出具评估报告。国有资产产权变动的，需遵守国家有关资产评估的规定。企业股份制改造时若无非货币资产出资情形的，无需聘请资产评估机构，实务中整体变更虽然不能评估调账，但为了对用于出资的净资产的价值进行判断，避免出资不实，一般情况下企业都聘请了资产评估机构出具评估报告。因为通常这类评估时间要求短，所以需要专业和有相关经验的资产评估机构。

二、主要中介机构的服务内容

（一）券商

1. 挂牌全国股转系统阶段

券商在该阶段的主要服务内容包括：

（1）在股份制改造阶段，发行人委托券商为改制财务顾问；券商按照有关法律法规、部门规章及相关业务规则的有关规定，为发行人的股份制改造及其规范运作提供方案设计、专业咨询、组织协调等服务。

（2）在推荐挂牌阶段，发行人委托券商负责推荐其改制后设立的股份有限公司股票在全国股转系统挂牌；券商按照有关法律法规、部门规章及相关业务规则的有关规定，负责出具挂牌推荐报告，组织编制挂牌申请文件，并协助发行人取得中国证监会核准挂牌文件（如中国证监会豁免核准的，则为协助发行人取得全国股转公司同意挂牌文件）。

（3）挂牌同时发行普通股票融资阶段（如有），发行人委托券商负责推荐其股票发行；券商按照有关法律法规、部门规章及相关业务规则的有关规定，负责出具股票发行推荐报告，组织编制股票发行申请文件，并协助发行人取得中国证监会核准其股票发行文件（如中国证监会豁免核准的，则为协助发行人取得全国股转公司同意其股票发行文件）。

（4）在信息披露督导阶段，发行人委托券商负责督导其持续履行信息披露义务；券商按照有关法律法规、部门规章及相关业务规则的有关规定，负责指导和督促发行人诚实守信、规范履行信息披露义务、完善公司治理机制。

2.北交所上市阶段

券商为发行人提供上市前辅导、发行上市保荐、承销等专业服务，主要服务内容包括：

（1）在上市前的辅导阶段，发行人聘请券商为辅导机构，券商负责辅导发行人按上市相关要求实施规范运作等措施，并向有关部门报告辅导情况；券商按照相关法律法规的规定为发行人提供上市方案设计、专业咨询、组织协调等服务。

（2）在发行申请阶段，发行人聘请券商担任其向不特定合格投资者公开发行股票并发行上市工作的保荐机构，券商相应地为发行人提供包括但不限于申请文件制作、发行上市保荐、中介推荐等服务，并在持续督导期内负责发行人持续督导工作。

（3）在发行上市阶段，发行人聘请券商担任其发行上市工作的主承销商，并由券商推荐并协助发行人选定承销团队成员，券商相应地为发行人提供包括但不限于发行股票询价、发行股票路演推介等证券承销服务。

（4）具体服务内容以双方就具体服务事项签署的相关协议为准。

（5）除上述主要阶段合作内容之外，券商同时还应该根据发行人要求为发行人提供相关研究和咨询服务，主要包括：协助发行人对募集资金投资项目进行可行性综合判断、为发行人提供整体发展战略研究以及其他有关股权激励及理财等方面的专业顾问咨询服务。（选择适用）

（二）律师

1.法律尽职调查阶段

（1）对公司进行全面法律尽职调查，包括但不限于历史沿革、经营模式及业务合规性、主要资产、重大债权债务、股东及关联方、法人治理结构、劳动人事制度、税收政策及财政补贴等重大事项。

（2）就法律问题进行梳理，作出风险提示，提出初步解决或整改方案。

（3）与公司聘请的其他中介机构就相关问题进行研讨，并提出意见或建议。

（4）出具法律尽职调查报告。

（5）与其他中介机构一并协助公司确定解决方案并协助实施。

2.股份有限公司设立

（1）协同公司及其聘请的财务顾问共同制订改制方案并提供法律建议。

（2）审查规范公司发起人的主体的合法性。

（3）审查规范公司发起人拟用于向股份有限公司出资的资产的合法性。

（4）草拟、审查发起设立股份有限公司协议书、股份有限公司章程（草案）及其他法律文件、协助办理股份有限公司设立手续。

（5）起草、审查或者修改公司各种相关协议，对存在问题的相关条款、内容提出法律建议或者处置建议。

（6）对土地使用权、房屋、知识产权、税务、债权债务确认等事项进行规范并提出法律建议或者处置措施。

（7）对关联交易、同业竞争事项进行规范并提出法律建议或者处置措施。

（8）解答公司提出的关于股份有限公司设立及挂牌等方面的法律咨询。

（9）其他根据具体情况需要出具相应的法律意见或建议。

3.挂牌基础层

（1）解答公司挂牌基础层的实质条件和申报程序等方面的法律咨询。

（2）起草、审查或者修改公司章程和各种专项协议，对存在问题的相关条款、内容提出法律建议或者处置措施。

（3）对土地使用权、房屋、知识产权、税务、债权债务确认等事项进行规范并提出法律建议或者处置措施。

（4）对关联交易、同业竞争事项进行规范并提出法律建议或者处置措施。

（5）对资产重组、收购兼并事项进行规范并提出法律建议或者处置措施。

（6）对公司及其附属机构（如有）进行尽职调查和规范工作。

（7）审查挂牌申请等法律文件。

（8）审核公司提供的申请文件及相关材料，依据法律和法规的要求提出法律建议或者处置措施。

（9）审核全部申请文件和相关材料的真实性、合法性之后，出具法律意见书。

（10）协助解决和处理证券主管部门对本次发行提出的相关要求与问题。

4.挂牌期间常年法律服务

（1）为公司提供日常法律、法规、政策和上市规则的咨询服务。

（2）应公司要求起草、审查或修改贵公司的股东大会会议文件、董事会会议文件、监事会会议文件以及章程和治理细则，持续完善公司治理结构和内部控制制度。

（3）应公司要求，起草、审查或修改公司日常经营事项涉及的合同、协议或其他契约性法律文件。

（4）应公司要求，协助公司起草、审查或修改信息披露文件。

（5）为公司提供股东大会以及董事、监事和高级管理人员的声明、承诺提供见证服务，及出具股东大会合法有效性的法律意见书。

5. 定增

发行人为完成由基础层向创新层转层，发行人需依法完成一次定增。

（1）律师为发行人本次定增草拟、修订相关定增协议。

（2）律师草拟与本次定增有关的决议文件，并适时修订相关文件（如公司章程）。

（3）律师为本次定增出具符合全国股转系统要求的法律意见，根据全国股转系统的要求出具相关的反馈意见（如需）。

（4）其他按照惯例需由律师为发行人的本次定增提供的法律服务。

6. 申请向不特定合资格投资者公开发行股票并在北交所上市

（1）对与公司发行上市相关法人法律事宜进行全面的尽职调查，根据尽职调查发现的各种问题与公司、公司聘请的其他中介机构进行讨论，提供法律意见，协助制订整改、规范方案并跟踪其实施结果。

（2）与公司及公司聘请的其他中介机构共同讨论、修改上市方案及时间进度安排；论证公司募集资金拟投入项目可行性，并对其中可能涉及的法律问题提供咨询建议及解决方案。

（3）按照发行上市的要求，协助公司制定和完善公司章程及相关制度规则。

（4）为发行上市之目的，对公司高级管理人员、财务、证券事务办公室、人事部门工作人员等进行必要的培训，使其了解和掌握相关法律法规、规章制度。

（5）起草与公司发行上市有关的董事会决议、股东大会决议。

（6）参与讨论、验证招股说明书涉及法律的有关章节。

（7）为公司本次发行上市出具所需的法律文件。

（8）协助公司就本次发行上市有关事宜与审核机构进行必要的沟通，对审核机构的反馈意见进行解答和回复，出具补充法律意见等。

（9）为其他与发行人上市直接相关的事务提供法律服务。

（三）会计师

1.挂牌全国股转系统阶段

会计师在该阶段审计的目标及范围主要包括：

（1）会计师接受发行人委托，对发行人按照企业会计准则编制的全国股转系统申报报告期（报告期指发行人申报全国股转系统进行财务审计所涵盖的期间，即两年一期）的财务报表［包括资产负债表、合并资产负债表、利润表、合并利润表、现金流量表、合并现金流量表、所有者权益（或股东权益）变动表、合并所有者权益（或股东权益）变动表、财务报表附注、合并财务报表附注］进行审计并出具相应报告。

①股改审计报告和验资报告：向发行人出具有限公司整体改制为股份有限公司的股改审计报告和净资本折股的验资报告。

②申报全国股转系统审计报告：向发行人出具申报全国股转系统的两年一期审计报告。

（2）会计师审计工作的目标是对财务报表整体是否不存在由于舞弊或错误导致的重大错报获取合理保证，并出具包含审计意见的审计报告。合理保证是高水平的保证，但并不能保证按照审计准则执行的审计在某一重大错报存在时总能发现。错报可能由于舞弊或错误导致，如果合理预期错报单独或汇总起来可能影响财务报表使用者依据财务报表作出的经济决策，则通常认为错报是重大的。

（3）会计师通过执行审计工作，对财务报表的下列方面发表审计意见：

①财务报表是否在所有重大方面均按照企业会计准则的规定编制。

②财务报表是否在所有重大方面均公允反映了被审计单位在被审计期间的财务状况、经营成果和现金流量。

2.在北交所上市阶段

会计师在该阶段审计的目标及范围主要包括：

（1）会计师接受发行人委托，对发行人按照企业会计准则编制的IPO申报报告期（报告期指会计师作为发行人IPO申报会计师对发行人申报IPO进行财务审计所涵盖的期间，通常为三年一期）的财务报表［财务报表（包括资产负债表、合并资产负债表、利润表、合并利润表、现金流量表、合并现金流量表、所有者权益（或股东权益）变动表、合并所有者权益（或股东权益）变动表、财务报表附注、合并财务报表附注］进行审计并出具相应报告。

①审计报告：向发行人出具为发行人IPO申报使用的涵盖报告期的审计报告。

②内部控制鉴证报告：对发行人截至申报基准日与财务报表相关内控的有效性出具内部控制鉴证报告。

③非经常性损益专项报告：对发行人报告期非经常性损益明细项目和金额进行审核，并出具专项审核报告。

④中国证监会在审核过程中要求会计师出具的反馈意见回复。

⑤募集资金验资报告。

（2）会计师审计工作的目标是对财务报表整体是否不存在由于舞弊或错误导致的重大错报获取合理保证，并出具包含审计意见的审计报告。合理保证是高水平的保证，但并不能保证按照审计准则执行的审计在某一重大错报存在时总能发现。错报可能由于舞弊或错误导致，如果合理预期错报单独或汇总起来可能影响财务报表使用者依据财务报表作出的经济决策，则通常认为错报是重大的。

（3）会计师通过执行审计工作，对财务报表的下列方面发表审计意见：

①财务报表是否在所有重大方面均按照企业会计准则的规定编制。

②财务报表是否在所有重大方面均公允反映了被审计单位在被审计期间的财务状况、经营成果和现金流量。

第三节　尽职调查

尽职调查工作是中介机构开展后续全部工作的基础和未来发表意见的主要依据来源，是整个IPO项目进行实质性启动的开始，其在中介机构的全部服务工作中的重要性不言而喻。以下从券商、律师、会计师的角度对相关尽职调查的注意事项、尽调范围等方面的内容予以列示。

一、券商尽职调查

（一）券商尽职调查

券商尽职调查是基于主办券商的角度开展的，以全面了解证券发行人为目的，为评价发行人质量和对发行人估值定价提供基础；同时尽职调查应能够为公司出具的发行上市推荐文件及有关尽职调查报告提供充分的佐证资料，达到有效规避风险的目的。

券商项目小组的尽职调查可以在注册会计师、律师等外部专业人士意见的基础上进行。项目小组应判断专业人士发表意见所基于的工作是否充分，对专业人士意见有疑义或认为专业人士发表的意见所基于的工作不充分的，项目小组应独立调查。项目小组在引用专业意见时，应对所引用的意见负责。

（二）券商尽职调查的范围、内容和方法

尽职调查应在调查了解发行人经营合法合规性的前提下，侧重于调查发行人的盈利能力及财务状况、业务与经营、行业发展前景、战略及核心竞争力、管理层素质及品质等方面，券商尽职调查的项目、调查范围和内容、调查方法如表8-2所示。

表8–2　券商尽职调查的范围、内容和调查方法

调查范围和内容	调查方法
基本情况	
1.发行人历史沿革。 2.发行人改制重组情况。 3.发行人经营范围。 4.发行人实际从事的主要经营业务。 5.发行人组织结构。 6.发行人股本及股权结构的演变情况。 7.发行人最近三年资产重组和收购兼并情况。	●请发行人提供有关政府批文。 ●询问发行人并请其提供有关书面介绍资料。 ●收集发行人公开披露的有关信息资料。 ●必要时向政府、市场监督管理部门等及有关中介机构询证。
行业概况	
8.宏观经济环境和经济政策（包括国民经济整体形势和国家财政、金融、行业、产业、行政管理、环境保护的政策，特别是世界贸易组织的有关规定等）对发行人所处行业的影响。 9.发行人所处行业的国内外基本情况：包括行业管理体制、行业生命周期、行业竞争状况、行业盈利情况、市场容量、投入与产出、技术水平、行业兼并重组以及以上因素的发展趋势等。 10.发行人所处行业在国民经济中的地位和影响：是否为国家重点扶持、鼓励发展的产业、是否对GDP具有较大贡献等。 11.影响发行人所处行业发展的有利和不利因素：包括产业政策、产品特性、技术替代、消费趋向、购买力、国际市场冲击、环保和行业进入壁垒等。 12.发行人面临的主要竞争状况：包括发行人竞争优势和劣势，市场份额的变动情况及趋势等。 13.发行人所处行业主要竞争者情况：包括其业务构成、技术水平、研发能力、规模、市场占有率、收入及盈利等。	●获取宏观经济和有关行业分析报告。 ●获取有关行业统计资料。 ●向有关行业协会、行业专家咨询。 ●询问发行人并请其提供有关书面介绍资料。

续表

调查范围和内容	调查方法
业务与经营	
14.发行人主要业务的构成，产品（或服务）的主要用途、主要消费对象（群体）、技术特征及生产方面的特殊要求，主要业务、产品（或服务）的演进过程及发展趋势。 15.国际国内同类或相似产品（或服务）的生产能力、实际产量、市场需求量及发展趋势。 16.发行人近三年来各主要产品的生产能力、实际产量、销售量、产销率、销售价格、销售额、生产成本、毛利、毛利率、占销售总额比例等情况。 17.与经营同类产品（服务）竞争对手在产品（或服务）质量、技术水平、生产能力、实际产量、销售量、产销率、销售价格、生产成本、市场占有率、毛利率等方面的比较分析。 18.发行人主要产品的生产工艺流程或服务的流程图。 19.发行人主要产品（或服务）所需的主要生产设备的数量、账面价值、重置成本、分布地点、专用性、技术先进程度、剩余使用寿命、还能安全运行的时间及目前使用状况等情况，以及其他固定资产情况。 20.发行人近三年来主要产品的生产成本、主要消耗定额、产品合格率、质量稳定性、安全生产等情况。 21.发行人主要产品生产所需的主要原材料的供应情况：包括原材料种类及其在生产成本中所占的比例、价格走势、供需状况、供应商的特点等。 22.发行人前五名供应商的基本情况、采购额及占总采购额的比例、对主要供应商的依赖程度。 23.发行人的产品（或服务）市场定位、销售对象的特点、定价策略。 24.发行人的产品营销策略、营销方式和营销网络的建设及分布情况，以及与公司产品相同或相似的主要公司的比较分析。 25.发行人前五名客户的基本情况及对其的销售额、占总销售额的比例、对主要客户的依赖程度。 26.发行人主要产品（或服务）在原材料供应、产品生产、产品销售等环节的质量控制情况，包括质量控制标准、质量控制措施、质量纠纷等。 27.政府对公司的特殊政策及该政策的基本情况和对公司的影响。	●询问发行人并请其提供有关书面介绍资料。 ●实地考察发行人的生产经营场所、询问现场员工和其他有关人员关于公司生产、采购、销售等情况。 ●咨询有关专家对发行人工艺流程和设备性能等的评价。 ●向发行人的供应商、客户、竞争者等第三方了解情况。 ●与会计师等沟通公司经营情况。 ●向自然资源局、房产管理部门等查询土地权属及房产情况。 ●抽查发行人有关业务的原始凭证。 ●请发行人提供有关合同协议。

续表

调查范围和内容	调查方法
技术和知识产权	
28. 发行人主导产品或业务及拟投资项目技术水平，或所采用的先进生产工艺、技术诀窍、运用的新材料及新的生产手段、节能技术、新的生产组织方式等情况，以及生产技术所处的阶段（基础研究、中试、少批量生产、大批量生产）。 29. 发行人的知识产权、非专利技术情况：包括名称、用途、价值、取得方式、保护状况、剩余保护年限、使用许可情况（许可与被许可人、许可方式、许可年限许可使用费等）、存在（或潜在）的纠纷等。 30. 发行人技术储备、技术替代、产业化梯度与难易程度情况。 31. 发行人的技术是否具有竞争力，如应用该技术生产的产品或提供的服务具有较好的扩展性和独创性，具有良好的性能价格比等。 32. 发行人拥有的技术对盈利的贡献情况。 33. 发行人研发情况：包括研发人员配备情况，研发费用占销售收入的比例，技术创新机制，研发水平及实力在行业中所处的位置，产研一体化体系的建立情况等。 34. 发行人是否具有所有权和独立使用权的商标及该商标的名称、用途、使用和受保护期限等。	●询问发行人并请其提供有关书面介绍资料。 ●请发行人提供有关技术和知识产权证书、商标证书。 ●请发行人提供有关合同协议。 ●向有关技术专家、律师等咨询。
财务情况	
35. 发行人盈利能力（主营收入及利润的稳定增长、销售毛利率、净资产报酬率、总资产报酬率等）分析。 36. 发行人经营效率（应收账款、存货和总资产周转率等）分析。 37. 发行人主要会计政策及其稳健性（资产计价、收入确认、“八项”计提、费用摊销等）分析。 38. 发行人资产质量分析。 39. 发行人现金流量（经营活动、投资活动、筹资活动的现金流量）分析。 40. 发行人盈利质量（盈利的结构和性质、盈利与稳健性、盈利与现金流的匹配等）分析。	●请发行人提供有关财务报告及其审计报告和其他财务资料。 ●运用有关财务分析方法和手段分析、评价发行人的财务状况和经营业绩。 ●与发行人财务负责人进行交流沟通。

续表

调查范围和内容	调查方法
41.发行人的财务管理能力（销售收入与销售费用、管理费用、财务费用的比例，长短期投资收益率等）分析。 42.发行人的主要财务指标与行业先进指标的比较、与行业平均水平指标的比较。 43.发行人的利润分配及股利分配政策和执行情况。 44.发行人资产、负债、权益、收入、成本、利润的剥离方法及标准。	●与注册会计师沟通。 ●现场核查发行人存货、主要固定资产等资产质量。 ●抽查发行人有关业务的原始凭证。
治理结构和规范化运作	
45.公司章程是否符合《公司法》和《上市公司章程指引》的要求。 46.公司章程是否规定了保护中小股东权益的内容或制定了其他相关内部管理规定及其实际执行情况。 47.股东大会、董事会、监事会以及经理层的运作（如有关成员的选举产生、议事规则、会议召开、决策程序等）是否规范，是否符合《公司法》等法律法规和《公司章程》的规定。 48.是否按《关于在上市公司建立独立董事制度的指导意见》的要求建立了独立董事制度，设立了独立董事，以及独立董事实际发挥作用的情况。 49.公司建立的治理基础是否符合《中国上市公司治理准则》和其他有关法律法规的要求。 50.公司业务、资产、人员、机构、财务五个方面是否独立完整，并符合有关法律法规的具体要求。 51.董事、监事和高管人员的兼职是否符合有关法律法规的规定。 52.是否建立健全了持续公开信息披露制度，保证重大信息的及时、完整、准确披露；是否存在故意隐瞒应予披露的重大信息，是否存在事后补充披露的情况（注明隐瞒的事项、时间）。	●发行人提供公司章程、股东会、董事会、监事会会议记录和决议，以及其他相关文件资料。 ●实地观察和调查了解公司“五分开”情况。 ●了解公司关于信息披露的有关规定及其实际披露情况。 ●列席发行人有关会议，了解其规范运作情况。 ●向发行人独立董事和法律顾问了解情况。 ●查阅证券监管部门对发行人的巡检意见。

续表

调查范围和内容	调查方法
同业竞争、关联交易	
53. 发行人关联方的基本情况：包括其名称、注册地和注册资本、与发行人的关系（包括对发行人进行控制或影响的具体方式、途径及程度）、法定代表人、高级管理人员名单、经营范围与实际从事的经营业务、财务状况等。 54. 发行人现有业务及规划业务（包括业务发展规划、募集资金运用、收购兼并、合并、分立、对外投资、增资等活动）是否与其有实际控制权的单位（或个人）及其关联股东、其控制的企业法人（简称“竞争方”）相同或相似（存在同业竞争），竞争的具体业务是什么。 55. 对于已存在或可能存在的同业竞争，可能对发行人及其中小股东造成的利益损害，发行人采取了何种解决同业竞争的具体措施。 56. 发行人是否在发起人或股东协议、公司章程等方面作出了避免同业竞争的规定，具体规定是什么。 57. 发行人对关联方、关联关系和关联交易的界定和披露是否遵循了“实质重于形式（法律形式）”和从严的原则。 58. 发行人是否在公司章程中对关联交易决策权力与程序作出规定，公司章程是否规定关联股东或利益冲突的董事在关联交易表决中的回避制度或做必要的公允声明，该等规定的实际执行情况。 59. 关联交易的具体内容、数量、单价、总金额、占同类业务的比例、定价政策及其决策依据。 60. 关联交易是否遵循市场公正、公平、公开的原则，如交易是否通过招标，价格是否公允，与市场独立第三方价格有无差异。无市场价格可资比较或定价受到限制的重大关联交易，是否通过合同明确有关成本和利润的标准。是否存在损害公司和中小股东利益的情况。 61. 关联交易是否经过法定的批准程序和全部、及时、充分地加以披露，是否存在应披露而未披露的事项。 62. 发行人对关联交易的依存度，最近三年发行人关联交易对其财务状况和经营成果的影响。 63. 发行人减少和规范关联交易的具体措施。 64. 对于需要由独立董事、监事会等发表意见的关联交易，是否由其签名表达对关联交易公允性的意见。 65. 发行人律师对所披露的关联方、关联关系、关联交易是否存在损害发行人及中小股东利益、决策程序是否合法有效所发表的意见。	● 获取关联方的营业执照、公司章程、财务报告及其审计报告等资料。 ● 获取关联交易合同及相关决策文件。 ● 获取同类产品或服务的市场上独立第三方交易价格。 ● 抽查有关原始凭证。

续表

调查范围和内容	调查方法
管理层	
66. 管理层的知识文化、专业结构、年龄、经历、管理经验、奖罚记录等基本情况。 67. 管理层的诚信、勤勉责任感、敬业精神和职业操守。 68. 管理层的经营理念、价值观念和道德取向。 69. 管理层的经营管理能力和风险管理能力。 70. 管理层的团队精神。 71. 管理层的稳定性、发生变化的原因及对公司的影响。 72. 管理层对公司发展战略与规划、人力资源、投资、融资、研发、生产经营计划、销售、财务等重大问题的看法和分析；对公司盈利情况的预测分析。 73. 管理层的报酬及其在公司、关联单位的任职情况和管理层对该等事项的看法。 74. 管理层及其亲属的持股和变化情况，管理层对该等事项的看法。 75. 管理层对涉及自身、公司、社会利益的看法等。 76. 公司员工对管理层的评价。 77. 社会公众及有关媒体对管理层的评价。	●与管理层进行交谈。 ●搜集管理层在各种场合的讲话记录、媒体报道等资料。 ●与发行人的员工了解情况。 ●向管理层的主管部门、原单位、业务单位等了解情况。
内部控制制度	
78. 是否建立健全了投资及融资内部控制制度（特别是决策程序、监督机制），实际执行情况如何。 79. 是否建立健全了关联交易的内部控制制度，实际执行情况如何。 80. 是否建立健全了财务管理内部控制制度（特别是资金调拨的内部控制程序），实际执行情况如何。 81. 是否建立健全了采购内部控制制度，实际执行情况如何。 82. 是否建立健全了生产管理、产品（或服务）的质量控制制度，实际执行情况如何。 83. 是否建立健全了销售内部控制制度，实际执行情况如何。	●请发行人完整提供其内部各项管理制度。 ●实地考察和抽查发行人内部控制制度的实际执行情况。 ●与注册会计师就发行人内部控制制度进行沟通。

续表

调查范围和内容	调查方法
84.是否建立健全了人力资源内部控制制度，实际执行情况如何。 85.是否建立健全了例外（突发）事项的管理制度和流程，实际执行情况如何。 86.是否建立健全了有关信息和技术的内部控制制度，实际执行情况如何。 87.其他内部控制制度的建立情况。 88.管理层对公司内部控制制度完整性、合理性及有效性的自我评估意见。 89.注册会计师对发行人内部控制制度完整性、合理性及有效性评价。	
人力资源社会保障企业文化	
90.发行人员工的基本情况：包括人数及变化情况、专业结构、受教育程度、年龄分布等，以及目前及未来几年的退休人员（或人员分流）的情况。 91.发行人执行的社会保障制度、住房制度改革、医疗制度改革等情况。 92.发行人实行的员工福利政策。 93.发行人建立的对员工的激励与约束机制情况。 94.发行人是否欠缴社保费用及采取的解决措施。 95.员工的生产安全保障体系。 96.发行人是否形成了明确向上凝聚力强的企业文化。 97.发行人员工对企业是否具有较强归属感。	●请发行人提供在劳动局备案的公司员工名册及员工的基本情况。 ●收集政府和发行人内部有关员工社会保障、福利、激励与约束机制、劳动安全等方面的政策和制度。 ●向社会保障和劳动部门查询。 ●询问发行人员工。
税收	
98.发行人涉及的有关税种、税目、税率情况。 99.发行人应缴纳的地方性规费情况。 100.发行人享受的各项税收、财政补贴优惠政策的情况。	●获取发行人有关税收、财政补贴优惠政策的证明文件。 ●向税务管理当局、海关、环保等部门询证。

续表

调查范围和内容	调查方法
101.发行人最近三年的纳税情况，是否存在欠税、漏税、逃税、延期纳税的情况。 102.发行人出口退税情况。 103.发行人资产重组等对有关税收的影响。 104.国家及地方税务局对发行人纳税情况的评价。 105.税收政策变化对发行人的影响。 106.发行人环保达标情况，环保支出情况，国家有关环保政策对发行人环保的影响。 107.环保部门对发行人的环保评价意见。	●抽查有关原始凭证。 ●与注册会计师沟通。
或有与承诺事项	
108.发行人对外担保事项：事由、当事人、金额、期限、批准人、抵押物及其基本情况、是否办理抵押登记等。 109.发行人未决诉讼或仲裁事项：事由、当事人、诉讼仲裁机关、涉及金额等。 110.发行人已贴现商业承兑汇票情况。 111.发行人对外承诺事项：事由、当事人、金额、期限、影响等。 112.发行人反担保的有关情况。 113.发行人将要签署的重大工程合约。 114.关联方的重大或有事项及其对公司的影响。 115.其他可能引起公司承担或有损失的事项。	●询问发行人高管人员和财务人员，请发行人提供有关合同、协议等资料或出具有关承诺。 ●与发行人律师、注册会计师沟通。 ●向第三方当事人询证。
风险因素	
116.对招股说明书要求（不限于该要求）披露的各风险因素进行全面调查，并找出其主要风险： （1）市场风险。	●对发行人面临的经营环境、所处行业、主要业务与技术、经营管

续表

调查范围和内容	调查方法
（2）业务经营风险。 （3）财务风险。 （4）管理风险。 （5）技术风险。 （6）募股资金投向风险。 （7）政策性风险。 （8）加入WTO对发行人造成的风险。 （9）其他风险（如法律诉讼或仲裁的风险、因安全隐患或自然灾害引起的风险、外汇风险等）。 117.风险及其形成的原因，过去特别是最近一个会计年度曾经因该风险因素遭受的损失及将来遭受损失的可能程度（尽可能作出定量分析）。 118.发行人已采取或准备采取的有针对性的、具体的和可操作的风险对策或措施。	理、财务、募集资金运用等进行全面分析、解剖。
募股资金运用	
119.关于前次募集资金运用 （1）是否按承诺使用，变更募集资金投向及变更理由是否充分披露并经股东大会批准。 （2）实际使用情况和使用效果是否与披露情况相符，是否增加了公司的收入和利润。 （3）前次募集资金是否尚未使用完毕（注明未投入使用的金额占筹资额的比例）。 （4）是否存在用募股资金用于委托理财、质押或抵押贷款、委托贷款等情况。 120.关于本次募股资金运用 （1）发行人选择募集资金投资项目的决策程序是否科学、合法合规。 （2）发行人是否具备运用大额资金的能力。 （3）本次发行前后资产负债率的变化及其合理性。	●获取发行人股东会、董事会、监事会、注册会计师等关于前次募集资金运用的决议和专项报告，以及有关公开披露信息资料。 ●了解公司关于募集资金运用的决策程序，收集有关会议的记录和决议。 ●获取募集资金运用科研报告和政府批文。

续表

调查范围和内容	调查方法
（4）股本扩张与效益增长的匹配性，资产规模扩张是否适度。 （5）拟投资项目的集中度及其与主营业务的关联度，如涉及跨行业经营，公司是否在管理、技术、人才、市场销售等方面做好准备，公司是否具有竞争优势、具备跨行业经营的能力，公司是否有明确的发展战略和规划以及实施办法。 （6）本次募集资金投入项目是否经过充分论证，是否符合国家产业政策的规定并取得相关批准文件，项目市场前景和预期效益是否良好。 （7）本次发行筹资计划与本次募集资金投资项目的资金需要及实施周期是否相匹配。 （8）预期公司发行完成当年的有关效益指标是否符合中国证监会的规定。 121. 招股说明书要求披露的其他有关募股资金运用的事项。	●分析中期和年度报告中有关募集资金使用情况的信息。 ●对所有影响募集资金使用效果的因素（特别是项目的市场前景和经济效益）进行调查和分析。 ●分析发行人及其管理层以往运用大额资金的情况。
发展战略与规划	
122. 发行人发行当年及未来两年内的发展计划，包括（但不限于）： （1）发行人的总体发展战略。 （2）整体经营目标及主要业务的经营目标。 （3）产品开发计划。 （4）人员扩充计划。 （5）技术开发与创新计划。 （6）市场开发与营销网络建设计划。 （7）再融资计划。 （8）收购兼并及对外扩充计划。 （9）深化改革和组织结构调整的规划。	●获取发行人有关发展战略与规划的文件。 ●与发行人董事和高管人员进行沟通。 ●分析发行人发展战略与计划。 ●就有关战略、计划的可行性向有关专家咨询。

续表

调查范围和内容	调查方法
（10）国际化经营的规划等。 123. 发行人拟定上述计划所依据的假设条件，实施上述计划将面临的主要困难。 124. 发行人实现上述业务目标的主要经营理念或模式。 125. 发行人上述业务发展计划与现有业务的关系，实现上述计划是否涉及与他人合作，合作方及合作条件是什么。 126. 发行人本次募股资金运用对实现上述业务目标的作用。 127. 发行人若对其产品、服务或者业务进行发展趋势进行预测，应采取审慎态度，并说明有关的假设基准等。	
违规、错弊及异常事项	
128. 发行人最近三年财务会计文件是否有虚假记载、重大遗漏或误导性内容。 129. 发行人最近三年生产经营是否有重大违法违规行为（如有，应注明时间、事由及所受处罚）。 130. 发行人是否按照中国证监会及其派出机构发出的限期整改通知书进行整改，在其后的经营中是否出现类似的问题。 131. 发行人最近三年来是否存在因违反《证券法》规定受到处罚或被中国证监会公开批评或证券交易所公开谴责的情况（如有，应注明时间、事由）。 132. 发行人的设立是否符合有关法规规定，是否存在虚假设立、虚假出资等事项。 133. 发行人重要会计政策调整。 134. 发行人未审会计报表与已审会计报表的重大差异。 135. 发行人会计报表项目及其金额的异常变动。 136. 发行人财务指标的异常变化。	●查询证券监管机构的公告和媒体的有关公开报道。 ●了解发行人历年的审计调整事项。 ●求证对发行人的不利传言。 ●抽查有关原始凭证。 ●向第三方询证。

续表

调查范围和内容	调查方法
137. 发生在报告期期末的巨额交易和重大的财务调整事项。 138. 大量的敏感性、无明确法律依据等的异常交易事项。 139. 经营业绩的超常规增长。 140. 其他违规、错弊与异常事项。	
核心竞争力	
根据上述调查和综合判断，发行人是否具有较强的核心竞争力，其核心竞争能力主要体现在哪些方面。	
可持续发展	
根据上述调查和综合判断，发行人是否具备可持续发展能力，依据是什么。	

二、律师尽职调查

（一）法律尽职调查

法律尽职调查是上市过程中非常重要的一环。法律尽职调查除了对执业律师的专业知识及业务经验提出较高要求外，还具有以下特点值得关注：

1. 基础性、范围广

法律尽职调查是对标的公司进行法律方面的全方位的尽职调查；所涉范围广泛，法律尽职调查是律师开展IPO项目的基础，法律尽职调查的结果直接决定了律师IPO法律工作的质量。

2. 全程性

法律尽职调查是长期的，不仅包括前期的“诊断式”尽职调查，还包括全方位的尽职调查、补充法律尽职调查以至反馈问题阶段的再调查等，法律尽职调查工作贯穿于北交所IPO项目的始终。

3. 尽调过程及手段

法律尽职调查通常为律师发出尽职调查清单，客户根据尽职调查清单准备资料，律师采取包括但不限于审阅发行人根据尽职调查清单提供的书面资料、现场访谈、网络核查等方式开展相关工作；之后律师草拟尽职调查报告，将尽调中发现的问题予以列示，并提出切实可行的措施或解决方案；根据初步尽调结果发出补充法律清单，由发行人或相关方补充相关资料；与发行人、其他中介机构沟通，不断完善尽职调查报告。

当然，法律尽调工作基础扎实，法律尽职调查中的相关信息是可以直接引用到后期向北交所正式申报文件中的。

4. 补救措施

尽职调查的目的不是为了尽调而尽调，其实质是在专业律师的帮助下，协助企业发现现存的法律问题，研究问题、解决问题。律师应在尽职调查报告的基础上，针对不合规事项等向发行人提出整改的意见和建议，给予发行人切实可行的有效解决方案、措施或建议等，并适时督促发行人及相关方整改规范。

5. 其他特别注意事项

（1）重视财务知识的学习

在A股IPO过程中，财务数据通常会体现出企业的商业逻辑、交易的真实状态，懂得财务知识有助于律师掌握企业真实的状态，在审阅相关交易文件以及核查其他交易的合规性等方面大有裨益。

（2）注重现场尽调

与境外上市不同，A股上市要求律师长期驻场。一方面，发行人和其他中介机构在IPO过程中会随时遇到各种问题，在现场直接沟通有利于及时掌握第一手资料并及时解决问题，减少沟通成本并提高效率；另一方面，通过现场走访、访谈相关人员（不限于尽职调查清单中所列举的事项或人员），不仅可以对书面文件的内容进行验证，还可能发现书面文件之外的问题，进而对相关问题有更全面、直观、真实的认知，有利于及时、全面地发现法律风险或潜在的法律风险，及早加强风险防范，对发行人及相关方予以规范。

（3）注重与其他中介机构的合作和沟通

券商、会计师与律师对同一问题会从不同的角度做出判断并提出适时的解决方案，律师应加强与其他中介机构合作，不仅要从专业性方面彼此讨论、学习，还要在某些事项上相互检查、督促，共同促进相关项目的开展。

通过目前的反馈问题就会发现，不少问题不是单独要求一个中介机构回答，而是要求几个甚至全部中介机构共同回答，一方面体现出IPO项目对中介机构知识全面性要求的提升，另一方面也要求IPO中介机构之间加强沟通协同，加强资料的共享、问题的探讨等。

（4）注重工作底稿的整理及相关证据的留存

律师在IPO项目中应加强工作底稿的整理及相关证据的留存。作为律师工作的基本要求，律师工作底稿是律师发表相关意见的基础，也是律师IPO服务工作内容的体现。目前监管机构已加强对中介机构的现场检查力度，相关的法律法规亦增加了对中介机构不尽职、工作不到位的惩罚力度，做好工作底稿、留存好相关证据在一定程度上有利于保护律师自身。

（二）律师尽职调查范围

表8-3 律师尽职调查范围

本次发行上市的批准和授权	
1	股东大会是否已按法定程序作出批准本次发行上市的决议？
2	股东大会决议的内容是否符合法律、法规、中国证监会的有关规定以及公司章程的要求，是否合法有效？
3	如股东大会授权董事会办理有关发行上市事宜，授权的范围、程序是否合法有效？
4	如发行人存在国有股东，是否取得相关国资管理部门下发的本次发行上市相关的批准文件？是否获得国资管理部门和社保基金会关于转/减持的批复文件？
5	是否尚需取得中国证监会和证券交易所的核准？
发行人的设立及主体资格	
6	发行人设立方式为何？发行人是否为合法存续的股份有限公司？是否有终止情形出现？
7	发行人设立是否存在违法违规或重大不规范行为？
8	发行人是否依法取得了有权部门的设立批准？批准的部门有哪些？
9	发行人设立过程中所签订的改制重组合同是否符合有关法律、法规和规范性文件的规定，是否因此引致发行人设立行为存在潜在纠纷？
10	发行人设立时是否进行了资产评估（如需要）？ 是否履行评估备案程序（如需要）？ 评估机构是否具有证券从业资格？
11	发行人设立时是否进行了验资？ 验资机构是否有证券从业资格？
12	发行人是否依法召开了创立大会？ 创立大会的程序及所议事项是否符合法律、法规和规范性文件的规定？
13	发行人是否依法办理工商登记，取得法人营业执照？
14	在发行人设立过程中，从验资日至注册登记日期间是否发生有关资产、负债、损益的变化？如有，是否明确了有关利益关系？
15	由原外商投资企业改组为股份有限公司的，是否已对原合同、章程进行修改并经有关部门批准？批准的部门有哪些？
16	如属有限责任公司整体变更为股份有限公司，是否符合《公司法》等有关法律、法规和中国证监会的有关规定？按审计净资产值折股的比例是多少？

续表

17	如发起人中有自然人，在有限责任公司整体变更为股份有限公司时，盈余公积和未分配利润转增资本部分是否缴纳个人所得税，发行人是否代扣代缴？
18	如属国有有限责任公司，是否取得国有产权登记证？ 变更为股份有限公司后，是否履行了相关的变更手续？
19	发行人发行的股份是否同股同权？
20	是否存在发起人出资不实及重大出资财产争议的情况？
21	设立时对原企业债务的处理是否已征得大额债权人的同意，是否存在金额较大的潜在债务纠纷？
22	发行人在设立及运作过程中是否存在侵害股东和债权人利益的情况？
23	发行人的设立和出资是否存在纠纷或潜在纠纷？
24	发行人设立后是否对资质证书、知识产权证书、不动产权证等进行名称变更？
25	发行人的子公司是否进行股东名称变更？
本次发行上市的实质条件	
•《证券法》规定的有关条件	
26	发行人是否具备健全且运行良好的组织机构？
27	发行人是否具有持续经营能力，财务状况是否良好？
28	最近三年财务会计报告是否被出具无保留意见审计报告？
29	发行人及其控股股东、实际控制人最近三年是否存在贪污、贿赂、侵占财产、挪用财产或者破坏社会主义市场经济秩序的刑事犯罪？
•《首次公开发行股票并上市管理办法》规定的有关条件	
30	发行人持续经营的时间是否在3年以上？
31	发行人的注册资本是否已足额缴纳？
32	发起人或者股东用作出资的资产的财产权转移手续是否已办理完毕？
33	发行人的主要资产是否存在重大权属纠纷？
34	发行人的生产经营是否符合法律、行政法规和公司章程的规定，并符合国家产业政策？
35	发行人最近3年内主营业务和董事、高级管理人员是否发生重大变化？
36	发行人最近3年内实际控制人是否发生变更？
37	发行人的股权是否清晰，控股股东和受控股股东、实际控制人支配的股东持有的发行人股份是否存在重大权属纠纷？
38	发行人是否已经依法建立健全股东大会、董事会、监事会、独立董事、董事会秘书制度，相关机构和人员是否能够依法履行职责？

续表

39	发行人的董事、监事和高级管理人员是否已经了解与股票发行上市有关的法律法规，知悉上市公司及其董事、监事和高级管理人员的法定义务和责任？
40	发行人的董事、监事和高级管理人员是否符合法律、行政法规和规章规定的任职资格，且不存在下列情形： （1）被中国证监会采取证券市场禁入措施尚在禁入期的； （2）最近36个月内受到中国证监会行政处罚，或者最近12个月内受到证券交易所公开谴责； （3）因涉嫌犯罪被司法机关立案侦查或者涉嫌违法违规被中国证监会立案调查，尚未有明确结论意见。
41	发行人的内部控制制度是否健全且被有效执行，能够合理保证财务报告的可靠性、生产经营的合法性、营运的效率与效果？
42	发行人是否存在下列情形： （1）最近36个月内未经法定机关核准，擅自公开或者变相公开发行过证券；或者有关违法行为虽然发生在36个月前，但目前仍处于持续状态。 （2）最近36个月内违反工商、税收、土地、环保、海关以及其他法律、行政法规，受到行政处罚，且情节严重。 （3）最近36个月内曾向中国证监会提出发行申请，但报送的发行申请文件有虚假记载、误导性陈述或重大遗漏；或者不符合发行条件以欺骗手段骗取发行核准；或者以不正当手段干扰中国证监会及其发行审核委员会审核工作；或者伪造、变造发行人或其董事、监事、高级管理人员的签字、盖章。 （4）本次报送的发行申请文件有虚假记载、误导性陈述或者重大遗漏。 （5）涉嫌犯罪被司法机关立案侦查，尚未有明确结论意见。 （6）严重损害投资者合法权益和社会公共利益的其他情形。
43	发行人的公司章程中是否已明确对外担保的审批权限和审议程序？
44	发行人是否存在为控股股东、实际控制人及其控制的其他企业进行违规担保的情形？
45	发行人是否制定有严格的资金管理制度？
46	发行人是否存在资金被控股股东、实际控制人及其控制的其他企业以借款、代偿债务、代垫款项或者其他方式占用的情形？
47	发行人是否资产质量良好，资产负债结构合理，盈利能力较强，现金流量正常？
48	发行人的内部控制在所有重大方面是否有效，并由注册会计师出具了无保留结论的内部控制鉴证报告？
49	发行人会计基础工作是否规范？财务报表的编制是否符合企业会计准则和相关会计制度的规定，是否在所有重大方面公允地反映了发行人的财务状况、经营成果和现金流量，并由注册会计师出具了无保留意见的审计报告？

续表

50	发行人编制财务报表是否系以实际发生的交易或者事项为依据？在进行会计确认、计量和报告时是否保持了应有的谨慎，对相同或者相似的经济业务，是否选用了一致的会计政策，是否存在随意变更的情形？
51	发行人是否已完整披露关联方关系并按重要性原则恰当披露了关联交易？关联交易价格是否公允，是否存在通过关联交易操纵利润的情形？
52	最近3个会计年度净利润（净利润以扣除非经常性损益前后较低者为计算依据）均为正数且累计是否超过人民币3000万元？
53	最近3个会计年度经营活动产生的现金流量净额累计是否超过人民币5000万元？或者最近3个会计年度营业收入累计是否超过人民币3亿元？
54	发行人发行前股本总额是否不少于人民币3000万元？
55	发行人最近一期末无形资产（扣除土地使用权、水面养殖权和采矿权等后）占净资产的比例是否不高于20%？
56	发行人最近一期末是否存在未弥补亏损？
57	发行人是否依法纳税，各项税收优惠是否符合相关法律法规的规定？ 发行人的经营成果是否对税收优惠存在严重依赖？
58	发行人是否存在重大偿债风险，是否存在影响持续经营的担保、诉讼以及仲裁等重大或有事项？
59	发行人申报文件中是否存在下列情形： （1）故意遗漏或虚构交易、事项或者其他重要信息； （2）滥用会计政策或者会计估计； （3）操纵、伪造或篡改编制财务报表所依据的会计记录或者相关凭证。
60	发行人是否存在下列影响持续盈利能力的情形： （1）发行人的经营模式、产品或服务的品种结构已经或者将发生重大变化，并对发行人的持续盈利能力构成重大不利影响。 （2）发行人的行业地位或发行人所处行业的经营环境已经或者将发生重大变化，并对发行人的持续盈利能力构成重大不利影响。 （3）发行人最近1个会计年度的营业收入或净利润对关联方或者存在重大不确定性的客户存在重大依赖。 （4）发行人最近1个会计年度的净利润主要来自合并财务报表范围以外的投资收益。 （5）发行人在用的商标、专利、专有技术以及特许经营权等重要资产或技术的取得或者使用存在重大不利变化的风险。 （6）其他可能对发行人持续盈利能力构成重大不利影响的情形。
发行人的独立性	
61	发行人是否具有完整的业务体系和直接面向市场独立经营的能力？

续表

62	发行人的资产是否完整？ （1）发行人（如是生产型企业）是否具备与生产经营有关的生产系统、辅助生产系统和配套设施，合法拥有与生产经营有关的土地、厂房、机器设备以及商标、专利、非专利技术的所有权或者使用权，具有独立的原料采购和产品销售系统？ （2）发行人（如是非生产型企业）是否具备与经营有关的业务体系及相关资产？
63	发行人的人员是否独立？ 发行人的总经理、副总经理、财务负责人和董事会秘书等高级管理人员是否在控股股东、实际控制人及其控制的其他企业中担任除董事、监事以外的其他职务，是否在控股股东、实际控制人及其控制的其他企业领薪？ 发行人的财务人员是否在控股股东、实际控制人及其控制的其他企业中兼职？
64	发行人的财务是否独立？ 发行人是否建立了独立的财务核算体系，能够独立作出财务决策，具有规范的财务会计制度和对分公司、子公司的财务管理制度？ 发行人是否存在与控股股东、实际控制人及其控制的其他企业共用银行账户的情形？
65	发行人的机构是否独立？ 发行人是否建立健全了内部经营管理机构，独立行使经营管理职权，与控股股东、实际控制人及其控制的其他企业间不存在机构混同的情形？
66	发行人的业务是否独立？发行人的业务是否独立于控股股东、实际控制人及其控制的其他企业，与控股股东、实际控制人及其控制的其他企业间不存在同业竞争或者显失公平的关联交易？
67	发行人在独立性方面是否存在其他严重缺陷？
发起人（股东）、实际控制人	
68	发起人或股东目前是否依法存续？
69	发起人或股东是否具有法律、法规规定担任发起人或进行出资的资格？
70	是否存在工会和职工持股会直接或间接持股的情况？
71	如原存在工会和职工持股会，但已进行了转让，是否确信已履行完有关法定程序，是否存在纠纷或潜在纠纷？
72	发起人或股东人数、住所、出资比例是否符合法律、法规和中国证监会的有关规定？
73	发起人已投入发行人的资产的产权关系是否清晰，将上述资产投入发行人是否存在法律障碍？
74	如发起人将其全资附属企业或其他企业先注销再以其资产折价入股，发起人是否已通过履行必要的法律程序取得了上述资产的所有权？ 对其原有债务的处置是否合法、合规、真实、有效，是否已征得相关债权人同意？

续表

75	发起人以其在其他企业的权益折价入股的，是否已征得该企业其他出资人的同意？是否已履行了相应的法律程序？
76	发起人是否以实物作价出资？出资的非货币财产包括哪些？ 是否进行评估，实物出资比例是否符合公司法要求？
77	若存在以无形资产出资或折股的，是否详细披露了无形资产的内容、出资或折股的方式和比例、评估的具体情况等？
78	是否存在以高新技术成果入资情况？
79	如发起人以非货币财产出资，对于评估增值部分是否依法缴纳企业所得税及个人所得税？对于应缴纳的个人所得税，发行人是否代扣代缴？
80	发行人是否拥有主营业务的商标所有权？
81	发行人是否办妥专利技术、非专利技术及其他特许经营权等资产权属证书的取得或变更登记手续？
82	发行人有关房产、土地使用权（包括水面养殖权）、探矿权、采矿权的取得方式是否符合有关规定？
83	发起人投入发行人的实物资产或权利的权属证书是否已由发起人转移给发行人？是否存在法律障碍或风险？
84	是否披露了发行人控股股东与其他主要股东或有实质控制权股东的基本情况？
85	是否披露了发起人、股东所有直接或间接投资的、境内或境外的子公司、参股公司及其下属单位？
发行人的股本及其演变	
86	发行人设立时股权设置、股本结构是否合法有效？
87	出资的产权界定和确认是否存在纠纷及风险？
88	发行人对外投资的产权界定和确认是否存在纠纷及风险？
89	发行人设立以来是否发生过股权变动？如发生了变动，简述变动情况及对发行人的影响。
90	历次股权变动是否合法、合规、真实、有效？
91	发行人的股份是否存在任何因被质押、诉讼等引致的纠纷或潜在纠纷？如存在，说明具体情况。
发行人的业务	
92	发行人的经营范围和经营方式是否符合法律、法规的有关规定？
93	发行人是否在中国大陆以外经营？境外经营是否合法、合规、真实、有效？
94	发行人是否取得与从事业务相关的所有资质证明、许可、批准文件？

续表

95	发行人主营业务是否突出？
96	发行人的主营业务在最近1年是否变更过？如变更过，应说明具体情况。
97	发行人持续经营是否存在法律障碍？
98	是否披露了发行人拥有的特许经营权的有关情况及其对发行人持续生产经营的影响？
99	是否披露了发行人发行前进行过的重大业务和资产重组情况？
100	发行人是否拥有主营业务的核心技术？是否拥有所有权？
101	发行人是否拥有与主营业务密切相关的专利技术的所有权？
102	发行人是否存在与技术相关的重大纠纷？
103	发行人开发的相关项目是否需要取得发改部门的核准或备案？如需要，是否已取得？
104	发行人就相关项目的开发是否已取得用地、环评、水土保持、林业、矿产压覆等方面相关部门的批准文件（如需要）？
同业竞争与关联交易	
105	发行人与控股股东及其子公司等是否存在同业竞争？
106	如存在，发行人是否采取了有效措施避免同业竞争？
107	是否充分披露了关联方及其与发行人之间的关联关系？
108	发行人与关联方之间是否存在重大的关联交易？ 如存在，应说明关联交易的内容、数量、金额，以及关联交易占同类业务的比重？
109	发行人的关联交易是否履行了法定批准程序？
110	对发生的关联交易，如需股东大会批准，关联股东是否在作出股东大会决议时回避？
111	对发生的关联交易，独立董事是否有不同意见？
112	发生的关联交易是否公允，是否存在损害发行人及其他股东利益的情况？
113	发行人是否为控股股东及其他关联股东提供担保？
114	发行人是否在公司章程及其他内部规定中制定了关联交易的公允决策程序？
115	如发行人募股资金投向与关联方合资的项目，或募股资金投入后与关联方发生交易的，是否披露了关联方、合资项目及关联交易的有关情况？
116	发行人是否对有关关联交易和解决同业竞争的承诺或措施进行了充分的披露？ 是否存在重大遗漏或重大隐瞒的情形？
发行人的主要财产	
117	发行人是否充分披露了拥有的房产及土地使用权、商标、专利技术、特许经营权等无形资产的情况？

续表

118	发行人自有的土地使用权是否均已依法取得使用权证书？
119	如发行人有使用划拨土地的情况，是否依法进行了处置（补交土地出让金或取得县级以上土地管理部门下发的保留划拨批复）？
120	发行人是否在土地使用证载明的时间内依政府许可的用途使用土地？
121	在建工程是否在开工前已取得建设三证并签订国有土地使用权出让合同或取得划拨决定书？
122	发行人自有的房屋是否均取得房屋使用权证？
123	发行人自有的房屋是否均位于发行人已依法取得使用权的土地上？ 该等房屋的转让是否需补交土地使用权出让金？
124	如发行人为有限责任公司变更为股份有限公司，是否需对其自有的土地使用权及房屋所有权相关权证进行更名？如需要，是否履行完毕？
125	发行人自有的土地使用权、房屋所有权上是否存在抵押、第三者优先购买权、查封、其他权利受限制的情况或任何可能造成上述情形的协议？
126	发行人未依法取得上述相关权证的情况是否会对发行人的生产经营造成重大不良影响？
127	如发行人有租赁房屋、土地使用权等情况，租赁是否合法有效？
128	房屋租赁合同是否依法进行备案？
129	发行人签署的租赁合同是否为关联租赁？
130	若租赁协议无效，是否会对发行人的生产经营造成重大不良影响？
131	发行人是否充分披露了主要生产设备的情况？
132	发行人生产经营的主要生产设备是否存在报废等重大风险？
133	发行人是否披露了存在的产权纠纷或潜在纠纷？
134	发行人对其主要财产的所有权或使用权的行使有无限制，是否存在主要财产被担保或者其他权利受到限制的情况？
135	是否披露了发行人所有直接或间接投资的、境内或境外的子公司、参股公司及其下属单位？发行人的子公司的设立和变更是否符合《公司法》的要求？
136	发行人的子公司的股东各方是否均已按期缴纳出资？
137	发行人是否对其子公司的业务拥有决定权？若无，是否与其他股东方签署一致行动协议？
138	发行人的子公司是否均已取得其主营业务所必需的资格和许可？
139	发行人子公司是否存在可能被撤销或终止的情形？
140	发行人子公司是否存在重大违法行为？

续表

141	发行人若为有限责任公司变更为股份有限公司，其子公司是否已就股东名称变更进行了工商变更登记？
发行人的重大债权债务	
142	发行人正在履行以及虽已履行完毕但可能存在潜在纠纷的重大合同是否合法、有效？正在履行的合同是否存在潜在的风险和纠纷？如存在风险和纠纷，应说明对本次发行上市的影响。
143	上述合同的主体是否变更为发行人，若未履行变更程序，是否已获得合同他方的同意？ 主体变更后合同履行是否存在法律障碍？
144	发行人是否有因环境保护、知识产权、产品质量、劳动安全、人身权等原因产生的侵权之债？ 如有，应说明对本次发行上市的影响。
145	发行人及其子公司是否存在对外担保的情况？ 对外担保是否现行有效？ 发行人与关联方之间是否存在重大债权债务关系及相互提供担保的情况？
146	发行人金额较大的其他应收款、应付款是否因正常的生产经营活动发生，是否合法有效？
147	发行人目前是否有重大诉讼或仲裁事项？
148	发行人是否存在由于担保、诉讼等事项引起的或有负债？
发行人的重大资产变化及收购兼并	
149	发行人设立至今是否有合并、分立、增资扩股、减少注册资本、收购或出售资产等行为？
150	如有149所述情形，是否符合当时法律、法规和中国证监会的有关规定，是否已履行必要的法律手续？
151	如有149所述情形，是否导致主营业务、核心管理层、股权比例的变化？
152	发行人的重大资产变化及收购兼并的资产价值占发行人资产数额的比例是什么？是否符合运行年限要求？
发行人章程的制定与修改	
153	发行人章程及草案的制定和修改是否履行了法定程序？
154	发行人章程或草案的内容是否存在与现行法律、法规和中国证监会的有关规定相抵触的地方？
155	发行人章程或草案是否按有关上市公司章程的规定起草或修订？ 发行人已在香港或境外上市的，发行人章程是否符合到境外上市的有关规定？

续表

156	发行人章程草案是否存在歧视或限制中小股东权利的条款？
157	发行人是否建立了一套科学、有效的关于人事任免、财务和对外投资等的决策制度？
发行人股东大会、董事会、监事会议事规则及规范运作	
158	发行人是否已按有关规定建立和健全了组织机构？
159	发行人是否具有健全的股东大会、董事会、监事会议事规则？ 该议事规则是否符合法律、法规和中国证监会的有关规定？
160	发行人历次股东大会、董事会、监事会的召开，形成的决议内容及签署是否合法、合规、真实、有效？
161	股东大会或董事会历次授权或重大决策等行为是否合法、合规、真实、有效？
发行人的董事、监事和高级管理人员及其变化	
162	发行人的董事、监事和高级管理人员的任职资格是否符合法律、法规和中国证监会的有关规定以及公司章程的要求？
163	上述人员在最近三年尤其是企业发行上市前一年是否发生过变化？ 如存在，应说明这种变化是否符合有关规定并履行了必要的法律程序？
164	董事、经理是否自营或为他人经营与发行人同类的业务？
165	发行人是否设立独立董事，其任职资格是否符合有关规定，其职权范围是否违反法律、法规和中国证监会的有关规定？
166	是否披露了发行人董事、监事、高级管理人员和核心技术人员直接或间接持有发行人股份（包括个人持股、家属持股和公司持股）的情况及其在最近三年内的变动情况？
发行人的税务	
167	发行人及其控股子公司所执行的税种、税率是否符合现行法律、法规的要求？
168	发行人是否享受财政补贴、税收优惠等政策？ 如有，该政策是否合法、合规、真实、有效？主要财政补贴、税收优惠政策是什么？
169	发行人最近三年是否依法纳税？是否存在被税务部门处罚的情形？
170	发行人是否存在拖欠税金的行为？
发行人的环境保护和产品质量、技术等标准	
171	发行人的生产经营活动和拟投资项目是否符合有关环境保护的要求？ 如需要，有权部门是否出具意见？
172	发行人生产经营是否符合相关的产品质量标准和技术监督标准？
173	发行人最近三年是否有因违反有关环境保护、产品质量和技术监督方面的法律法规而被处罚的情况？

续表

发行人募集资金投资项目	
174	发行人募集资金是否有明确的使用方向，是否用于（或主要用于）主营业务?
175	发行人（如非金融类企业）募集资金使用项目是否为持有交易性金融资产和可供出售的金融资产、借予他人、委托理财等财务性投资? 是否直接或者间接投资于以买卖有价证券为主要业务的公司?
176	募集资金数额和投资项目是否与发行人现有生产经营规模、财务状况、技术水平和管理能力等相适应?
177	募集资金投资项目是否符合国家产业政策、投资管理、环境保护、土地管理以及其他法律、法规和规章的规定?
178	发行人董事会是否对募集资金投资项目的可行性进行了认真分析，并确信投资项目具有较好的市场前景和盈利能力，有效防范投资风险，提高募集资金使用效益?
179	募集资金投资项目实施后，是否会产生同业竞争或者对发行人的独立性产生不利影响?
180	发行人是否建立了募集资金专项存储制度，募集资金是否将存放于董事会决定的专项账户?
发行人的业务发展目标	
181	发行人业务发展目标是否与主营业务一致?
182	发行人业务发展目标是否符合国家法律、法规和规范性文件的规定，是否存在潜在的法律风险?
诉讼、仲裁及行政处罚情况	
183	发行人、持有发行人5%以上股份的主要股东（追溯至实际控制人）、发行人的控股子公司是否存在尚未了结的或者可预见的重大诉讼、仲裁及行政处罚案件? 如存在，说明对本次发行、上市的影响。
184	发行人董事长、经理是否存在尚未了结的或者可预见的重大诉讼、仲裁及行政处罚案件? 如存在，说明对发行人生产经营的影响。
定向募集公司	
185	公司设立及内部职工股的设置是否得到合法批准?
186	内部职工股是否按批准的比例、范围及方式发行?
187	内部职工股首次及历次托管是否合法、合规、真实、有效?
188	内部职工股的发行和演变是否合法、合规、真实、有效?
189	如内部职工股涉及违法违规行为，该行为是否已得到清理? 批准发行内部职工股的部门是否出具了对有关责任和潜在风险承担责任的确认文件?

续表

190	发行人前次募股资金是否按募集计划使用？ 是否提供了发行人最近一次募股资金使用情况的说明？
191	如发行人改变前次募股资金的用途，是否履行了法定程序？
192	是否提供了有全体董事签名及公司盖章的发行人关于内部职工股发行和演变情况的说明及有关法律文件？
193	是否提供了发行人律师和主承销商关于发行人内部职工股发行及演变情况的核查意见？
发行人招股说明书法律风险的评价	
194	是否参与招股说明书的编制及讨论？
195	是否已审阅招股说明书，特别是发行人引用法律意见书和律师工作报告相关内容是否已审阅？
196	发行人招股说明书及其摘要是否存在虚假记载、误导性陈述或重大遗漏引致的法律风险？
发行人的劳动管理、社保、公积金、工会	
197	发行人及其子公司是否已建立完善的劳动管理制度？是否已与全体劳动人员签订劳动合同？
198	发行人及其子公司是否有外派劳动人员？
199	发行人及其子公司是否已开立社保、住房公积金账户？是否已为员工合法缴纳社保、住房公积金？已缴纳社保的种类有哪些？
200	是否因拖缴社保、住房公积金受到行政处罚？
201	发行人及其子公司是否已依法建立工会？是否取得上级工会关于设立工会的批复？是否取得工会法人资格证书？
202	发行人是否提供工会主席和其他工会工作委员会成员经员工代表大会选举产生的相关决议、有关部门的批复等文件？
203	是否已合法计提工会活动经费？是否有工会会费筹集、使用、管理的专项制度？
204	工会是否为工会办公和开展活动提供必要设施活动场所，并依法维护员工的合法权益不受侵犯？
205	若未建立工会，员工的合法权益是否得到保障？
律师认为需要说明的其他问题	
206	除以上重大事项之外，是否存在对发行上市有重大影响的其他法律问题？
207	如有，包括哪些问题并发表了怎样的意见？

三、会计师尽职调查

（一）财务尽职调查

尽职调查是对企业以上市为目标的全面“体检”，而财务尽职调查是重中之重，基础中的基础，整个上市进程从财务尽职调查开始。

当中介机构初次承接项目时，会对企业进行财务、法律等全方位尽职调查，通过初步尽调去分析企业是否有“硬伤”，能否挂牌及上市？需要解决哪些重要障碍？解决这些问题需多长时间？报告期是哪几年？由此推演出整个北交所上市计划的时间节点和进程。

尽调报告出具后，发行人需与中介机构尤其是在审计师的参与下共同探讨整改思路和解决方案，这是整个上市进程的关键阶段。整改得好或者企业原来基础很好，整改进程就会加快；如有硬伤，就需要以时间换空间，静下心分析，抽丝剥茧系统解决问题，随时准备深入尽调，再分析再沟通，切不可“带病闯关”。在当前日益强化的高压监管环境下，企业唯有做实做专，才能经得起检查和考验，以不变应万变，稳扎稳打。

（二）财务尽职调查范围

尽职调查范围包括财务规范性问题、财务真实性问题、会计处理准确性问题、盈利能力问题和其他问题，具体事项详见表8–4。

表8–4 财务尽职调查范围

财务规范性问题	
关联交易	
1	关注关联方的认定。
2	关注与关联方的交易是否公允，是否必要，关注决策程序、定价依据和机制。
3	关注是否会对企业的独立性等产生不利影响。
4	关注是否存在通过关联交易进行利益输送，是否存在关联方资金占用，是否存在关联方代公司承担成本费用，关联方与公司是否存在同业竞争情形。
5	关注关联方往来是否计提坏账准备。
6	关注关联交易相关内控制度及执行。

续表

7	关注是否存在关联交易非关联化的情况。
资金管理	
8	关注第三方回款；是否存在大量第三方回款的情形，关注其原因、必要性和商业合理性。
9	关注个人卡问题；如通过个人卡收取销售资金、支付公司采购。
10	关注大额现金收支问题。
11	关注不规范融资；如无真实业务背景的转贷、票据融资行为。
出资问题	
12	关注是否存在出资不实。
13	关注出资是否足额缴纳。
14	关注非货币出资资产产权转移手续是否已办妥，主要资产是否存在重大权属纠纷。
15	关注出资的非货币资产的评估作价。
股权代持	
16	关注是否存在企业员工代大股东持股或大股东代其他人持股。
股权转让	
17	关注公司历史沿革中历次股权转让，股权转让是否存在对赌协议，关注相近时点股权转让和外部增资的估值差异是否较大，内部股东股权转让是否存在抽屉协议以达到避税目的等事项。
18	关注是否存在股份支付而未进行账务处理的情形。
税　务	
19	关注报告期内享受的税收优惠和政府补助的具体项目、金额及依据和收款情况。
20	关注税收优惠政策的合规性及对业绩的影响，税收优惠是否符合国家的相关法律法规规定，相关交易是否符合政府补助定义，享受的税务优惠是否超过了国家政策范围，是否存在税收优惠被追缴的风险。
21	关注未来是否能够持续享受税收政策优惠。
22	关注以前年度是否存在偷漏税的情况，以及报告期受到税务处罚的情形。
23	关注会计核算不规范导致的涉税问题。
24	关注自然人股东纳税义务的履行情况，在历次股权转让、转增股本、利润分配及整体变更为股份有限公司的过程中，未履行的欠缴金额、补救措施，是否构成重大违法行为及影响发行的法律障碍。
25	关注内部交易定价问题，内部交易商业合理性、定价机制及公允性、是否存在税务风险（内部转移定价进行税务筹划）。

续表

社保及公积金	
26	关注是否存在需要补缴社保及公积金的情形，并分析对公司业绩的影响。
财务独立性	
27	关注财务部门人员与公司董监高、控股股东及实际控制人是否具有亲属关系，是否会影响财务工作独立性。
重大资产问题	
28	关注资产权属瑕疵：如公司车辆、房产证、土地证的所有权人不是拟上市主体；公司房产土地无相应所有权证；公司土地为划拨土地。
29	关注是否存在大量账外资产。
30	关注已入账大额资产原始凭证的完整性、合理性。
财务内控	
31	关注公司财务相关内控不规范情形，如： （1）为满足贷款银行受托支付要求，通过供应商等取得银行贷款或为客户提供银行贷款资金走账通道（“转贷”行为）。 （2）为获得银行融资，向关联方或供应商开具无真实交易背景的商业票据，进行票据贴现后获得银行融资。 （3）与关联方或第三方直接进行资金拆借；因外销业务结算需要，通过关联方或第三方代收货款等（内销业务应自主独立结算）。 （4）利用个人账户对外收付款项。 （5）出借公司账户为他人收付款项等。
财务真实性问题	
收　　入	
32	关注主营业务收入真实性、变动趋势是否发生重大变化。
33	关注销售收入、销量、价格、收入核算是否与同行业上市公司存在重大差异。
34	关注收入的构成，企业的净利润是否来源于主营业务，而不是主要来自主营业务以外的投资收益、金融工具公允价值变动、政府补助等。
35	关注收入是否存在跨期调节的情况。
36	关注营业收入对关联方或有重大不确定性客户存在重大依赖的情形。
37	关注主要客户信用期存在较多变更的原因及合理性，是否存在通过放宽信用政策增加业务收入的情况。
38	关注无真实交易背景银行承兑汇票、周转贷款行为是否存在利益输送、违法违规、影响销售真实性及收入确认准确性的情形。

续表

39	关注第三方回款、个人账户收款、现金收款等收入回款方式。
40	关注虚构客户、虚构销售业务等手段虚增销售收入等财务造假的情形。
41	关注海外销售模式下收入的真实性。
42	关注公司与经销商之间的合作及结算模式，经销商模式下收入的真实性。
应收账款	
43	关注应收账款增长的合理性。
44	关注应收账款回款情况及与信用期政策是否一致。
45	关注不同销售模式下应收账款波动与季度收入波动及全年收入波动的一致性。
46	关注因跨期收入调整主营业务收入，调整应收账款的情形。
47	关注在虚增收入的同时虚增应收账款，并通过第三方公司回款或用其他外销客户回款进行冲抵的方式调节应收账款的账龄等财务造假情形。
固定资产和在建工程	
48	关注报告期新增或减少固定资产是否真实准确。
49	关注通过虚构固定资产采购和贷款利息支出资本化的方式虚增固定资产和在建工程的情形。
50	关注在建工程中利息资本化的情况，在建工程结转固定资产时点及确定依据，达到可使用状态的在建工程是否及时转入固定资产计提折旧。
51	关注各类固定资产折旧政策和年限。
52	关注相关资产组是否存在减值迹象，是否充分计提减值准备，资产组计提减值准备的具体测算过程、各项指标的确定依据。
存　货	
53	关注存货的真实性，存货各项目的具体构成、变动的原因及合理性。
54	关注存货周转率的合理性。
55	关注存货占比高的情形，存货跌价准备是否充分及与同行业比较。
56	关注经销商的存货情况。
57	关注报告期内是否存在产品退换货、质量纠纷等情况及解决措施。
58	关注存货盘点制度是否完善，存货的库龄情况，库房的面积、实际使用面积、日常存货存放地、管理流程等。
59	关注通过虚增存货少结转成本等方式进行财务造假情形。
成　本	
60	关注主营业务成本的合理性，分析成本构成、成本变化或波动的合理性。

续表

61	关注主营业务成本和收入、产销量是否符合配比原则。
62	关注成本核算方法的合规一致性。
63	关注能源支出、运输费用、研发费用等成本费用的合理性。
64	关注是否存在通过资金体外循环减少公司成本、费用等情况。
65	关注关联方替公司承担成本、费用的情形。
期间费用	
66	关注期间费用归集的完整性，期间费用主要构成项目、费用归集是否符合企业实际业务的发生情况。
67	关注期间费用的跨期确认。
68	关注期间费用占比及波动趋势（如销售费用、管理费用构成及各期波动的原因，销售费用、管理费用占营业收入比重波动的原因和合理性）。
69	关注是否存在在生产成本和期间费用之间任意调整以操纵营业利润的情形。
70	关注是否利用其他实体为企业承担费用。
71	关注是否存在大额咨询费、会议费等。
职工薪酬	
72	关注与同行业公司相比是否存在压低人工成本调节利润的情况，职工薪酬是否具有行业、区域竞争力，技术及研究人员人均成本、高管薪酬过低问题的原因及合理性。
73	关注公司是否存在劳务派遣及相应工资水平；关注劳务派遣的员工情况，是否存在公司为达到某种目的人为通过劳务派遣方式降低员工人数的情形。
74	关注公司是否存在为满足税收优惠条件等人为调整员工人数、账外发放工资的情形，如为满足福利企业残疾人优惠政策将部分非残疾员工不通过薪酬核算。
毛利率	
75	关注毛利率变动的合理性，与同行业上市公司平均毛利率及波动幅度的差异及波动原因。
76	关注主营业务成本和收入是否符合配比原则，关注毛利率数据计算的准确性。
77	关注高毛利率的可持续性、毛利率下滑及大幅提升的情况。
78	关注境内外客户毛利率差异较大的情况。
79	关注前十大客户的销售毛利率。
80	关注直销和经销模式下产品差异及定价差异，两种模式下毛利率差异的合理性。
81	关注不同销售渠道下的毛利率在报告期各期波动的原因。
82	关注各品牌之间毛利率差异的原因，分品牌、产品类别、产品档次，从销售单价、单位成本、销售渠道构成的变化等方面分析各品牌毛利率波动的原因以及综合毛利率波动的原因。

续表

83	关注财务指标呈现低毛利率、高净资产收益率、资产负债率较高的特点的情况。
主要客户及供应商	
84	关注前十大客户、供应商及占比、变动及合理性，关注对客户及供应商的依赖度。
85	关注客户与供应商重合的情形。
86	关注主要客户和供应商是否存在关联关系，相关交易是否公允，是否具有真实商业背景。
87	关注购销价格公允性（同一产品在不同客户之间的售价差异、同一原材料在不同供应商之间的采购价格差异、主要产品与原材料与市场价格的差异）。
88	关注逾期应收账款对应的客户情况。
89	关注外协外包情形。
会计处理准确性问题	
会计政策	
90	关注公司是否制定了相关的会计政策。
91	关注具体会计政策如收入确认、坏账准备计提、研发费用资本化等是否符合规定。
92	关注会计政策与同行业的可比性。
93	关注会计政策是否严格执行，会计政策变更的合理性。
收入确认	
94	关注收入确认是否符合企业会计准则。
95	关注公司税收申报表数据，是否是按照开票确认收入。
96	关注《企业会计准则第14号——收入》(简称“新收入准则”)的实施是否对公司收入确认产生重大影响。
97	关注不同业务类型的合同条款，现行收入政策是否符合新收入准则中对于合同的识别、合同履约义务的判断、交易价格的确定、时段或时点确认等事项。
98	关注是否存在收入跨期调整问题。
99	关注销售返利、折扣相关会计处理是否准确。
100	关注现金收入是否会对会计核算基础产生不利影响。
101	关注各类收入确认的具体流程、时点、依据及主要会计凭证，收入确认方法与业务模式、相关合同条款是否相符。
102	关注收入确认政策是否与同行业公司可比。
103	关注涉及总额法或净额法确认的业务判断的合理性。
104	关注原准则中按照完工百分比确认的业务于新收入准则实施后的确认方式判断依据是否合理。

续表

	成本核算
105	关注公司是否建立了完善的成本核算制度。
106	关注成本的归集和分配是否符合企业会计准则的相关规定。
107	关注成本核算方法是否保持了一贯性原则。
108	关注相关内部控制是否能够确保成本核算完整、准确。
109	关注是否存在关联方代垫成本费用的情况。
110	关注公司成本核算方式是否与同行业可比公司存在重大差异。
	坏账准备
111	关注应收账款坏账准备的计提政策、是否充分计提坏账准备。
	研发费用
112	关注研发费及开发成本的会计核算政策，研发费用的支出构成，研发费用和其他成本费用的划分。
113	关注研发费用资本化的确认时点和依据及与同行业的比较，是否符合会计准则要求。
114	关注研发费用相关内控情况。
115	关注研发项目形成的主要成果及对主营业务的主要贡献程度。
	借款费用资本化
116	关注借款费用及相关费用开始及终止资本化的时点是否符合企业会计准则要求。
	盈利能力问题
	经营环境
117	关注发行人所处行业受国家政策限制或国际贸易条件影响是否存在重大不利变化风险。
118	关注发行人所处行业是否出现周期性衰退、产能过剩、市场容量骤减、增长停滞等情况。
119	关注发行人所处行业是否准入门槛低、竞争激烈，相比竞争者发行人在技术、资金、规模效应等方面是否具有明显优势。
120	关注发行人所处行业是否存在上下游供求关系发生重大变化，导致原材料采购价格或产品售价出现重大不利变化的情形。
	业务转型
121	关注发行人是否存在因业务转型的负面影响导致营业收入、毛利率、成本费用及盈利水平出现重大不利变化，且最近一期经营业绩尚未出现明显好转趋势的情形。
	自身竞争力
122	关注发行人是否存在由于工艺过时、产品落后、技术更迭、研发失败等原因导致市场占有率持续下降、重要资产或主要生产线出现重大减值风险、主要业务停滞或萎缩的情形。

续表

	客户依赖
123	关注发行人重要客户本身发生的重大不利变化，进而是否对发行人业务的稳定性和持续性产生重大不利影响。
124	关注客户依赖及对经营状况的影响和风险。
	税收优惠依赖
125	关注税收优惠和政府补助合计占当期利润总额的比例较高，经营成果对税收优惠严重依赖的情况。
	重大纠纷或诉讼
126	关注对发行人业务经营或收入实现有重大影响的商标、专利、专有技术以及特许经营权等重要资产或技术是否存在重大纠纷或诉讼，是否已经或者未来将对发行人财务状况或经营成果产生重大影响。
	其他问题
	对外担保
127	关注是否存在实际控制人及公司对外担保。
	重大诉讼、担保或仲裁事项
	向大量自然人借款（民间借贷）
128	如是否挂账在其他应付款科目，是否向大量自然人借款以满足公司经营所需，是否存在非法集资的法律风险。
	行政处罚
129	关注是否存在工商、税收、环保罚款等。
	土地使用权
130	关注是否存在使用或租赁使用集体建设用地、划拨地、农用地、耕地、基本农田及其上建造的房产等情形。

总之，只有通过尽职调查发现问题，进而在审计师的辅导下全面整改，才能最终满足北交所IPO要求。发现问题是基础，协同整改完善是关键。

第四节　股份制改造

股份制改造是境内企业A股IPO上市的重要一环和必经路径，在各方中介机构尽职调查的基础上，境内企业即可着手股份制改造工作。

一、股份制改造的基本含义

（一）概念

在A股IPO的语境下，股份制改造（简称“股改”）通常是指有限责任公司按原账面净资产值折股整体变更为股份有限公司。在整体变更时，拟上市企业往往会按照净资产进行折股，即将审计后的公司净资产按一定比例作为股本投入股份有限公司，其余部分作为股份有限公司的资本公积。拟上市企业折股时，可能会将盈余公积、资本公积或者未分配利润转增股本。在IPO整体改制的过程中，大部分公司都会涉及资本公积转增股本。

（二）法定要求

根据《首次公开发行股票并上市管理办法》等相关规定，发行人应当是依法设立且合法存续的股份有限公司；公司整体变更的，可以从有限责任公司成立之日起计算上市所要求的至少3年持续经营时间。

因此，绝大多数登陆境内资本市场的拟上市企业都会采用整体变更的股改方式。根据上述要求，A股申报企业必须是“股份有限公司”，如果由有限责任公司整体变更设立，为满足“3年持续经营时间”，需要按原账面净资产值折股。

（三）股改的意义

股份有限公司是企业走向公众公司的必经之路，股改后的公司具有“三会一层”，制度完善，可以通过股改提升公司的内控和治理水平，为企业将来的上市工作奠定基础，这项系统工作将深远地影响企业的后续发展。同时，股份有限公司有利于吸收闲散资本，便于企业并购和资产重组，还可以实现资产证券化，使企业股票得以在更大范围自由转让等。

但实务中应特别注意，股改后，相关的公司就应严格按照《公司法》及公司的各项制度执行，应当履行相关的程序，例如股东大会召开前需提前15日通知等，公司在规范的同时也增加了一定需要履行的义务。因此，有关股改的时间应结合公司的实际情况而定，不能简单地提前股改时间。

二、股份制改造的步骤

股改通常需要经历审计、评估、有限责任公司召开股东会、签署发起人协议、验资、召开股份有限公司创立大会以及办理工商变更登记手续等。具体工作内容详见表8–5。

表8–5　股份制改造的步骤及工作内容

序号	步骤	工作内容
1	确权	股改之前股东应明确各自的股权比例，公司的资产权属应予以明确。如果是国有企业或者集体企业，还需要对所持有的权利进行确权。
2	召开董事会	决议进行股份制改造，确定股改的基准日，确定审计、评估等中介机构，并到工商行政管理部门办理拟成立股份有限公司的名称预核准手续。
3	审计、评估	以基准日为基础，由具有证券期货资格的会计师事务所及评估机构完成会计核算、审计及资产评估工作，出具正式审计报告和资产评估报告。 净资产的审计通常也会涉及盘点、函证等程序；评估的目的是验证投入的净资产账面价值不高于评估价值，如果账面价值>评估价值，则会出现出资不实的情况。
4	召开股东会	审议《审计报告》《评估报告》，审议折股比例，决定整体变更为股份有限公司，并由股份有限公司承继债权债务，就公司股改事宜作出决议。
5	签署发起人协议并发出创立大会通知	股份有限公司发起人签订《股份有限公司发起人协议书》，确定各发起人的股权比例，发出召开股份有限公司创立大会暨第一次股东大会的通知；召开职工代表大会选举职工监事。
6	验资	由会计师事务所对发起人的出资审核查验并出具《验资报告》。 会计师结合净资产的情况进行资本鉴证。一般而言，折股比例＝股本 ÷ 净资产。折股的股份数量不能高于净资产。

续表

序号	步骤	工作内容
7	召开创立大会暨第一次股东大会	审议发起人关于公司筹办情况的报告，通知公司章程，选举董事会、监事会成员，并审议通过各项制度。董事会召开第一届董事会，选举董事长，聘任经理、财务负责人、董秘等高级管理人员，审议公司各项内控制度；监事会召开第一届监事会，选举监事会主席。
8	办理工商变更登记	董事会委派人员到工商登记机关办理变更登记，换发股份有限公司《企业法人营业执照》；制作股份有限公司公章，变更相关证照、账户名称，办理相关资料和资质过户手续。
9	完善内控及通知	完善公司治理和内控制度；并及时通知客户、供应商、债权债务人等利益相关人公司改制更名事宜。

三、股份制改造中的常见问题

（一）权属清晰

股改涉及公司的净资产整体折股，因此股东股权及公司资产权属的清晰明确为股改的前提条件。根据《公司法》，股份有限公司的股东要求为2人以上200以下，且须有半数以上在中国境内有住所；股份有限公司应符合三会要求；以股改基准日的所有股东按比例持有的净资产按照折股比例作为资本金投入，出资资产应产权清晰。企业改制过程中常见的产权问题主要是挂靠关系问题，即一些企业创业之初往往会通过挂靠等形式享受某些政策优惠。企业若要股改上市，就必须厘清产权关系，解除以往的挂靠关系等，处理此类容易引起产权纠纷的情形。因此，在股改前，相关中介机构开展相关“体检式”尽调是明智之举，这样可以有效避免未来追溯调整。

（二）净资产折股

1.原有企业改组为股份有限公司，须将原有企业全部资产投入公司，原有企业的债权、债务由改组后的公司承担，原有企业的净资产（全部资产扣除全部负债后的余额）应折价入股。《公司法》第95条规定，有限责任公司变更为股份有限公司时，折合的实收股本总额不得高于公司净资产额。通行的做法是将有限责任公司股改（审计）基准日的经审计的净资产按一定比例折为股本投入股份有限公司，其余作为股份有限公司资本公积。

2.用作折股计算依据的净资产是股改基准日公司单体报表上的净资产，而非以合并报表的净资产为基础；且该净资产应是经审计的净资产，而不能采取评估值，否则不能连续计算业绩。

3.净资产折股后的股份有限公司股本数不能高于净资产数据；实践中一般都是按照1元以上的净资产折1股的方式进行折股，折股后净资产剩余部分进入股份有限公司的资本公积。

4.净资产折股虽不限制比例，但应注意满足上市板块的最低股本总额要求，即选择主板上市的，发行前股本总额不少于人民币3000万元。

5.净资产折股所依据及参考的审计值或评估值应是由具有证券期货资格的会计师、评估师机构作出，否则会成为后续上市的瑕疵，可能需要由有资格的中介机构出具复核意见且中介机构发表明确意见等措施进行补救。

（三）税务问题

前述步骤中的涉税问题一直是证券监管机构和税务机关的关注重点。从上市发行人披露的公告可以看出，审核机构经常会问到"发行人历次股权转让、整体改制、盈余公积金及未分配利润转增股本过程中，发行人实际控制人是否履行了纳税义务，是否存在重大违法违规情形，是否构成对本次发行上市的法律障碍"等类似问题，要求发行人及中介机构予以明确回复和信息披露。以下对股改过程中涉及的企业所得税、个人所得税问题予以简要整理。

1.纳税的原因

在整体变更时，拟上市企业往往会按照净资产进行折股，即将审计后的公司净资产按一定比例作为股本投入股份有限公司，其余部分作为股份有限公司的资本公积。拟上市企业折股时，可能会将盈余公积、资本公积或者未分配利润转增股本。除了增加股本和资本公积所产生的印花税，按净资产折股一般不会对拟上市企业造成直接的税务影响。

2.机构股东纳税

对于将盈余公积、未分配利润以及除股权（票）溢价外的其他资本公积转增股本的行为，从税务角度会被视同对公司股东的股息、红利分配。如果公司股东是中国居民企业，拟上市企业转增股本，适用居民企业间分配股息、红利免税的规定。

如果公司股东是非居民企业，股东一般需要就转增的数额视同从中国境内企业取得股息，并按照10%的税率缴纳中国企业所得税。如果非居民企业所在的税收居民国/地区和中国签署有双边税收协定，且在协定里针对股息给予比10%更优惠的税率，那么非居民企业股东有机会降低整体变更时视同取得股息所得的税负。例如，在中国香港、新加坡、德国等协定中，股息的税率在一定条件下可以降低至5%。

从2017年起，符合条件的境外投资者以分配利润直接投资暂不征收预提所得税，税款可以递延到未来收回投资时再缴纳。政策适用于所有非禁止外商投资的项目和领域，适用的利润分配方式包括新增或转增中国境内居民企业实收资本或者资本公积。

通过享受上述递延纳税政策，拟上市企业的非居民企业股东可以显著降低股改时的税负。

3. 自然人股东纳税

有关资本公积转增股本的个税缴纳的相关规定主要包括：

（1）《国家税务总局关于股份制企业转增股和派发红股征免个人所得税的通知》（国税发〔1997〕198号）：

①股份制企业用资本公积金转增股本不属于股息、红利性质的分配，对个人取得的转增股本数额，不征收个人所得税；

②股份制企业用盈余公积金派发红股属于股息、红利性质的分配，对个人取得的红股数额，应作为个人所得征税。

（2）《国家税务总局关于原城市信用社在转制为城市合作银行过程中个人股增值所得应纳个人所得税的批复》（国税函〔1998〕289号）

国税发〔1997〕198号文所表述的“资本公积金”是指股份制企业股票溢价发行收入所形成的资本公积金。将此转增股本由个人取得的数额不作为应税所得征收个人所得税。而与此不相符合的其他资本公积金分配个人所得部分，应当依法征收个人所得税。

（3）《国家税务总局关于进一步加强高收入者个人所得税征收管理的通知》（国税发〔2010〕54号）

加强企业转增注册资本和股本管理，对以未分配利润、盈余公积和除股票溢价发行外的其他资本公积转增注册资本和股本的，要按照“利息、股息、红利所得”项目，依据现行政策规定计征个人所得税。

（4）《财政部、国家税务总局关于将国家自主创新示范区有关税收试点政策推广到全国范围实施的通知》（财税〔2015〕116号）

自2016年1月1日起，全国范围内的中小高新技术企业以未分配利润、盈余公积、资本公积向个人股东转增股本时，个人股东一次缴纳个人所得税确有困难的，可根据实际情况自行制定分期缴税计划，在不超过5个公历年度内（含）分期缴纳，并将有关资料报主管税务机关备案。

（5）国家税务总局公告——《关于股权奖励和转增股本个人所得税征管问题的公告》（2015年第80号）

非上市及未在全国中小企业股份转让系统挂牌的中小高新技术企业以未分配利润、盈余公积、资本公积向个人股东转增股本，并符合财税〔2015〕116号文件有关规定的，纳税人可分期缴纳个人所得税；非上市及未在全国中小企业股份转让系统挂牌的其他企业转增股本，应及时代扣代缴个人所得税。

笔者认为，股改时以盈余公积、未分配利润以及除股权（票）溢价外的其他资本公积转增股本，自然人股东通常需要按照“股息所得”缴纳20%的个人所得税。但是，股改时以股权（票）溢价形成的资本公积转增股本是否需要缴纳个人所得税以及何时缴纳个人所得税，在实践中存在较多争议。根据国税发〔1997〕198号和国税函〔1998〕289号这两个文件规定，对于股份制企业将股票溢价发行收入所形成的资本公积金转增股本不征收个人所得税，与此不符的其他资本公积金分配个人所得部分，应当依法征收个人所得税。在实务中，对于上述规定中的“股份制企业”和“股票溢价发行收入”存在狭义和广义两种理解，从而就股权（票）溢价形成的资本公积转增股本，得出应征税和不应征税两种结论。各地税收主管部门对是否对有限责任公司资本溢价形成的资本公积，转增注册资本征收个人所得税问题有不同理解。是否需要缴纳税金，取决于各地税务主管部门的实践操作。

转增的资本公积可能更多来自上市前多轮融资过程中引入投资人产生的资本溢价。如果对资本溢价转增股本征收个人所得税，由于涉及纳税金额通常较大，加之自然人股东并未在这个过程中套现，拟上市公司的自然人股东将承担较大的税务成本和现金流压力。如果想要采用资本公积转增，同时降低税务风险，可以先改制再引入投资者，最后再进行资本公积转增。在股份制阶段的股本溢价，转增股本时不需要缴纳个税。当然也可以在初步架构调整时，通过公司形式对发行人持股，而不是由自然人直接持股。

针对上述情况，归纳如下（表8–6）：

表8–6 股改转增的个税缴纳

序号	股改转增情况	是否缴纳个税
1	股本不变	不需要
2	存留收益转增股本	需要
3	股份发行形成的资本溢价转增股本	通常不需要
4	其他资本公积转增股本	需要

虽然财税〔2015〕116号规定，自2016年1月1日起，全国范围内的中小高新技术企业以未分配利润、盈余公积、资本公积向个人股东转增股本时，个人股东一次缴纳个人所得税有困难的，可在不超过5年内分期缴纳。但是由于其适用条件限定为中小高新技术企业（年销售额和资产总额均不超过2亿元、从业人数不超过500人），规模较大的拟上市企业往往无法适用。拟上市企业的自然人股东需要结合企业自身情况，提前与地方政府和税务机关做好沟通，在符合上市审核和税法要求的前提下，争取税款缴纳负担较轻的处理方式。

（四）会计报告追溯调整

在申报审计过程中，通过对企业情况的进一步深入了解，有一些会计处理会发生实质性变化，同时为了让申报报表尽可能准确、公允，就需要对股改的报表进行追溯性更正。比较常见的是股份支付费用的确认，通常情况是之前未确认，但后续深入了解后认定为股份支付，补充确认股份支付费用。

同时大额研发费用资本化还是费用化、收入和成本确认是否准确等，都有可能引起重大调整，进而导致对股改基准日的净资产进行追溯更正。

四、股份制改造的中介机构及其主要职责

股改过程中通常需要律师事务所及会计师事务所、评估机构介入。

律师开展尽职调查，其目的是正确制订改制方案和确定工作时间，调查侧重于了解公司是否符合股份有限公司的要求。具体职责主要是对企业历史沿革进行梳理，分析企业设立、变更程序的合规性，对企业历史经营过程中存在的问题进行规范，依法认定关联方和关联交易，并提出解决方案，尤其关注股权权属是否清晰；起草相关的文件和制度等，并协助发行人召开相关会议并草拟相关文件等。

会计师事务所主要指导企业整理财务资料，梳理历史账务，发现并解决企业历史遗留的财务问题，对企业改制总体方案的财务风险、会计核算进行分析判断，出具审计报告和验资报告等。有些企业还需要聘请资产评估机构，对企业以股改基准日的账面净资产值整体折股出资进行评估，并出具评估报告。

企业改制中的各中介机构职责不同、专长各异，企业应充分发挥各中介机构的作用，合理分工、优势互补，共同做好股改的各项工作。各中介机构与发行人间的良好合作能起到事半功倍的效果。

第五节　挂牌申请

在股改完成且相关申报文件准备后，可考虑向全国股转系统进行挂牌申报。本部分内容主要包括三部分内容，即挂牌的基本程序（表8-7）、挂牌申报的文件（表8-8）及挂牌流程指南（表8-9）。

一、挂牌的基本程序[①]

对于未挂牌企业申请挂牌分为两种情况，一种情况为申请挂牌基础层，另

① 参见《改革问答 | 第三十八期：挂牌同时定向发行需要满足哪些要求？》，载全国股转系统网站，http://www.neeq.com.cn/hot_qa/200008788.html，最后访问时间：2021年11月15日。

一种情况为申请挂牌并同时定增（如创新层），因此在申请挂牌基本程序部分亦包括挂牌及挂牌同时定向发行两种情况。

表8–7　挂牌的基本程序

事项	具体情形
1. 履行内部审议程序	（1）挂牌：公司应当在提交挂牌发行申请文件前，就挂牌事项履行董事会、监事会、股东大会审议程序。 （2）挂牌同时定向发行：如存在挂牌同时定向发行的，公司在提交挂牌及定向发行申请文件前，就挂牌及定向发行事项履行董事会、监事会、股东大会审议程序，在董事会审议时确定本次股票发行后股东累计人数是否超过200人，以及本次发行对象是否确定。审议程序、决议事项和回避制度等具体要求与挂牌公司定向发行的相关规定一致。
2. 制作并同时提交挂牌（和发行）申请文件	（1）挂牌：内部审议程序完毕，公司需要聘请具有相应资质的中介机构出具专项意见，完成申请文件的编制，并委托主办券商向全国股转公司一并提交挂牌申请文件。 （2）挂牌同时定向发行：内部审议程序完毕，公司需要聘请具有相应资质的中介机构出具专项意见，完成申请文件的编制，并委托主办券商向全国股转公司一并提交挂牌和发行申请文件。
3. 取得全国股转公司同意函或证监会核准决定	（1）挂牌：全国股转公司对申请文件进行自律审查并形成审查结论；需要反馈的，通过业务系统向申请公司和中介机构发出反馈意见。 挂牌同时定向发行：全国股转公司对发行申请文件进行自律审查并形成审查结论；需要反馈的，通过业务系统向申请公司和中介机构发出反馈意见。 （2）如果申请公司发行前后股东人数均不超过200人，全国股转公司自律审查同意后将出具同意挂牌及发行的函；如果申请公司发行后股东人数超过200人，全国股转公司自律审查同意后将出具同意挂牌及发行的自律监管意见，并根据发行人委托将相关材料报送中国证监会核准。
4. 安排认购事宜	挂牌同时定向发行：取得同意挂牌及发行的函或者中国证监会的核准文件后，如果董事会决议时发行对象确定的，申请公司就可以安排后续的认购和缴款事宜；如果董事会决议时发行对象尚未确定的，应在确定发行对象后，由中介机构补充出具专项意见、申请公司更新申请文件，再安排认购缴款事项。发行认购结束后，申请公司应与主办券商、存放募集资金的商业银行签订募集资金专户的三方监管协议，并履行验资程序。

续表

事项	具体情形
5. 办理挂牌相关手续	（1）挂牌：办理挂牌相关手续。 （2）挂牌同时定向发行：发行完成后，申请公司应当在提交股票初始登记申请表的同时提交募集资金专户三方监管协议、验资报告、定向发行重大事项确认函、自愿限售申请材料（如有）等，披露发行情况报告书、主办券商关于发行人是否符合创新层的专项意见等文件，将发行前后的股份一并办理初始登记和股份挂牌。

二、挂牌申报的文件[①]

表8-8　挂牌申报的文件

要求披露的文件		
1. 公开转让说明书及推荐报告		
1.1	公开转让说明书（申报稿）。	
1.2	财务报表及审计报告。	
1.3	法律意见书。	
1.4	公司章程。	
1.5	主办券商推荐报告。	
1.6	定向发行说明书（如有）。	
1.7	设置表决权差异安排的股东大会决议（如有）。	
不要求披露的文件		
2. 申请挂牌公司相关文件		
2.1	2.1.1	向全国股转公司提交的申请股票在全国股转系统挂牌及股票发行（如有）的报告。
	2.1.2	向中国证监会提交的申请股票挂牌公开转让（或/并）股票发行的报告（如有）。
2.2	有关股票在全国股转系统挂牌及股票发行（如有）的董事会决议。	
2.3	有关股票在全国股转系统挂牌及股票发行（如有）的股东大会决议。	
2.4	企业法人营业执照。	

① 本部分内容参见《全国中小企业股份转让系统挂牌申请文件内容与格式指引》。

续表

2.5	股东名册及股东身份证明文件。	
2.6	董事、监事、高级管理人员名单及持股情况。	
2.7	申请挂牌公司设立时和最近两年及最近一期的资产评估报告。	
2.8	申请挂牌公司最近两年原始财务报表与申报财务报表存在差异时，需要提供差异比较表（如有）。	
2.9	申请挂牌公司全体董事、监事和高级管理人员签署的《董事（监事、高级管理人员）声明及承诺书》。	
2.10	申请挂牌公司关于授权全国股转公司代为向中国证监会报送股票挂牌公开转让（或/并）定向发行申请文件等有关事宜的委托书（如有）。	
3. 主办券商相关文件		
3.1	主办券商与申请挂牌公司签订的推荐挂牌并持续督导协议。	
3.2	尽职调查报告。	
3.3	尽职调查工作文件	
	3.3.1	尽职调查工作底稿目录、相关工作记录和经归纳整理后的尽职调查工作表。
	3.3.2	有关税收优惠、财政补贴的依据性文件。
	3.3.3	历次验资报告。
	3.3.4	对持续经营有重大影响的业务合同。
3.4	内核意见	
	3.4.1	内核机构成员审核工作底稿。
	3.4.2	内核会议记录。
	3.4.3	对内核会议反馈意见的回复。
	3.4.4	内核机构对内核会议落实情况的补充审核意见。
3.5	主办券商推荐挂牌内部核查表及主办券商对申请挂牌公司风险评估表。	
3.6	主办券商自律说明书。	
3.7	主办券商业务备案函复印件（加盖机构公章并说明用途）及项目组成员任职资格说明文件。	
4. 其他相关文件		
4.1	申请挂牌公司全体董事、主办券商及相关中介机构对申请文件真实性、准确性和完整性的承诺书。	
4.2	相关中介机构对纳入公开转让说明书等文件中由其出具的专业报告或意见无异议的函。	

续表

4.3	申请挂牌公司、主办券商对电子文件与预留文件保持一致的声明，以及律师关于电子文件与预留文件一致的鉴证意见。
4.4	律师、注册会计师及所在机构的相关执业证书复印件（加盖机构公章并说明用途）。
4.5	国有资产管理部门出具的国有股权设置批复文件及商务主管部门出具的外资股确认文件（如有）。
4.6	证券简称及证券代码申请书。
4.7	前次申报有关情况的专项说明（如有）。
4.8	不予披露相关信息的原因说明或其他文件（如有）。

三、挂牌流程指南[①]

表8-9　挂牌流程指南

事项	适用情形
1. 股东开户	主办券商应协助申请公司在向全国股转公司报送挂牌及发行（如有）申请文件前，完成现有股东证券账户的开立工作。如股东属于境外机构或个人、境内个人独资企业等特殊情形的，应根据中国证券登记结算有限责任公司的有关规定办理。
2. 中国结算在线业务平台注册	申请公司在收到全国股转公司出具的申请材料受理通知书后，应当按照中国结算北京分公司关于证券登记相关要求，通过中国结算北京分公司在线业务平台办理注册，取得中国结算北京分公司发放的USB-KEY，用于办理股份登记等相关业务。
3. 申请证券简称和证券代码	申请公司在向全国股转公司报送挂牌及发行（如有）申请文件时，应当一并提交《证券简称及证券代码申请书》，并由主办券商协助申请公司将拟定的证券简称填报在全国股转系统业务支持平台（以下简称BPM系统）申请公司基本情况中。证券简称原则上应当从公司名称中选取不超过八个字符（单字节字符），且应避免与挂牌公司和上市公司重复。

① 本部分内容参见《全国中小企业股份转让系统股票挂牌业务操作指南》。

续表

事项	适用情形
4.取得同意函、证券简称及证券代码	全国股转公司向申请公司出具同意挂牌的函或同意挂牌及发行的函（以下统称同意函）后，主办券商应当协助申请公司在BPM系统“挂牌审核管理”模块中的“待确认归档”任务栏找到已经获得同意的项目，完成项目归档后，在“挂牌项目”栏目中查询并下载同意函。 申请公司应当在同意函的有效期内完成股票定向发行（如有）及股票挂牌程序。 全国股转公司按照当日获得同意函的申请公司受理编号顺序由BPM系统生成证券代码，并由BPM系统对申请的证券简称进行自动校验。完成前述事项后，申请公司可以在BPM系统“股票初始登记管理”模块中的“待提交初始登记申请列表”任务栏取得证券简称和证券代码。
5.办理挂牌前首次信息披露	（1）披露时间 在取得同意函、证券简称及证券代码后，主办券商应当及时协助申请公司在财务报表有效期内的交易日20：00前通过BPM系统完成首次信息披露。 （2）披露文件 ①公开转让说明书； ②财务报表及审计报告； ③法律意见书； ④补充法律意见书（如有）； ⑤公司章程； ⑥主办券商推荐报告； ⑦定向发行说明书（如有）； ⑧设置表决权差异安排的股东大会决议（如有）； ⑨全国股转公司同意挂牌的函或全国股转公司同意挂牌及发行的函； ⑩中国证监会核准文件（如有）； ⑪其他公告文件（如有）。 （3）具体操作 在确认申请文件已归档的前提下，主办券商应当协助申请公司在BPM系统“挂牌前信息披露”模块中的“待首次信息披露”任务栏，找到待披露的项目，打开并点击“处理”进入传送公告页面。 在传送公告页面，BPM系统将自动抓取披露文件①～⑧列示的归档稿文件，主办券商应当协助申请公司上传同意函等其他披露文件；确认无误后，选择披露日期，点击“报告报送”，披露文件将于选定的交易日15：30后在www.neeq.com.cn或www.neeq.cc上进行披露。

续表

事项	适用情形
6. 定向发行认购程序（如有）	申请挂牌同时定向发行的，在取得同意函并完成首次信息披露后，主办券商应当协助申请公司按照《全国中小企业股份转让系统股票定向发行指南》要求完成认购与缴款、签订募集资金专户三方监管协议与验资等发行程序。
7. 上传股票初始登记申请表等文件	完成首次信息披露及定向发行认购程序（如有）后，主办券商应当协助申请公司根据《公司法》《证券法》《全国中小企业股份转让系统业务规则（试行）》《全国中小企业股份转让系统股票定向发行规则》等法律法规、业务规则的规定及自愿限售情况准确计算挂牌当日可进入全国股转系统交易的股票数量；主办券商应当协助申请公司在BPM系统“股票初始登记管理”模块中的“待提交初始登记申请列表”上传股票初始登记申请表，该表格为办理股票初始登记的依据。表格信息填写有误被驳回的，申请公司需修改后重新上传。 申请挂牌同时定向发行的，应在股票初始登记申请表中根据定向发行前后股票情况分别填报。 申请挂牌同时定向发行的，主办券商在协助申请公司上传初始登记申请表的同时，还应当按照《全国中小企业股份转让系统股票定向发行指南》的要求，上传下列附件：验资报告、募集资金专户三方监管协议、自愿限售申请材料（如有）、定向发行重大事项确认函等文件。
8. 披露发行情况报告书、进入创新层意见（如有）	申请挂牌同时定向发行的，主办券商在协助申请公司上传股票初始登记申请表的同时，还应当按照《全国中小企业股份转让系统股票定向发行指南》的要求，上传并披露发行情况报告书、主办券商关于申请公司是否符合创新层条件的专项意见（如有），上述文件经全国股转公司确认后披露。
9. 完成缴费	（1）缴费时限 全国股转公司对申请公司提交的股票初始登记申请表及相关附件予以确认后，按照初始登记的股份情况为申请公司生成缴费通知单。在缴费通知单生成后，主办券商应当及时协助申请公司完成缴费。实行暂免征收挂牌费用的申请公司按照相关政策执行。 （2）具体操作 主办券商应当协助申请公司在BPM系统“挂牌缴费管理”模块中的“待缴费”任务栏找到已经获得同意函的项目，首先确认纳税人识别号、银行账号等涉税信息，然后点击“缴费编号”确认缴费信息。完成缴费是办理股票挂牌手续的前提，如未完成缴费，在办理挂牌手续环节BPM系统提示“挂牌项目未完成缴费，请完成缴费后重新提交”。

续表

事项	适用情形
	全国股转公司收到挂牌费用后为申请公司开具发票并转交其主办券商，主办券商应当及时将发票转交申请公司。
10.办理股票初始登记	（1）全国股转公司将申请公司的同意函和股票初始登记数据通过BPM系统传送至中国结算北京分公司在线业务平台。 （2）申请公司在取得同意函、证券简称和证券代码，并完成定向发行认购程序（如有）及发行情况报告书等文件的披露（如有）后，应当及时向中国结算北京分公司申请办理股票初始登记，取得电子版的《股份登记确认书》等证明文件。中国结算北京分公司通过其在线业务平台将股票初始登记数据回传至全国股转系统BPM系统。
11.办理股票挂牌	在中国结算北京分公司在线业务平台取得《股份登记确认书》等证明文件后，主办券商应当协助申请公司及时办理股票挂牌手续，在每个交易日11：00前，通过BPM系统“股票初始登记管理”模块中的“待提交公开转让列表”任务栏提交《公开转让记录表》及《股票挂牌重大事项确认函》等材料。表格信息填写有误被驳回的，申请公司需修改后重新上传。 主办券商应根据《股票挂牌重大事项确认函》中列示的内容，对申请公司做首次信息披露后至股票挂牌前的全面核查。 全国股转公司对《公开转让记录表》及《股票挂牌重大事项确认函》等材料确认后，主办券商可在BPM系统查询到股票挂牌日期（T日），挂牌日期为全国股转公司确认股票挂牌信息当日算起的第3个交易日，主办券商应协助申请公司准备办理挂牌前第二次信息披露。
12.挂牌前第二次信息披露	（1）披露时间 挂牌日的前一个交易日（T-1日） （2）披露文件 ①关于股票挂牌的提示性公告； ②关于完成工商变更登记手续的公告（如有）； ③其他公告文件（如有）。 主办券商应当协助申请公司在BPM系统“挂牌前信息披露”模块中的“待二次信息披露”任务栏，找到待披露的项目，在T-1日15：00前上传披露文件，15：30后相关文件将在www.neeq.com.cn或www.neeq.cc上进行披露。

第六节　挂牌公司在全国股转系统的规范运营

一、规范公司治理[①]

在申请挂牌公司在全国股转系统挂牌后，尚需挂牌至少1年后方可正式申报北交所。在该段期间，挂牌公司应当按照法律法规、部门规章和全国股转系统业务规则的规定，建立健全公司治理机制和内部控制机制，完善公司章程和股东大会、董事会、监事会议事规则与运作机制，规范董事、监事、高级管理人员的行为和选聘，履行信息披露义务，采取有效措施保护公司股东特别是中小股东的合法权益。挂牌公司应当按照部门规章、业务规则和持续督导协议的约定，接受主办券商的指导和督促，配合核查工作，为主办券商开展持续督导工作创造必要条件。

挂牌公司及其董事、监事、高级管理人员、股东、实际控制人、收购人、重大资产重组交易对方、破产管理人等自然人、机构及其相关人员，主办券商、会计师事务所、律师事务所、其他证券服务机构及从业人员，应当遵守法律法规、部门规章和业务规则，诚实守信，自觉接受全国股转公司的自律管理。

在挂牌公司中，根据《公司法》的规定，设立中国共产党的组织，开展党的活动。挂牌公司应当为党组织的活动提供必要条件。国有控股挂牌公司根据《公司法》和有关规定，结合企业股权结构、经营管理等实际，把党建工作有关要求写入公司章程。

（一）挂牌公司治理的基本规范

全国股转公司发布的《全国中小企业股份转让系统挂牌公司治理规则》，完善了全国股权系统市场挂牌公司的治理体系，提出了系统化的公司治理要求，主要包括以下六个方面（表8-10）：

---

① 参见《改革问答 | 第十二期：新三板公司治理的基本规范有哪些？在公司治理方面有哪些差异化的监管安排？》，载全国股转系统网站，http://www.neeq.com.cn/hot_qa/200008247.html，最后访问时间：2021年11月15日。

表8-10 全国股转系统挂牌公司治理要求

序号	治理要求
1	规定股东大会、董事会、监事会和经营管理层的基本运作要求，如召开程序、职权行使和议事规则等；在具体制度设计上，引入单独计票、网络投票等相关制度，充分考虑了中小股东的合法权益。
2	明确董事、监事和高级管理人员等的选任程序和一般行为规范；同时，对董事长、财务负责人、董事会秘书等“关键少数”的行为规范提出了具体要求，督促相关主体归位尽责。
3	禁止控股股东、实际控制人滥用控制权，不得违规干预挂牌公司的正常决策程序、违规获取未公开的重大信息，对控股股东、实际控制人、董事、监事和高级管理人员设置敏感期交易限制。
4	对不同层次挂牌公司的重大交易和关联交易事项实施差异化的审议标准，分别按照相应的标准履行审议程序。
5	对挂牌公司及相关主体的公开承诺事项提出了具体要求，督促其严格履行公开承诺。
6	规范挂牌公司的投资者关系管理工作，挂牌公司在投资者关系管理工作中应当严格遵守公平、公开、公正的原则。

（二）公司治理的差异化监管安排

全国股转系统挂牌公司数量较多，经营状况和发展阶段存在一定程度的差异。考虑到经营状况和公众化程度等因素，全国股转系统在公司治理方面作出了差异化的监管安排，主要包括以下五个方面（表8-11）：

表8-11 公司治理的差异化监管安排

事项	差异化安排
1.单独计票要求	股东人数超过200人的挂牌公司股东大会审议影响中小股东利益的重大事项时，对中小股东的表决情况应当单独计票并披露，包括任免董事、进行利润分配、关联交易、对外担保、重大资产重组等。
2.网络投票方式	挂牌公司召开股东大会审议公开发行股票事项，应当提供网络投票方式。股东人数超过200人的挂牌公司，股东大会审议需要单独计票事项时，应当提供网络投票方式。

续表

事项	差异化安排
3. 累积投票制	鼓励挂牌公司在股东大会董事、监事选举中推行累积投票制。
4. 独立董事制度	鼓励挂牌公司建立独立董事制度。
5. 重大交易和关联交易	对不同层次挂牌公司的重大交易和关联交易事项实施差异化审议要求，达到规定标准的，应当履行相应审议程序。

二、合规信息披露

为规范挂牌公司及其他信息披露义务人的信息披露行为，加强信息披露事务管理，保护投资者合法权益，中国证监会、全国股转公司等主管部门分别颁布了《非上市公众公司监督管理办法》、《全国中小企业股份转让系统业务规则（试行）》、《非上市公众公司信息披露内容与格式准则》（第1号至第8号）、《全国中小企业股份转让系统挂牌公司持续信息披露业务指南（试行）》、《挂牌公司信息披露及会计业务问答》、《全国中小企业股份转让系统挂牌公司持续信息披露指南第1号——信息披露业务办理》、《全国中小企业股份转让系统挂牌公司持续信息披露指南第2号——定期报告相关事项》等与信息披露有关的文件，信息披露为申请挂牌公司及挂牌公司的一项基本义务和要求。

根据全国股转系统的规则要求，挂牌公司的信息披露包括挂牌前的信息披露及挂牌后持续信息披露。挂牌公司在挂牌之前需要披露的文件包括公开转让说明书（申报稿）、财务报告及审计报告、法律意见书、公司章程、主办券商推荐报告，如有股票发行情况报告书也可一并披露。这一阶段的信息披露文件，主要是向投资者全面介绍拟挂牌公司的相关情况。当公司挂牌之后，需要披露的文件包括定期报告和临时报告。这一阶段的信息具有持续性的特征，投资者根据信息可更好地判断公司未来的发展趋势。

根据《全国中小企业股份转让系统挂牌公司信息披露规则》等相关规定，挂牌公司信息披露可重点关注以下几个方面：

（一）基本原则

挂牌公司及其他信息披露义务人应当及时、公平地披露所有对公司股票及其他证券品种转让价格可能产生较大影响的信息（简称“重大信息”），并保证信息披露内容的真实、准确、完整，不存在虚假记载、误导性陈述或重大遗漏。

（二）信息披露事务管理制

挂牌公司应当制定信息披露事务管理制度，经董事会审议并披露。创新层挂牌公司应当设立董事会秘书，由董事会秘书负责信息披露管理事务。基础层挂牌公司可以设立董事会秘书，不设立董事会秘书的，应当指定一名高级管理人员兼任信息披露事务负责人。

（三）主办券商审查、指导、督促

挂牌公司编制信息披露文件，并将信息披露文件及备查文件送达主办券商。拟披露信息经主办券商事前审查后，由主办券商上传至规定信息披露平台，全国股转公司另有规定的除外。挂牌公司应当与主办券商约定预留合理的审查时间。

主办券商应当指导和督促挂牌公司规范履行信息披露义务，发现拟披露或已披露信息存在任何错误、遗漏或者误导的，或者发现存在应当披露而未披露事项的，主办券商应当要求挂牌公司进行更正或补充。挂牌公司拒不更正或补充的，主办券商应当在2个交易日内发布风险揭示公告并向全国股转公司报告。挂牌公司如需更正、补充信息披露文件的，应当履行相应程序。

（四）全国股转公司问询

全国股转公司对挂牌公司及其他信息披露义务人已披露的信息进行审查，发现已披露信息存在问题的，可以采用要求说明、公开问询等方式，要求挂牌公司及其他信息披露义务人、主办券商和其他证券服务机构等相关主体进行解释、说明、更正和补充，相关主体应当及时回复，并保证回复内容的真实、准确、完整。主办券商应当对挂牌公司的回复进行审查。全国股转公司可以就信息披露相关事项依据自律规则及挂牌协议的规定对挂牌公司、主办券商进行检查。

（五）挂牌公司定期报告披露要求的差异化[①]

中国证监会发布的《非上市公众公司信息披露内容与格式准则第9号——创新层挂牌公司年度报告》和《非上市公众公司信息披露内容与格式准则第10号——基础层挂牌公司年度报告》，进一步优化创新层公司披露要求，减轻基础层公司披露负担，对年报披露内容作出以下差异化安排：

一是创新层公司着重披露研发能力，包括研发项目的目的、所处阶段及进展情况和拟达到的目标；二是不同层次公司披露有针对性的风险情况，创新层公司应特别提示被调出创新层的风险，基础层公司应当披露破产重整相关事项；三是创新层公司应执行分行业信息披露指引，披露行业细化关键指标和重要风险；四是基础层公司降低分析性披露要求，免于披露非重要财务报表科目的变动分析，并就诉讼、对外担保、对外提供借款等重大事项设置了10%的免披比例；五是基础层公司免于披露前瞻性信息，不要求披露下一年经营计划和目标。

在审计要求方面，根据《全国中小企业股份转让系统挂牌公司信息披露规则》，所有挂牌公司年度报告中的财务报告都应当经符合《证券法》规定的会计师事务所审计。同时对创新层公司提出了更高要求。

（六）临时报告

1. 基本含义

临时报告是指自取得挂牌同意函之日起，挂牌公司及其他信息披露义务人按照法律法规和全国股转公司有关规定发布的除定期报告以外的公告。发生可能对公司股票及其他证券品种交易价格、投资者投资决策产生较大影响的重大事件，挂牌公司及其他信息披露义务人应当及时披露临时报告。

2. 披露时点

挂牌公司应当在重大事件最先触及下列任一时点后，及时履行首次披露义务：（1）董事会或者监事会作出决议时；（2）有关各方签署意向书或协议时；

① 参见《改革问答 | 第十九期：挂牌公司定期报告披露要求的差异化主要体现在哪些方面？》，载全国股转系统网站，http://www.neeq.com.cn/hot_qa/200008748.html，最后访问时间：2021年11月15日。

（3）董事、监事或者高级管理人员知悉或者应当知悉该重大事件发生时。

挂牌公司筹划的重大事项存在较大不确定性，立即披露可能会损害公司利益或者误导投资者，且有关内幕信息知情人已书面承诺保密的，公司可以暂不披露，但最迟应当在该重大事项形成最终决议、签署最终协议、交易确定能够达成时对外披露。

相关信息确实难以保密、已经泄露或者出现市场传闻，导致公司股票及其他证券品种交易价格发生大幅波动的，公司应当立即披露相关筹划和进展情况。

3. 关联交易

挂牌公司的关联交易，是指挂牌公司或者其控股子公司等其他主体与公司关联方发生达到披露标准的交易和日常经营范围内发生的可能引致资源或者义务转移的事项。

挂牌公司应当及时披露按照全国股转公司治理相关规则须经董事会审议的关联交易事项。挂牌公司应当在董事会、股东大会决议公告中披露关联交易的表决情况及表决权回避制度的执行情况。

对于每年与关联方发生的日常性关联交易，挂牌公司可以在披露上一年度报告之前，对本年度将发生的关联交易总金额进行合理预计，履行相应审议程序并披露。对于预计范围内的关联交易，公司应当在年度报告和中期报告中予以分类，列表披露执行情况并说明交易的公允性。实际执行超出预计金额的，公司应当就超出金额所涉及事项履行相应审议程序并披露。

挂牌公司与关联方的交易，按照全国股转公司治理相关规则免予关联交易审议的，可以免予按照关联交易披露。

4. 其他重大事件

其他重大事件包括但不限于：（1）挂牌公司因公开发行股票接受辅导；（2）设置变更表决权差异安排；（3）重大诉讼、仲裁；（4）董事会审议通过利润分配或资本公积转增股本方案；（5）股票交易出现异常波动；（6）公共媒体传播的消息可能或者已经对公司股票及其他证券品种交易价格或投资者决策产生较大影响；（7）挂牌公司任一股东所持公司5%以上的股份被质押、冻结、司法拍卖、托管、设定信托或者被依法限制表决权等。

挂牌公司出现以下情形（表8-12）之一的，应当自事实发生或董事会决议之日起及时披露：

表8–12　挂牌公司及时披露事项

序号	具体情形
1	变更公司名称、证券简称、公司章程、注册资本、注册地址、主要办公地址等，其中公司章程发生变更的，还应在股东大会审议通过后披露新的公司章程。
2	经营方针和经营范围发生重大变化。
3	挂牌公司控股股东、实际控制人及其一致行动人，或第一大股东发生变更。
4	挂牌公司控股股东、实际控制人及其控制的企业占用公司资金。
5	挂牌公司实际控制人及其控制的其他企业从事与公司相同或者相似业务的情况发生较大变化。
6	法院裁定禁止控股股东、实际控制人转让其所持挂牌公司股份。
7	挂牌公司董事、监事、高级管理人员发生变动。
8	挂牌公司减资、合并、分立、解散及申请破产，或者依法进入破产程序、被责令关闭。
9	订立重要合同、获得大额政府补贴等额外收益，可能对公司的资产、负债、权益和经营成果产生重大影响。
10	挂牌公司提供担保，被担保人于债务到期后15个交易日内未履行偿债义务，或者被担保人出现破产、清算或其他严重影响其偿债能力的情形。①
11	营业用主要资产的抵押、质押、出售或者报废一次超过该资产的30%。
12	挂牌公司发生重大债务。
13	挂牌公司变更会计政策、会计估计（法律法规或者国家统一会计制度要求的除外），变更会计师事务所。
14	挂牌公司或其控股股东、实际控制人、董事、监事、高级管理人员被纳入失信联合惩戒对象。
15	挂牌公司取得或丧失重要生产资质、许可、特许经营权，或生产经营的外部条件、行业政策发生重大变化。
16	挂牌公司涉嫌违法违规被中国证监会及其派出机构或其他有权机关调查，被移送司法机关或追究刑事责任，受到对公司生产经营有重大影响的行政处罚，或者被中国证监会及其派出机构采取行政监管措施或行政处罚。
17	挂牌公司董事、监事、高级管理人员、控股股东或实际控制人涉嫌违法违规被中国证监会及其派出机构或其他有权机关调查、采取留置、强制措施或者追究重大刑事责任，被中国证监会及其派出机构处以证券市场禁入、认定为不适当人员等监管措施，受到对公司生产经营有重大影响的行政处罚。
18	因已披露的信息存在差错、虚假记载或者未按规定披露，被有关机构责令改正或者经董事会决定进行更正。
19	法律法规规定的，或者中国证监会、全国股转公司认定的其他情形。

① 挂牌公司发生违规对外担保，或者资金、资产被控股股东、实际控制人及其控制的企业占用的，应当披露相关事项的整改进度情况。

5. 自律管理

挂牌公司董事、监事、高级管理人员应当对公司信息披露的真实性、准确性、完整性负责，保证及时、公平地披露信息。挂牌公司董事长、经理、信息披露事务负责人对公司的定期报告和临时报告信息披露负主要责任。挂牌公司董事长、经理、财务负责人对公司的财务报告负主要责任。

主办券商及其从业人员未按规定履行持续督导职责，对挂牌公司及其他信息披露义务人的信息披露违规行为负有责任的，全国股转公司可以对其采取自律监管措施或纪律处分。

主办券商、会计师事务所、律师事务所、其他证券服务机构及其从业人员出具的文件违反信息披露真实性、准确性、完整性原则的，全国股转公司可以对其采取自律监管措施或纪律处分。

第七节　北交所IPO申报

一、公司的准备工作

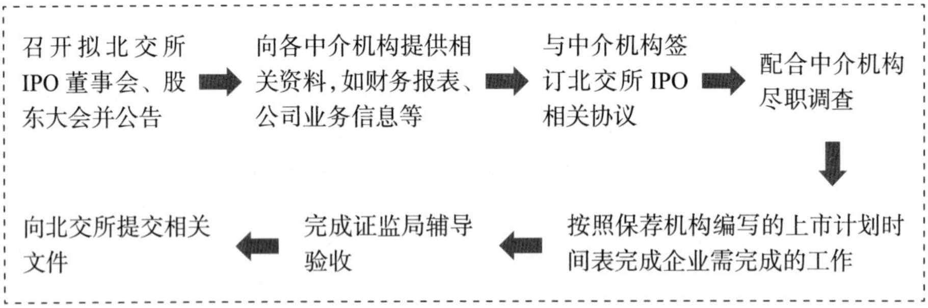

图8–3　北交所IPO公司准备工作流程

二、中介机构的工作

中介机构应当根据挂牌公司特点，完善中介机构业务内部控制机制，规范尽职调查、辅导、内部核查、持续督导、制作工作底稿等工作标准及业务流程。

三、申报文件的准备

中介机构应各自准备各自的申报文件（包括但不限于招股说明书、发行保荐书、审计报告、法律意见书、律师工作报告、公司章程、股东大会决议等注册申请文件），同时应尽到谨慎及合理的注意义务，做好工作底稿的搜集整理工作。

发行人亦应履行相应的义务，如需召开股东大会就本次股票发行作出决议，至少应当包括下列事项：本次公开发行股票的种类和数量、发行对象的范围、定价方式、发行价格（区间）或发行底价、募集资金用途、决议的有效期、对董事会办理本次发行具体事宜的授权、发行前滚存利润的分配方案、其他必须明确的事项等。

四、递交注册材料

发行人申请公开发行股票，应当按照中国证监会有关规定制作注册申请文件，依法由保荐人保荐并向北交所申报。北交所收到注册申请文件后，应当在5个工作日内作出是否受理的决定。

五、北交所审核及中国证监会注册

北交所从诞生之日起就实施注册制，因此北交所上市也需履行北交所审核及中国证监会注册等程序。

（一）北交所审核

北交所审核过程中，主要通过向发行人提出审核问询、发行人回答问题方式开展审核工作，自北交所受理至出具审核意见的时间不超过2个月。行业咨询委员会负责为发行上市审核提供专业咨询和政策建议，上市委员会负责对审核部门出具的审核报告和发行人的申请文件提出审议意见。

表8-13 北交所审核事项

序号	适用情形
1. 审核重点关注事项	在发行条件、上市条件的审核中重点关注下列事项： （1）发行人是否符合《北京证券交易所向不特定合格投资者公开发行股票注册管理办法（试行）》及中国证监会规定的发行条件。 （2）发行人是否符合《北京证券交易所股票上市规则（试行）》及北交所规定的上市条件。 （3）保荐机构、证券服务机构出具的文件是否就发行人符合发行条件、上市条件逐项发表明确意见，且具备充分的理由和依据。
2. 信息披露	在股票公开发行并上市的信息披露审核中重点关注以下事项： （1）发行上市申请文件及信息披露内容是否达到真实、准确、完整的要求，是否符合中国证监会和北交所有关要求。 （2）发行上市申请文件及信息披露内容是否包含对投资者作出投资决策有重大影响的信息，披露程度是否达到投资者作出投资决策所必需的水平，包括但不限于是否充分、全面披露相关规则要求的内容，是否充分揭示可能对发行人经营状况、财务状况产生重大不利影响的所有因素。 （3）发行上市申请文件及信息披露内容是否一致、合理和具有内在逻辑性，包括但不限于财务数据是否勾稽合理，是否符合发行人实际情况，财务信息与非财务信息是否相互印证，保荐机构、证券服务机构核查依据是否充分，能否对财务数据的变动或者与同行业公司存在的差异作出合理解释。 （4）发行上市申请文件披露的内容是否简明易懂，是否便于投资者阅读和理解，包括但不限于是否使用事实描述性语言，是否言简意赅、通俗易懂、逻辑清晰，是否结合发行人自身特点进行有针对性的信息披露。

（二）中国证监会注册

中国证监会收到北交所报送的审核意见、发行人注册申请文件及相关审核资料后，履行发行注册程序。中国证监会在20个工作日内对发行人的注册申请作出同意注册或不予注册的决定。

第九章　北交所上市常见的法律及财税问题

第一节　常见的法律问题[①]

一、业务、资产和股份权属

保荐机构、发行人律师及申报会计师应重点关注发行人报告期内的业务变化、主要股东所持股份变化以及主要资产和核心技术的权属情况，核查发行人是否符合以下要求并发表明确意见：

1. 发行人的主营业务、主要产品或服务、用途及其商业模式明确、具体，发行人经营一种或多种业务的，每种业务应具有相应的关键资源要素，该要素组成应具有投入、处理和产出能力，能够与合同、收入或成本费用等相匹配。

2. 对发行人主要业务有重大影响的土地使用权、房屋所有权、生产设备、专利、商标和著作权等不存在对发行人持续经营能力构成重大不利影响的权属纠纷。

3. 发行人控股股东和受控股股东、实际控制人支配的股东所持有的发行人股份不存在重大权属纠纷。

二、行业要求

发行人应当结合行业特点、经营特点、产品用途、业务模式、市场竞争

① 本部分内容综合了中国证监会《首发业务若干问题解答》、北交所《北京证券交易所向不特定合格投资者公开发行股票并上市业务规则适用指引第1号》以及其他相关规定。

力、技术创新或模式创新、研发投入与科技成果转化等情况，在招股说明书中充分披露发行人自身的创新特征。保荐机构应当对发行人的创新发展能力进行充分核查，在发行保荐书中说明核查过程、依据和结论意见。

发行人属于金融业、房地产业企业的，不支持其申报在北交所发行上市。

发行人生产经营应当符合国家产业政策。发行人不得属于产能过剩行业（产能过剩行业的认定以国务院主管部门的规定为准）、《产业结构调整指导目录》中规定的淘汰类行业，以及从事学前教育、学科类培训等业务的企业。

根据《北京证券交易所向不特定合格投资者公开发行股票注册管理办法（试行）》，北交所将重点立足于“专精特新”中小企业，促进新兴产业发展。北交所重点支持先进制造业和现代服务业等领域的企业，旨在培育一批专精特新中小企业，形成创新创业热情高涨、合格投资者踊跃参与、中介机构归位尽责的良性市场生态。专，即专业化；精，即精细化；特，即特色化；新，即创新能力强。根据工业和信息化部于2018年11月26日发布的《工业和信息化部办公厅关于开展专精特新“小巨人”企业培育工作的通知》（工信部企业函〔2018〕381号），专精特新“小巨人”企业的主导产品应符合《工业“四基”发展目录》所列重点领域，从事细分产品市场属于制造业核心基础零部件、先进基础工艺和关键基础材料；或符合制造强国战略明确的十大重点产业领域（新一代信息技术产业、高档数控机床和机器人、航空航天装备、海洋工程装备及高技术船舶、先进轨道交通装备、节能与新能源汽车、电力装备、农机装备、新材料、生物医药及高性能医疗器械），属于重点领域技术路线图中有关产品；或属于国家和省份重点鼓励发展的支柱和优势产业。

目前存在一种误解，认为只有“专精特新”的企业才适合北交所，其实不然，据统计，在北交所宣布设立时，66家精选层企业中仅有12家为“专精特新”企业，仅占比18%。

三、同业竞争

1.核查范围。中介机构应当针对发行人控股股东（或实际控制人）及其近亲属全资或控股的企业进行核查。

2.判断原则。同业竞争的“同业”是指竞争方从事与发行人主营业务相同或相似业务。核查认定该相同或相似的业务是否与发行人构成“竞争”时，应按照实质重于形式的原则，结合相关企业历史沿革、资产、人员、主营业务（包括但不限于产品服务的具体特点、技术、商标商号、客户、供应商等）等方面与发行人的关系，以及业务是否有替代性、竞争性，是否有利益冲突，是否在同一市场范围内销售等，论证是否与发行人构成竞争；不能简单以产品销售地域不同、产品的档次不同等认定不构成同业竞争。

对于控股股东、实际控制人控制的与发行人从事相同或相似业务的公司，发行人还应当结合目前自身业务和关联方业务的经营情况、未来发展战略等，在招股说明书中披露未来对于相关资产、业务的安排，以及避免上市后出现同业竞争的措施。

3.亲属控制的企业应如何核查认定。如果发行人控股股东或实际控制人是自然人，其夫妻双方直系亲属（包括配偶、父母、子女）控制的企业与发行人存在竞争关系的，应认定为构成同业竞争。

发行人控股股东、实际控制人的其他亲属及其控制的企业与发行人存在竞争关系的，应当充分披露前述相关企业在历史沿革、资产、人员、业务、技术、财务等方面对发行人独立性的影响，报告期内交易或资金往来，销售渠道、主要客户及供应商重叠等情况，以及发行人未来有无收购安排。

4.发行人与控股股东、实际控制人及其控制的其他企业间如存在同业竞争情形，认定同业竞争是否对发行人构成重大不利影响时，保荐机构及发行人律师应结合竞争方与发行人的经营地域、产品或服务的定位，同业竞争是否会导致发行人与竞争方之间的非公平竞争、是否会导致发行人与竞争方之间存在利益输送、是否会导致发行人与竞争方之间相互或者单方让渡商业机会情形，对未来发展的潜在影响等方面，核查并出具明确意见。发行人应在公开发行说明书中，披露保荐机构及发行人律师针对同业竞争是否对发行人构成重大不利影响的核查意见和认定依据。

四、关联交易

发行人应严格按照《企业会计准则第36号——关联方披露》和北交所颁布

的相关文件中的有关规定，完整、准确地披露关联方关系及其交易。发行人的控股股东、实际控制人应协助发行人完整、准确地披露关联方关系及其交易。

发行人与控股股东、实际控制人及其关联方之间的关联交易应根据业务模式控制在合理范围。保荐机构、申报会计师及发行人律师应重点关注：关联方的财务状况和经营情况；发行人报告期内关联方注销及非关联化的情况，非关联化后发行人与上述原关联方的后续交易情况；关联交易产生的收入、利润总额合理性，关联交易是否影响发行人的经营独立性、是否构成对控股股东或实际控制人的依赖，是否存在通过关联交易调节发行人收入利润或成本费用、对发行人利益输送的情形；发行人披露的未来减少关联交易的具体措施是否切实可行。

中介机构在尽职调查过程中，应当尊重企业合法合理、正常公允且确实有必要的经营行为，如存在关联交易的，应就交易的合法性、必要性、合理性及公允性，以及关联方认定，关联交易履行的程序等事项，基于谨慎原则进行核查，同时请发行人予以充分信息披露，具体如下：

1.关于关联方认定。发行人应当按照《公司法》《企业会计准则》和中国证监会的相关规定认定并披露关联方。

2.关于关联交易的必要性、合理性和公允性。发行人应披露关联交易的交易内容、交易金额、交易背景以及相关交易与发行人主营业务之间的关系；还应结合可比市场公允价格、第三方市场价格、关联方与其他交易方的价格等，说明并摘要披露关联交易的公允性，是否存在对发行人或关联方的利益输送。

对于控股股东、实际控制人与发行人之间关联交易对应的收入、成本费用或利润总额占发行人相应指标的比例较高（如达到30%）的，发行人应结合相关关联方的财务状况和经营情况、关联交易产生的收入、利润总额合理性等，充分说明并摘要披露关联交易是否影响发行人的经营独立性、是否构成对控股股东或实际控制人的依赖，是否存在通过关联交易调节发行人收入利润或成本费用、对发行人利益输送的情形；此外，发行人还应披露未来减少与控股股东、实际控制人发生关联交易的具体措施。

3.关于关联交易的决策程序。发行人应当披露章程对关联交易决策程序的规定，已发生关联交易的决策过程是否与章程相符，关联股东或董事在审议相关交易时是否回避，以及独立董事和监事会成员是否发表不同意见等。

4.关于关联方和关联交易的核查。保荐机构及发行人律师应对发行人的关联方认定，发行人关联交易信息披露的完整性，关联交易的必要性、合理性和公允性，关联交易是否影响发行人的独立性、是否可能对发行人产生重大不利影响，以及是否已履行关联交易决策程序等进行充分核查并发表意见。

保荐机构、申报会计师及发行人律师在核查发行人与其客户、供应商之间是否存在关联方关系时，不应仅限于查阅书面资料，应采取实地走访，核对工商、税务、银行等部门提供的资料，甄别客户和供应商的实际控制人及关键经办人员与发行人是否存在关联方关系。保荐机构、申报会计师及发行人律师应对发行人的关联方认定，关联交易信息披露的完整性，关联交易的必要性、合理性和公允性，关联交易是否影响发行人的独立性、是否可能对发行产生重大不利影响，以及是否已履行关联交易决策程序等进行充分核查并发表意见。

五、税收优惠

对于税收优惠，发行人应遵循如下原则进行处理：

如果很可能获得相关税收优惠批复，按优惠税率预提预缴经税务部门同意，可暂按优惠税率预提并做风险提示，并说明如果未来被追缴税款的处理安排；同时，发行人应在招股书中披露税收优惠不确定性风险。

如果获得相关税收优惠批复的可能性较小，需按照谨慎性原则按正常税率预提，未来根据实际的税收优惠批复情况进行相应调整。

发行人依法取得的税收优惠，在《公开发行证券的公司信息披露解释性公告第1号——非经常性损益》规定项目之外的，可以计入经常性损益。

保荐机构、发行人律师和申报会计师应对照税收优惠的相关条件和履行程序的相关规定，对发行人税收优惠相关事项的处理及披露是否合规，发行人对税收优惠是否存在较大依赖，税收优惠政策到期后是否能够继续享受优惠进行专业判断并发表明确意见。

六、共同投资行为

发行人如存在与其控股股东、实际控制人、董事、监事、高级管理人员及其亲属直接或者间接共同设立公司情形，发行人及中介机构应主要披露及核查以下事项：

1.发行人应当披露相关公司的基本情况，包括但不限于公司名称、成立时间、注册资本、住所、经营范围、股权结构、最近一年又一期主要财务数据及简要历史沿革。

中介机构应当核查发行人与上述主体共同设立公司的背景、原因和必要性，说明发行人出资是否合法合规、出资价格是否公允。

2.如发行人与共同设立的公司存在业务或资金往来的，还应当披露相关交易的交易内容、交易金额、交易背景以及相关交易与发行人主营业务之间的关系。中介机构应当核查相关交易的真实性、合法性、必要性、合理性及公允性，是否存在损害发行人利益的行为。

3.如公司共同投资方为董事、高级管理人员及其近亲属，中介机构应核查说明公司是否符合《公司法》第148条规定，即董事、高级管理人员未经股东会或者股东大会同意，不得利用职务便利为自己或者他人谋取属于公司的商业机会，自营或者为他人经营与所任职公司同类的业务。

七、申报后重大事项的核查

发行人及中介机构应当按照北交所审查相关规定，对下列重大事项进行报告、核查并发表明确意见：

1.发行人及其实际控制人、控股股东等发生重大媒体质疑、涉及重大违法行为的突发事件。

2.发生涉及公司主要资产、核心技术等诉讼仲裁，或者公司主要资产被查封、扣押等。

3.发行人控股股东和受控股股东、实际控制人支配的股东所持发行人股份被质押、冻结、拍卖、托管、设定信托或者被依法限制表决权，或发生其他可能导致控制权变更的权属纠纷。

4.公司发生重大资产置换、债务重组等公司架构变化的情形。

5.发生影响公司经营的法律、政策、市场等方面的重大变化。

6.发生违规对外担保、资金占用或其他权益被控股股东、实际控制人严重损害的情形，或者损害投资者合法权益和社会公共利益的其他情形。

7.发生可能导致中止或终止审查的情形。

8.存在其他可能影响发行人符合发行条件、北交所上市和相应信息披露要求，或者影响投资者判断的重大事项。

八、在审核期间分红、分派股票股利或资本公积转增股本处理

（一）申报前提出权益分派方案

发行人申报前就已提出了现金分红、分派股票股利或资本公积转增股本方案的，应充分披露相关方案的执行是否对发行人符合发行条件和上市条件造成影响，相关方案应在中国证监会同意注册前执行完毕；保荐机构应对前述事项的披露情况和相关方案执行完毕后发行人是否符合发行条件和上市条件发表明确意见。

（二）审核期间新增现金分红方案

发行人在申报受理后至上市前原则上不应提出分派股票股利或资本公积转增股本的方案。

发行人在审期间提出现金分红方案的，保荐机构和发行人应按重大事项报告要求及时进行报告，并遵循如下原则进行处理：

1.发行人如拟现金分红的，应依据公司章程和相关监管要求，充分论证现金分红的必要性和恰当性，以最近一期经审计的财务数据为基础，测算和确定与发行人财务状况相匹配的现金分红方案，并履行相关决策程序。如存在大额分红并可能对财务状况和新老股东利益产生重大影响的，发行人应谨慎决策。

2.发行人的现金分红方案应在中国证监会同意注册前执行完毕。

3.已通过上市委员会审议的企业，在上市前原则上不应提出新的现金分红方案。

保荐机构应对发行人在审核期间进行现金分红的必要性、合理性、合规性进行专项核查，就实施现金分红对发行人财务状况、生产运营的影响，相关方案执行完毕后发行人是否符合发行条件和上市条件发表明确意见。

九、引用第三方数据

第三方数据主要指涉及发行人及其交易对手之外的第三方相关交易信息，例如发行人的交易对手与其客户或供应商之间的交易单价及数量、可比公司或可比业务财务数据等。

考虑到第三方数据一般较难获取并具有一定隐私性，发行人及中介机构在公开披露的文件中引用的第三方数据可以限于公开信息，并注明资料来源，一般不要求披露未公开的第三方数据。

中介机构应当核查第三方数据来源的真实性及权威性、引用数据的必要性及完整性、与其他披露信息是否存在不一致，说明第三方数据是否已公开、是否专门为本次发行准备以及发行人是否为此支付费用或提供帮助，确保直接或间接引用的第三方数据有充分、客观、独立的依据。

十、国家秘密、商业秘密的信息披露

发行人有充分依据证明拟披露的某些信息涉及国家秘密、商业秘密的，发行人及其保荐机构、证券服务机构应当在提交发行上市申请文件或问询回复时，一并提交关于信息披露豁免的申请文件（以下简称豁免申请）。

（一）豁免申请的内容

发行人应在豁免申请中逐项说明需要豁免披露的信息，认定国家秘密或商业秘密的依据和理由，并说明相关信息披露文件是否符合招股说明书准则及相关规定要求，豁免披露后的信息是否对投资者决策判断构成重大障碍。

（二）涉及国家秘密的要求

发行人从事军工等涉及国家秘密业务的，应当符合以下要求：

1.提供国家主管部门关于发行人申请豁免披露的信息为涉密信息的认定文件。

2.发行人全体董事、监事、高级管理人员出具关于首次公开发行股票并上市的申请文件不存在泄密事项且能够持续履行保密义务的声明。

3.发行人控股股东、实际控制人对其已履行和能够持续履行相关保密义务出具承诺文件。

4.在豁免申请中说明相关信息披露文件是否符合《军工企业对外融资特殊财务信息披露管理暂行办法》及有关保密规定。

5.说明内部保密制度的制定和执行情况，是否符合《保密法》等相关法律法规的规定，是否存在因违反保密规定受到处罚的情形。

6.说明中介机构是否符合《军工涉密业务咨询服务安全保密监督管理办法》及其他相关规定对中介机构军工涉密业务咨询服务的安全保密要求。

7.对审核机构审核过程提出的信息豁免披露或调整意见，发行人应相应回复、补充相关文件的内容，有实质性增减的，应当说明调整后的内容是否符合相关规定、是否存在泄密风险。

（三）涉及商业秘密的要求

发行人因涉及商业秘密提交豁免申请的，应当符合以下要求：

1.发行人应当建立相应的内部管理制度，并明确相关内部审核程序，审慎认定豁免披露事项。

2.发行人的董事长应当在豁免申请中签字确认。

3.豁免披露的信息应当尚未泄露。

（四）中介机构核查要求

保荐机构及发行人律师应当对发行人信息豁免披露符合相关规定、不影响投资者决策判断、不存在泄密风险出具专项核查报告。申报会计师应当对发行人审计范围是否受到限制、审计证据的充分性、豁免披露相关信息是否影响投资者决策判断出具核查报告。

十一、持续经营时限的计算

有限责任公司按原账面净资产折股整体变更为股份有限公司的，持续经营时间可以从有限责任公司成立之日起计算。如有限责任公司以经评估的净资产折股设立股份有限公司，视同新设股份有限公司，业绩不可连续计算。

“最近1年”以12个月计，“最近2年”以24个月计，“最近3年”以36个月计。

十二、股东人数较多情况的核查

1.考虑到发行条件对发行人股权清晰、控制权稳定的要求，发行人控股股东或实际控制人存在职工持股会或工会持股情形的，应当予以清理。

对于间接股东存在职工持股会或工会持股情形的，如不涉及发行人实际控制人控制的各级主体，发行人不需要清理，但应予以充分披露。

对于工会或职工持股会持有发行人子公司股份，经保荐机构、发行人律师核查后认为不构成发行人重大违法违规的，发行人不需要清理，但应予以充分披露。

2.对于历史沿革涉及较多自然人股东的发行人，保荐机构、发行人律师应当核查历史上自然人股东入股、退股（含工会、职工持股会清理等事项）是否按照当时有效的法律法规履行了相应程序，入股或股权转让协议、款项收付凭证、工商登记资料等法律文件是否齐备，并抽取一定比例的股东进行访谈，就相关自然人股东股权变动的真实性、所履行程序的合法性，是否存在委托持股或信托持股情形，是否存在争议或潜在纠纷发表明确意见。对于存在争议或潜在纠纷的，保荐机构、发行人律师应对相关纠纷对发行人股权清晰稳定的影响发表明确意见。发行人以定向募集方式设立股份有限公司的，中介机构应以有权部门就发行人历史沿革的合规性、是否存在争议或潜在纠纷等事项的意见作为其发表意见的依据。

十三、对赌协议

投资机构在投资发行人时约定对赌协议等类似安排的，原则上要求发行人在申报前清理，但同时满足以下要求的可以不清理：一是发行人不作为对赌协议当事人；二是对赌协议不存在可能导致公司控制权变化的约定；三是对赌协议不与市值挂钩；四是对赌协议不存在严重影响发行人持续经营能力或者其他严重影响投资者权益的情形。保荐机构及发行人律师应当就对赌协议是否符合上述要求发表明确核查意见。

发行人应当在招股说明书中披露对赌协议的具体内容、对发行人可能存在的影响等，并进行风险提示。

近期的窗口意见要求发行人在申报前将对赌协议或类似协议全部清理，并确认该等协议或约定自始无效。

十四、三类股东

发行人在全国股转系统挂牌期间形成“三类股东”持有发行人股份的，中介机构和发行人应从以下四个方面核查披露相关信息：

1. 中介机构应核查确认公司控股股东、实际控制人、第一大股东不属于“三类股东”。

2. 中介机构应核查确认发行人的“三类股东”依法设立并有效存续，已纳入国家金融监管部门有效监管，并已按照规定履行审批、备案或报告程序，其管理人也已依法注册登记。

3. 发行人应当按照首发信息披露准则的要求对“三类股东”进行信息披露。通过协议转让、特定事项协议转让和大宗交易方式形成的“三类股东”，中介机构应对控股股东、实际控制人、董事、监事、高级管理人员及其近亲属，本次发行的中介机构及其负责人、高级管理人员、经办人员是否直接或间接在该等“三类股东”中持有权益进行核查并发表明确意见。

4. 中介机构应核查确认“三类股东”已作出合理安排，可确保符合现行锁定期和减持规则要求。

十五、出资瑕疵

发行人的注册资本应依法足额缴纳。发起人或者股东用作出资的资产的财产权转移手续已办理完毕。保荐机构和发行人律师应关注发行人是否存在股东未全面履行出资义务、抽逃出资、出资方式等存在瑕疵，或者发行人历史上涉及国有企业、集体企业改制存在瑕疵的情形。

1. 历史上存在出资瑕疵的，应当在申报前依法采取补救措施。保荐机构和发行人律师应当对出资瑕疵事项的影响及发行人或相关股东是否因出资瑕疵受到过行政处罚、是否构成重大违法行为及本次发行的法律障碍，是否存在纠纷或潜在纠纷进行核查并发表明确意见。发行人应当充分披露存在的出资瑕疵事项、采取的补救措施，以及中介机构的核查意见。

2.对于发行人是国有企业、集体企业改制而来的或历史上存在挂靠集体组织经营的企业，若改制过程中法律依据不明确、相关程序存在瑕疵或与有关法律法规存在明显冲突，原则上发行人应在招股说明书中披露有权部门关于改制程序的合法性、是否造成国有或集体资产流失的意见。国有企业、集体企业改制过程不存在上述情况的，保荐机构、发行人律师应结合当时有效的法律法规等，分析说明有关改制行为是否经有权机关批准、法律依据是否充分、履行的程序是否合法以及对发行人的影响等。发行人应在招股说明书中披露相关中介机构的核查意见。

十六、上市公司直接或间接控制

发行人为上市公司直接或间接控制的公司的，应当独立于上市公司并在信息披露方面与上市公司一致、同步。中介机构应当重点核查下列事项并发表明确意见：

1.发行人是否存在上市公司为发行人承担成本费用、利益输送或其他利益安排等情形，对上市公司是否存在重大依赖，是否具有直接面向市场独立持续经营的能力。

2.发行人信息披露与上市公司是否一致、同步。

3.发行人及上市公司关于发行人本次申请向不特定合格投资者公开发行股票并上市的决策程序、审批程序与信息披露等是否符合中国证监会、证券交易所的相关规定，是否符合境外监管的相关规定（上市公司在境外上市的），如果存在信息披露、决策程序等方面的瑕疵，是否存在影响本次发行的争议、潜在纠纷或其他法律风险。

十七、不确定事项的核查和信息披露

发行条件要求发行人的控制权应当保持稳定。对于控股股东、实际控制人支配的发行人股权出现质押、冻结或诉讼仲裁的，发行人应当按照招股说明书准则要求予以充分披露；保荐机构、发行人律师应当充分核查发生上述情形的原因，相关股权比例，质权人、申请人或其他利益相关方的基本情况，约定的质权实现情形，控股股东、实际控制人的财务状况和清偿能力，以及是否存在股份被强制处分的可能性、是否存在影响发行人控制权稳定的情形等。对于被冻结或诉讼纠纷的股权达到一定比例或被质押的股权达到一定比例且控股股东、实际控制人明显不具备清偿能力，导致发行人控制权存在不确定性的，保荐机构及发行人律师应充分论证，并就是否符合发行条件审慎发表意见。

对于发行人的董事、监事及高级管理人员所持股份发生被质押、冻结或发生诉讼纠纷等情形的，发行人应当按照招股说明书准则的要求予以充分披露，并向投资者揭示风险。

十八、实际控制人

（一）基本原则

实际控制人是拥有公司控制权的主体。在确定公司控制权归属时，应当本着实事求是的原则，尊重企业的实际情况，以发行人自身的认定为主，由发行人股东予以确认。保荐机构、发行人律师应通过对公司章程、协议或其他安排以及发行人股东大会（股东出席会议情况、表决过程、审议结果、董事提名和任命等）、董事会（重大决策的提议和表决过程等）、监事会及发行人经营管理的实际运作情况的核查对实际控制人认定发表明确意见。

发行人股权较为分散但存在单一股东控制比例达到30%的情形的，若无相反的证据，原则上应将该股东认定为控股股东或实际控制人。存在下列情形之一的，保荐机构应进一步说明是否通过实际控制人认定而规避发行条件或监管并发表专项意见：（1）公司认定存在实际控制人，但其他股东持股比例较高与实际控制人持股比例接近的；（2）第一大股东持股接近30%，其他股东比例不高且较为分散，公司认定无实际控制人的。

（二）共同实际控制人

法定或约定形成的一致行动关系并不必然导致多人共同拥有公司控制

权的情况，发行人及中介机构不应为扩大履行实际控制人义务的主体范围或满足发行条件而作出违背事实的认定。通过一致行动协议主张共同控制的，无合理理由的（如第一大股东为纯财务投资人），一般不能排除第一大股东为共同控制人。实际控制人的配偶、直系亲属，如其持有公司股份达到5%以上或者虽未超过5%但是担任公司董事、高级管理人员并在公司经营决策中发挥重要作用，保荐机构、发行人律师应说明上述主体是否为共同实际控制人。

共同控制人签署一致行动协议的，应当在协议中明确发生意见分歧或纠纷时的解决机制。对于作为实际控制人亲属的股东所持的股份，应当比照实际控制人自发行人上市之日起锁定12个月或24个月①。保荐机构及发行人律师应重点关注最近2年内公司控制权是否发生变化，存在为满足发行条件而调整实际控制人认定范围嫌疑的，应从严把握，审慎进行核查及信息披露。

（三）实际控制人变动

实际控制人为单名自然人或有亲属关系多名自然人，实际控制人去世导致股权变动，股份受让人为继承人的，通常不视为公司控制权发生变更。其他多名自然人为实际控制人，实际控制人之一去世的，保荐机构及发行人律师应结合股权结构、去世自然人在股东大会或董事会决策中的作用、对发行人持续经营的影响等因素综合判断。

实际控制人认定中涉及股权代持情况的，发行人、相关股东应说明存在代持的原因，并提供支持性证据。对于存在代持关系但不影响发行条件的，发行人应在招股说明书中如实披露，保荐机构、发行人律师应出具明确的核查意

---

① 《北京证券交易所股票上市规则（试行）》

第2.4.2条第1款　上市公司控股股东、实际控制人及其亲属，以及上市前直接持有10%以上股份的股东或虽未直接持有但可实际支配10%以上股份表决权的相关主体，持有或控制的本公司向不特定合格投资者公开发行前的股份，自公开发行并上市之日起12个月内不得转让或委托他人代为管理。

第2.4.6条第1款　公司上市时未盈利的，在实现盈利前，控股股东、实际控制人、董事、监事、高级管理人员自公司股票上市之日起2个完整会计年度内，不得减持公开发行并上市前股份；公司实现盈利后，可以自当年年度报告披露后次日起减持公开发行并上市前股份，但应遵守本节相关规定。

见。如经查实，股东之间知晓代持关系的存在，且对代持关系没有异议、代持的股东之间没有纠纷和争议，则应将代持股份还原至实际持有人。

发行人及中介机构通常不应以股东间存在代持关系、表决权让与协议、一致行动协议等为由，认定公司控制权未发生变动。

十九、重大违法行为

1.“重大违法行为”是指发行人及其控股股东、实际控制人违反国家法律、行政法规，受到刑事处罚或情节严重行政处罚的行为。认定重大违法行为应考虑以下因素：

第一，存在贪污、贿赂、侵占财产、挪用财产或者破坏社会主义市场经济秩序等刑事犯罪，原则上应认定为重大违法行为。

第二，被处以罚款以上行政处罚的违法行为，如有以下情形之一且中介机构出具明确核查结论的，可以不认定为重大违法：（1）违法行为显著轻微、罚款数额较小；（2）相关处罚依据未认定该行为属于情节严重；（3）有权机关证明该行为不属于重大违法。但违法行为导致严重环境污染、重大人员伤亡、社会影响恶劣等并被处以罚款以上行政处罚的，不适用上述情形。

2.发行人合并报表范围内的各级子公司，若对发行人主营业务收入或净利润不具有重要影响（占比不超过5%），其违法行为可不视为发行人本身存在相关情形，但其违法行为导致严重环境污染、重大人员伤亡或社会影响恶劣的除外。

3.如被处罚主体为发行人收购而来，且相关处罚于发行人收购完成之前执行完毕，原则上不视为发行人存在相关情形。但发行人主营业务收入和净利润主要来源于被处罚主体或违法行为社会影响恶劣的除外。

4.最近3年重大违法行为的起算时点，从刑罚执行完毕或行政处罚执行完毕之日起计算。

5.保荐机构和发行人律师应对发行人及其控股股东、实际控制人是否存在上述事项进行核查，并对是否构成重大违法行为及发行上市的法律障碍发表明确意见。

二十、控股股东多层次结构

对于控股股东设立在境外且持股层次复杂的，保荐机构和发行人律师应当对发行人设置此类架构的原因、合法性及合理性、持股的真实性、是否存在委托持股、信托持股、是否有各种影响控股权的约定、股东的出资来源等问题进行核查，说明发行人控股股东和受控股股东、实际控制人支配的股东所持发行人的股份权属是否清晰，以及发行人如何确保其公司治理和内控的有效性，并发表明确意见。

该等情形通常为控股股东存在红筹架构的情况，而如果控股股东存在境外上市公司情形的，则存在着境外上市公司分拆子公司境内上市的情形，此时应注意该等情形将适用境外上市公司子公司上市的规定，应由境外律师对分拆上市的合规性发表专项意见。

二十一、诉讼仲裁的核查和披露

1. 发行人应当在招股说明书中披露对股权结构、生产经营、财务状况、未来发展等可能产生较大影响的诉讼或仲裁事项，包括案件受理情况和基本案情，诉讼或仲裁请求，判决、裁决结果及执行情况，诉讼或仲裁事项对发行人的影响等。如诉讼或仲裁事项可能对发行人产生重大影响，应当充分披露发行人涉及诉讼或仲裁的有关风险。

2. 保荐机构、发行人律师应当全面核查报告期内发生或虽在报告期外发生但仍对发行人产生较大影响的诉讼或仲裁的相关情况，包括案件受理情况和基本案情，诉讼或仲裁请求，判决、裁决结果及执行情况，诉讼或仲裁事项对发行人的影响等。

发行人提交首发申请至上市期间，保荐机构、发行人律师应当持续关注发行人诉讼或仲裁的进展情况、发行人是否新发生诉讼或仲裁事项。发行人诉讼或仲裁的重大进展情况以及新发生的对股权结构、生产经营、财务状况、未来发展等可能产生较大影响的诉讼或仲裁事项，应当及时补充披露。

3. 发行人控股股东、实际控制人、控股子公司、董事、监事、高级管理人员和核心技术人员涉及的重大诉讼或仲裁事项比照上述标准执行。

4.涉及主要产品、核心商标、专利、技术等方面的诉讼或仲裁可能对发行人生产经营造成重大影响，或者诉讼、仲裁有可能导致发行人实际控制人变更，或者其他可能导致发行人不符合发行条件的情形，保荐机构和发行人律师应在提出明确依据的基础上，充分论证该等诉讼、仲裁事项是否构成本次发行的法律障碍并审慎发表意见。

二十二、租赁控股股东/实际控制人房产、商标、专利来自控股股东/实际控制人授权使用

保荐机构和发行人律师通常应关注并核查以下方面：相关资产的具体用途、对发行人的重要程度、未投入发行人的原因、租赁或授权使用费用的公允性、是否能确保发行人长期使用、今后的处置方案等，并就该等情况是否对发行人资产完整性和独立性构成重大不利影响发表明确意见。

如发行人存在以下情形之一的，保荐机构及发行人律师应当重点关注、充分核查论证并发表意见：一是生产型企业的发行人，其生产经营所必需的主要厂房、机器设备等固定资产系向控股股东、实际控制人租赁使用；二是发行人的核心商标、专利、主要技术等无形资产是由控股股东、实际控制人授权使用。

二十三、董事、高级管理人员发生重大变化

发行人应当按照要求披露董事、高级管理人员的变动情况。中介机构对上述人员是否发生重大变化的认定，应当本着实质重于形式的原则，综合两方面因素分析：一是最近2年内的变动人数及比例，在计算人数比例时，以董事和高级管理人员合计总数作为基数；二是上述人员因离职或无法正常参与发行人的生产经营是否导致对发行人生产经营产生重大不利影响。

如果最近2年内发行人的董事、高级管理人员变动人数比例较大，或董事、高级管理人员中的核心人员发生变化，对发行人的生产经营产生重大不利影响的，应视为发生重大变化。

变动后新增的董事、高级管理人员来自原股东委派或发行人内部培养产生的，原则上不构成人员的重大变化。发行人管理层因退休、调任等原因发生岗

位变化的，不轻易认定为重大变化，但发行人应当披露相关人员变动对公司生产经营的影响。

二十四、土地使用权

发行人存在使用或租赁使用集体建设用地、划拨地、农用地、耕地、基本农田及其上建造的房产等情形的，保荐机构和发行人律师应对其取得和使用是否符合《土地管理法》等法律法规的规定、是否依法办理了必要的审批或租赁备案手续、有关房产是否为合法建筑、是否可能被行政处罚、是否构成重大违法行为出具明确意见，并说明具体理由和依据。

上述土地为发行人自有或虽为租赁但房产为自建的，如存在不规范情形且短期内无法整改，保荐机构和发行人律师应结合该土地或房产的面积占发行人全部土地或房产面积的比例、使用上述土地或房产产生的收入、毛利、利润情况，评估其对于发行人的重要性。如面积占比较低、对生产经营影响不大，应披露将来如因土地问题被处罚的责任承担主体、搬迁的费用及承担主体、有无下一步解决措施等，并对该等事项做重大风险提示。

发行人生产经营用的主要房产系租赁上述土地上所建房产的，如存在不规范情形，原则上不构成发行上市障碍。保荐机构和发行人律师应就其是否对发行人持续经营构成重大影响发表明确意见。发行人应披露如因土地问题被处罚的责任承担主体、搬迁的费用及承担主体、有无下一步解决措施等，并对该等事项做重大风险提示。

发行人募投用地尚未取得的，需披露募投用地的计划、取得土地的具体安排、进度等。保荐机构、发行人律师需对募投用地是否符合土地政策、城市规划、募投用地落实的风险等进行核查并发表明确意见。

二十五、环境保护

发行人应当在招股说明书中充分做好相关信息披露，包括：生产经营中涉及环境污染的具体环节、主要污染物名称及排放量、主要处理设施及处理能力；报告期内，发行人环保投资和相关费用成本支出情况，环保设施实际运行情况，报告期内环保投入、环保相关成本费用是否与处理公司生产经营所产生的污染相匹配；募投项目所采取的环保措施及相应的资金来源和金额等；公司生产经营与募集资金投资项目是否符合国家和地方环保要求，发行人若发生环保事故或受到行政处罚的，应披露原因、经过等具体情况，发行人是否构成重大违法行为，整改措施及整改后是否符合环保法律法规的有关规定。

保荐机构和发行人律师应对发行人的环保情况进行核查，包括：是否符合国家和地方环保要求，已建项目和已经开工的在建项目是否履行环评手续，公司排污达标检测情况和环保部门现场检查情况，公司是否发生环保事故或重大群体性的环保事件，有关公司环保的媒体报道。

在对发行人全面系统核查基础上，保荐机构和发行人律师应对发行人生产经营总体是否符合国家和地方环保法规和要求发表明确意见，发行人曾发生环保事故或因环保问题受到处罚的，保荐机构和发行人律师应对其是否构成重大违法行为发表明确意见。

二十六、社保公积金

发行人报告期内存在应缴未缴社会保险和住房公积金情形的，应当在招股说明书中披露应缴未缴的具体情况及形成原因，如补缴对发行人的持续经营可能造成的影响，揭示相关风险，并披露应对方案。保荐机构、发行人律师应对前述事项进行核查，并对是否属于重大违法行为出具明确意见。

二十七、申报前实施员工持股计划

（一）首发申报前实施员工持股计划应当符合的要求

发行人首发申报前实施员工持股计划的，原则上应当全部由公司员工构成，体现增强公司凝聚力、维护公司长期稳定发展的导向，建立健全激励约束长效机制，有利于兼顾员工与公司长远利益，为公司持续发展夯实基础。

员工持股计划应当符合下列要求：

1. 发行人实施员工持股计划，应当严格按照法律、法规、规章及规范性文件要求履行决策程序，并遵循公司自主决定、员工自愿参加的原则，不得以摊派、强行分配等方式强制实施员工持股计划。

2.参与持股计划的员工，与其他投资者权益平等，盈亏自负，风险自担，不得利用知悉公司相关信息的优势，侵害其他投资者合法权益。

员工入股应主要以货币出资，并按约定及时足额缴纳。按照国家有关法律法规，员工以科技成果出资入股的，应提供所有权属证明并依法评估作价，及时办理财产权转移手续。

3.发行人实施员工持股计划，可以通过公司制企业、合伙制企业、资产管理计划等持股平台间接持股，并建立健全持股在平台内部的流转、退出机制，以及所持发行人股权的管理机制。

参与持股计划的员工因离职、退休、死亡等原因离开公司的，其间接所持股份权益应当按照员工持股计划章程或协议约定的方式处置。

（二）员工持股计划计算股东人数的原则

1.依法以公司制企业、合伙制企业、资产管理计划等持股平台实施的员工持股计划，在计算公司股东人数时，按一名股东计算。

2.参与员工持股计划时为公司员工，离职后按照员工持股计划章程或协议约定等仍持有员工持股计划权益的人员，可不视为外部人员。

3.《证券法》施行（2020年3月1日）之前设立的员工持股计划，参与人包括少量外部人员的，可不做清理，在计算公司股东人数时，公司员工部分按照一名股东计算，外部人员按实际人数穿透计算。

（三）发行人信息披露要求

发行人应在招股说明书中充分披露员工持股计划的人员构成、人员离职后的股份处理、股份锁定期等内容。

（四）中介机构核查要求

保荐机构及发行人律师应当对员工持股计划的设立背景、具体人员构成、价格公允性、员工持股计划章程或协议约定情况、员工减持承诺情况、规范运行情况及备案情况进行充分核查，并就员工持股计划实施是否合法合规，是否存在损害发行人利益的情形发表明确意见。

二十八、股份支付

发行人报告期内为获取职工和其他方提供服务而授予股份的交易，在编制申报会计报表时，应按照《企业会计准则第11号——股份支付》相关规定进行处理。

（一）具体适用情形

对于报告期内发行人向职工（含持股平台）、客户、供应商等新增股份，以及主要股东及其关联方向职工（含持股平台）、客户、供应商等转让股份，均应考虑是否适用《企业会计准则第11号——股份支付》。对于报告期前的股份支付事项，如对期初未分配利润造成重大影响，也应考虑是否适用《企业会计准则第11号——股份支付》。有充分证据支持属于同一次股权激励方案、决策程序、相关协议而实施的股份支付事项的，原则上一并考虑适用。

通常情况下，解决股份代持等规范措施导致股份变动，家族内部财产分割、继承、赠与等非交易行为导致股权变动，资产重组、业务并购、持股方式转换、向老股东同比例配售新股等导致股权变动等，在有充分证据支持相关股份获取与发行人获得其服务无关的情况下，一般无需作为股份支付处理。

对于为发行人提供服务的实际控制人/老股东以低于股份公允价值的价格增资入股事宜，如果根据增资协议，并非所有股东均有权按各自原持股比例获得新增股份，对于实际控制人/老股东超过其原持股比例而获得的新增股份，应属于股份支付；如果增资协议约定，所有股东均有权按各自原持股比例获得新增股份，但股东之间转让新增股份受让权且构成集团内股份支付，导致实际控制人/老股东超过其原持股比例获得的新增股份，也属于股份支付。对于实际控制人/老股东原持股比例，应按照相关股东直接持有与穿透控股平台后间接持有的股份比例合并计算。

（二）确定公允价值

存在股份支付事项的，发行人及申报会计师应按照企业会计准则规定的原则确定权益工具的公允价值。在确定公允价值时，应综合考虑如下因素：

1. 入股时间阶段、业绩基础与变动预期、市场环境变化。

2. 行业特点、同行业并购重组市盈率水平。

3. 股份支付实施或发生当年市盈率、市净率等指标因素的影响。

4. 熟悉情况并按公平原则自愿交易的各方最近达成的入股价格或相似股权价格确定公允价值，如近期合理的PE入股价，但要避免采用难以证明公允性的外部投资者入股价。

5. 采用恰当的估值技术确定公允价值，但要避免采取有争议的、结果显失公平的估值技术或公允价值确定方法，如明显增长预期下按照成本法评估的每股净资产价值或账面净资产。

发行人及申报会计师应在综合分析上述因素的基础上，合理确定股份支付相关权益工具的公允价值，充分论证相关权益工具公允价值的合理性。

（三）计量方式

确认股份支付费用时，对增资或受让的股份立即授予或转让完成且没有明确约定服务期等限制条件的，原则上应当一次性计入发生当期，并作为偶发事项计入非经常性损益。对设定服务期的股份支付，股份支付费用应采用恰当的方法在服务期内进行分摊，并计入经常性损益，发行人及中介机构应结合股权激励方案及相关决议、入股协议、服务合同等有关服务期的条款约定，充分论证服务期认定的依据及合理性。

（四）披露与核查

发行人应在招股说明书及报表附注中披露股份支付的形成原因、具体对象、权益工具的数量及确定依据、权益工具的公允价值及确认方法。保荐机构及申报会计师应对首发企业报告期内发生的股份变动是否适用《企业会计准则第11号——股份支付》进行核查，并对以下问题发表明确意见：股份支付相关权益工具公允价值的计量方法及结果是否合理，与同期可比公司估值是否存在重大差异及原因；对于存在与股权所有权或收益权等相关的限制性条件的，相关条件是否真实、可行，服务期的判断是否准确，服务期各年/期确认的员工服务成本或费用是否准确；发行人报告期内股份支付相关会计处理是否符合《企业会计准则》相关规定。

二十九、报告期内业务重组是否界定为主营业务发生重大变化

发行人在报告期内发生业务重组，要依据被重组业务与发行人是否受同一控制分别进行判断。如为同一控制下业务重组，应按照《证券期货法律适用意见第3号》相关要求进行判断和处理；如为非同一控制下业务重组，通常包括收购被重组方股权或经营性资产、以被重组方股权或经营性资产对发行人进行增资、吸收合并被重组方等行为方式，发行人、中介机构可关注以下因素：

1. 重组新增业务与发行人重组前的业务是否具有高度相关性，如同一行业、类似技术产品、上下游产业链等。

2. 业务重组行为对实际控制人控制权掌控能力的影响。

3. 被合并方占发行人重组前资产总额、资产净额、营业收入或利润总额的比例，业务重组行为对发行人主营业务变化的影响程度等。

实务中，通常按以下原则判断非同一控制下业务重组行为是否会引起发行人主营业务发生重大变化：

1. 对于重组新增业务与发行人重组前业务具有高度相关性的，被重组方重组前一个会计年度末的资产总额、资产净额或前一个会计年度的营业收入或利润总额，达到或超过重组前发行人相应项目100%，则视为发行人主营业务发生重大变化。

2. 对于重组新增业务与发行人重组前业务不具有高度相关性的，被重组方重组前一个会计年度末的资产总额、资产净额或前一个会计年度的营业收入或利润总额，达到或超过重组前发行人相应项目50%，则视为发行人主营业务发生重大变化。

对主营业务发生重大变化的，应根据《首次公开发行股票并上市管理办法》的规定，符合相关运行时间要求。

对于重组新增业务与发行人重组前业务具有高度相关性的，被重组方重组前一个会计年度末的资产总额、资产净额或前一个会计年度的营业收入或利润总额达到或超过重组前发行人相应项目50%，但未达到100%的，通常不视为发行人主营业务发生重大变化，但为了便于投资者了解重组后的整体运营情况，原则上发行人重组后运行满12个月后方可申请发行。

12个月内发生多次重组行为的，重组对发行人资产总额、资产净额、营业

收入或利润总额的影响应累计计算。

对于发行人报告期内发生的业务重组行为，应在招股说明书中披露发行人业务重组的原因、合理性以及重组后的整合情况，并披露被收购企业收购前一年的财务报表。保荐机构应当充分关注发行人业务重组的合理性、资产的交付和过户情况、交易当事人的承诺情况、盈利预测或业绩对赌情况、人员整合、公司治理运行情况、重组业务的最新发展状况等。

三十、持续经营能力

如发行人存在以下情形，中介机构应重点关注该情形是否影响发行人持续经营能力：

1. 发行人所处行业受国家政策限制或国际贸易条件影响存在重大不利变化风险。

2. 发行人所处行业出现周期性衰退、产能过剩、市场容量骤减、增长停滞等情况。

3. 发行人所处行业准入门槛低、竞争激烈，相比竞争者发行人在技术、资金、规模效应方面等不具有明显优势。

4. 发行人所处行业上下游供求关系发生重大变化，导致原材料采购价格或产品售价出现重大不利变化。

5. 发行人因业务转型的负面影响导致营业收入、毛利率、成本费用及盈利水平出现重大不利变化，且最近一期经营业绩尚未出现明显好转趋势。

6. 发行人重要客户本身发生重大不利变化，进而对发行人业务的稳定性和持续性产生重大不利影响。

7. 发行人由于工艺过时、产品落后、技术更迭、研发失败等原因导致市场占有率持续下降、重要资产或主要生产线出现重大减值风险、主要业务停滞或萎缩。

8. 发行人多项业务数据和财务指标呈现恶化趋势，短期内没有好转迹象。

9. 对发行人业务经营或收入实现有重大影响的商标、专利、专有技术以及特许经营权等重要资产或技术存在重大纠纷或诉讼，已经或者未来将对发行人财务状况或经营成果产生重大影响。

10.其他明显影响或丧失持续经营能力的情形。

中介机构应详细分析和评估上述情形的具体表现、影响程度和预期结果，综合判断上述情形是否对发行人持续经营能力构成重大不利影响，审慎发表明确意见，并督促发行人充分披露可能存在的持续经营风险。

三十一、劳务外包

部分首发企业存在将较多的劳务活动交由专门劳务外包公司实施的情况的，中介机构应当充分关注以下方面：

1.该等劳务公司的经营合法合规性等情况，比如是否为独立经营的实体，是否具备必要的专业资质，业务实施及人员管理是否符合相关法律法规规定，发行人与其发生业务交易的背景及是否存在重大风险。

2.劳务公司是否专门或主要为发行人服务，如存在主要为发行人服务的情形的，应关注其合理性及必要性、关联关系的认定及披露是否真实、准确、完整。中介机构对于该类情形应当从实质重于形式角度按关联方的相关要求进行核查，并特别考虑其按规范运行的经营成果对发行人财务数据的影响，以及对发行人是否符合发行条件的影响。

3.劳务公司的构成及变动情况，劳务外包合同的主要内容，劳务数量及费用变动是否与发行人经营业绩相匹配，劳务费用定价是否公允，是否存在跨期核算情形。

中介机构应当就上述方面进行充分论证，并发表明确意见。

三十二、转板制度

中国证监会立足北京证券交易所服务创新型中小企业的市场定位，总体平移精选层上市、交易、转板、退市等基础制度，坚持合适的投资者适当性管理要求，形成一套契合中小企业特点的差异化制度安排。

北京证券交易所差异化的制度安排，突出市场特色，与沪深交易所错位发展。北交所服务创新型中小企业，服务对象“更早、更小、更新”；北交所制定契合中小企业的制度，坚持向沪深交易所的转板机制；以合格投资者为主，投资者结构会与沪深交易所有差异。

综上，北交所建立“层层递进”的模式，在与科创板及创业板关系上将执行转板制度。转板的“层层递进”模式可简述为：基础层—创新层—北交所—转板（科创板/创业板）。但这种层层递进模式是不可逆的，即科创板/创业板不可以转板到北交所，这也是北交所的基本制度优势之一。

2021年2月26日，沪、深交易所分别发布全国股转系统挂牌公司向科创板、创业板转板上市的办法，对全国股转系统挂牌公司转板科创板、创业板上市的条件、审核机制与程序、上市衔接等作出了规定。

2021年7月16日，证监会新闻发言人表示，按照《中国证监会关于全国中小企业股份转让系统挂牌公司转板上市的指导意见》，转板上市制度即将进入落地实施阶段。目前，各项配套制度已陆续发布。从近一年的运行情况来看，精选层已经初步具备了服务中小企业公开发行、公开交易的市场功能。符合条件的精选层企业将在履行内部决策程序、中介机构核查后，有序启动转板上市准备工作。

2021年7月23日，沪、深交易所分别发布转板上市配套业务规则，包括《转板上市申请文件》《转板上市报告书内容与格式》《上市保荐书内容与格式指引》等。此次配套规则为转板上市进入落地实施阶段进一步明晰了实操路径、做好了制度衔接。

2021年10月30日，中国证监会发布《中国证监会关于北京证券交易所上市公司转板的指导意见》（征求意见稿），基本延续了《中国证监会关于全国中小企业股份转让系统挂牌公司转板上市的指导意见》的规定。北交所的转板制度与精选层转板制度基本一致，即北交所上市公司可以转板至科创板或者创业板上市。北交所转板公司申请转板上市的主要制度为：

（一）转入板块范围

试点期间，符合条件的北交所上市公司可以申请转板至上交所科创板或深交所创业板。

（二）转板条件

北交所上市公司申请转板，应当已在北交所连续上市满1年，且符合转入板块的上市条件。公司在北交所上市前，已在全国股转系统精选层挂牌的，精选层挂牌时间与北交所上市时间合并计算。转板条件应当与首次公开发行并在上交所、深交所上市的条件保持基本一致，上交所、深交所可以根据监管需要提出差异化要求。

（三）转板程序

转板属于股票上市地的变更，不涉及股票公开发行，依法无须经中国证监会核准或注册，由上交所、深交所依据上市规则进行审核并作出决定。转板程序主要包括：企业履行内部决策程序后提出转板申请，上交所、深交所审核并作出是否同意上市的决定，企业在北交所终止上市后，在上交所或深交所上市交易。

（四）转板保荐

提出转板申请的北交所上市公司，按照上交所、深交所有关规定聘请证券公司担任上市保荐人。

鉴于企业公开发行股票并在北交所上市时，已经保荐机构核查，并在上市后接受保荐机构持续督导，对北交所上市公司转板的保荐要求和程序可以适当调整完善。

（五）股份限售安排

北交所上市公司转板的，股份限售应当遵守法律法规及上交所、深交所业务规则的规定。在计算北交所上市公司转板后的股份限售期时，原则上可以扣除在全国股转系统精选层和北交所已经限售的时间。上交所、深交所对转板公司的控股股东、实际控制人、董监高等所持股份的限售期作出规定。

三十三、与上市公司监管规定的衔接

（一）关于发行人上市前公司治理方面的衔接准备情况，保荐机构及发行人律师应重点核查发行人是否符合以下要求并发表明确意见：

1. 发行人申报时提交的公司章程（草案）内容应当符合《北京证券交易所股票上市规则（试行）》等相关规定，对利润分配、投资者关系管理、独立董事、累积投票等内容在公司章程（草案）中予以明确或者单独制定规则。

2.发行人申报时的董事（独立董事除外）、监事、高级管理人员（包括董事会秘书和财务负责人）应当符合《北京证券交易所股票上市规则（试行）》等规则规定的任职要求，并符合北交所上市公司董事兼任高级管理人员的人数比例、董事或高级管理人员的亲属不得担任监事的相关要求。

3.在上市委员会审议之前，发行人独立董事的设置应当符合北交所上市公司独立董事的相关规定。

（二）发行人申报时存在全国股转系统挂牌期间发行的可转换公司债券（以下简称可转债）的，保荐机构及发行人律师应重点核查发行人是否符合以下要求并发表明确意见：

1.发行人应当在董事会、股东大会审议通过公开发行股票并上市议案时，同步审议通过已发行可转债在北交所挂牌转让的议案。

2.发行人应当按照全国股转系统可转债暂停与恢复转股的相关规定，在申报当日办理完成暂停转股事宜并披露可转债暂停转股的公告，在收到终止审核决定书或者股票上市后及时办理恢复转股事宜。

3.发行人应当在招股说明书中充分披露以下事项：报告期初至申报前可转债的发行、转股、赎回与回售等情况，历次可转债转股价格调整情况；在申报前调整转股价格、限售安排等可转债基本条款的，相应决策程序的合规性，是否存在损害可转债持有人利益的情形；转股价格的公允性；上市后可转债的转股、赎回、回售及价格修正等条款的执行对发行人控制权稳定性、财务状况等可能存在的不利影响。

（三）发行人申报时存在全国股转系统挂牌期间发行的优先股的，保荐机构及发行人律师应重点核查发行人是否符合以下要求并发表明确意见：

1.发行人应当在董事会、股东大会审议通过公开发行股票并上市议案时，同步审议通过已发行优先股在北交所挂牌转让的议案。

2.发行人应当在招股说明书中充分披露以下事项：报告期初至申报前优先股的发行、付息与调息、赎回与回售等情况，优先股股东表决权的恢复、行使、变动及优先股股东分类表决情况等，前述事项对发行人控制权稳定性、财务状况可能存在的不利影响。

（四）发行人申报时存在全国股转系统挂牌期间依法实行的期权激励计划

的，保荐机构及发行人律师应重点核查发行人是否符合以下要求并发表明确意见：

1. 发行人应当在招股说明书中充分披露以下事项：期权激励计划的基本内容、制订计划履行的决策程序、目前的执行情况；期权行权价格的确定原则，与最近一年经审计的净资产或评估值的差异与原因；期权激励计划对公司经营状况、财务状况、控制权变化等方面的影响；涉及股份支付费用的会计处理等。

2. 在审期间，发行人不应新增期权激励计划，相关激励对象原则上不得行权。

第二节　常见的财税问题

一、主要财务规范问题

尽管北交所上市分为挂牌全国股转系统、全国股转系统挂牌期间（包括挂牌创新层）及北交所IPO上市三个阶段，但目前的监管趋势是挂牌阶段的财务审查也趋向IPO标准，北交所、科创板和创业板审核标准是一致的，以下按照IPO标准来分析财务问题。

通过结合实务经验大量分析企业财务规范的问题，笔者提炼出以下四个方面企业财务规范的共性问题，具体包括：收入确认、成本核算（含存货）、研发费核算和银行资金流水核查。

笔者力求用简单、简洁的财务和非财务语言去描述专业的术语，便于企业理解北交所IPO的财务规范需关注的重点问题及解决相关问题的思路，从而帮助企业人士和非专业人士更能理解财务规范的意义，看到企业相关管理的差距，从而提升公司管理水平，完善内部控制、加快信息化水平。让公司管理层跟上公司发展，进而在思维层面形成新的共识，为企业下一步的腾飞奠定基础。

（一）收入确认

收入确认是核心财务规范问题，实务中多数准备挂牌和上市的企业对此认识不足，不够重视。

1.实战分析

实务中，企业负责人、财务总监对自己公司业务如何按《企业会计准则第14号——收入》（简称“新收入准则”）表述和记录，往往理解不透或理解不了。例如，企业认为发货就确认收入，跟客户签订的公司条款都是只要货交到对方手里，控制权就转移了，相关风险报酬也转移了，没有其他的安排。但实际检查合同时，可能发现有些并非如此，如有要求经过验收或者异议期经过才认可货物控制权发生转移的情况。因此，需要详细检查合同，阅读合同条款，了解合同约定是否真正得到执行。又如，多数拟上市民营企业以开票确认收入，规范企业收入确认时点往往需要尽早介入，尤其在新收入准则下，开票时点与收入确认时点保持一致的可行性较低，需要会计师尽早介入，充分探讨收入时点的确认问题。在新收入准则下，收入确认有了很多新的诠释，需要在实践中分析探讨，明确规则。

收入确认的正确思路应该是根据履约合同，以控制权是否转移为标准，按收入确认的五步法分析得出，如企业被判定为主要责任人的一般按总额法、被判定为代理人的一般按净额法确认收入；软件开发企业需要根据实际情况判断，常倾向于终验法；系统集成企业满足条件可以按时段确认收入。

2.某上市公司反馈意见等节选分析

（1）相关问题

收入确认由净额法转变为总额法。

（2）监管部门问询

某上市公司报告期内，公司与甲公司的受托加工服务模式转变为与甲公司和乙公司三方间的采购销售业务模式，财务会计核算由净额法确认收入转变为总额法确认收入。结合具体合作方式变更情况，合同约定情况，披露财务会计核算由净额法确认收入转变为总额法确认收入的原因及合理性。

（3）发行人回复节选

发行人具备危险固体废物处理资质，并于2016年5月与甲公司签订受托加工合同，受托加工标的物为甲公司高硫渣，加工具体内容为对高硫渣进行脱硫处理，在该合同项下发行人与甲公司形成受托加工的业务模式。

发行人具备危险固体废物处理资质，并于2016年5月与甲公司签订受托加工合同，受托加工标的物为甲公司高硫渣，加工具体内容为对高硫渣进行脱硫处理，在该合同项下发行人与甲公司形成受托加工的业务模式。

2018年，甲公司由于准备搬迁，决定将包含高硫渣在内的非主要业务进行剥离，合作模式由委托加工模式转变为采购销售模式，发行人对甲公司高硫渣进行买断，经焙烧脱硫处理后形成焙烧渣销往发行人客户单位乙公司。

在受托加工业务模式下，发行人将焙烧处理后的高硫渣返还至甲公司，在采购销售业务模式下发行人则将焙烧处理后的高硫渣直接销售给下游客户乙公司。即在受托加工模式下，合作方为甲公司与发行人两方；在采购销售模式下，发行人上游即采购方为甲公司，下游即销售方为乙公司。在受托加工模式下对高硫渣原料享有控制权的为甲公司，在采购销售模式下对高硫渣原料享有控制权的为发行人。

根据《企业会计准则第14号——收入》及其应用指南和讲解的有关规定，收入只包括企业本身收到的和应收的经济利益的总流入。

根据《企业会计准则第14号——收入》规定，企业应当根据其在向客户转让商品（或提供服务）前是否拥有对相关商品（或服务）的控制权来判断其从事交易时的身份是主要责任人还是代理人。企业在向客户转让商品（或提供服务）前能够控制相关商品（或服务）的，该企业为主要责任人，应当按照已收或应收对价总额确认收入；否则，该企业为代理人，应当按照已收或应收对价总额扣除应支付给供应商的价款后的净额或者按照既定的佣金金额或比例确认收入。

表明企业属于主要责任人（即转让商品前能够控制该商品）的特征包括：①企业自第三方取得商品或其他资产控制权后，再转让给客户；②企业能够主导第三方代表本企业向客户提供服务；③企业自第三方取得商品控制权后，通过提供重大的服务将该商品与其他商品整合成某组合产出转让给客户。

结合上述企业会计准则条款，在采购销售模式下：

①发行人向甲公司购进高硫渣已全额付款，甲公司已按全额开具发票，从票据流及资金流来看发行人已完全取得高硫渣控制权，并承担高硫渣总体的存

货风险，甲公司不再承担高硫渣毁损灭失的风险。

②发行人对高硫渣进行了脱硫处理，高硫渣硫杂质含量过高将会对其后续进一步加工回收形成重大影响，且一般企业不具备脱硫能力，因此发行人在根本上而不是包装形式上改变了高硫渣的功用性。

③报告期内，发行人生产的焙烧渣均销往乙公司，主要原因系乙公司具备相关处理资质，其将采购的焙烧渣产品进一步去除杂质，提炼贵金属，具有较高的经济附加值，并且其产能足以消耗发行人生产的全部焙烧渣；公司亦可销售至其他具备处理资质的客户。

综上所述，发行人在受托加工模式下采用净额法核算、在采购销售模式下采用总额法核算符合《企业会计准则》相关规定。

3.评析

本案例中，发行人原来在受托加工模式下被判定为代理人用净额法核算，后在采购销售模式下成为主要责任人按总额法核算。

如果销售模式不同，销售收入确认方式也多种多样，如：外贸销售模式，以货物出口报关时间为销售收入的确认时间；代销模式，公司在收到客户确认的结算（代销）清单时确认销售收入；实体店销售，公司在产品交付至客户并收取货款时确认销售收入；等等。需要结合企业实际情况，在新收入准则指引下，探讨出适合的销售确认办法。

（二）成本核算

成本核算情况是检验一家企业财务是否规范的最直观体现。

1.实战分析

创业成长期的艰辛之路使得企业会节约每一个“铜板”，成本核算上过于规范是奢侈的，所以多数成本核算水平偏低是必然的。这就导致很多想进入资本市场的企业实际成本核算水平和企业规模很不匹配。有些企业根本没有严格的成本核算，甚至通过倒挤的方式估算成本，或者通过EXCEL表格方式核算成本，当然也有部分规范意识强的企业很早就开始规范使用ERP甚至SAP。

随着企业规模的扩大，产品、产成品数量逐渐增多，成本核算难度也会不断加大，所以建议制造业企业在销售额达到5000万元前，有费用承受能力时必须尽早开始规范成本核算，一个重要标志是通过使用ERP带动企业核算的规范，规模更大或有条件的企业也可以使用SAP等，尽早朝着信息化和智能化的方向提前准备。从长期看，信息化和智能化是未来制造业的标配。对于软件企业，工时系统是成本核算规范的必由之路，也需要尽早使用。对于教育培训企业而言亦是如此，课时系统是规范成本核算的基础。运行良好的ERP、工时系统或课时系统是企业成本核算规范的前提。

同时，成本核算的规范离不开存货管理的规范。需关注存货盘点制度是否完善，存货库龄情况，库房面积、实际使用面积、日常存货存放地、管理流程等，将存货管理和成本核算规范相结合。实践中，一个常见的现象是存货胀库，因为少交税和管理不规范等原因，企业实际库存大于账面库存，常年累积差额会不小，消化库存十分考验企业财务人员的核算功力，是企业核算规范的一场硬仗。财务核算的难点和重点在成本和存货，其重要性犹如汽车的发动机，解决了它们，企业财务核算规范性将水到渠成。

2. 成本核算需重点关注的内容

（1）主营业务成本合理性，分析成本构成、成本变化或波动的合理性。

（2）同期市场成本，营业成本核算及结转方法（报告期内结转的营业成本金额，在产品余额、产成品余额情况，发行人报告期内产品成本结转和营业收入是否匹配，是否存在少结转成本的情况），关注成本核算方法的合规一致性。

3. 某上市公司反馈意见等节选分析

（1）相关问题

成本费用归集和分类分析，磨擦型二氧化硅的单位平均成本远低于另一核心产品增稠型二氧化硅，也低于普通款产品综合型二氧化硅；而报告期内磨擦型二氧化硅的销售单价均高于增稠型二氧化硅和综合型二氧化硅。

（2）监管部门问询

结合各类产品的技术工艺、成本明细及市场需求等，说明公司核心产品磨擦型二氧化硅单位成本低于增稠型二氧化硅和综合型二氧化硅，但售价较高的原因及合理性，与同行业公司相比是否具有一致性。

（3）发行人回复节选

①单位燃料成本分析

公司报告期内的燃料动力的归集、分配情况。公司每月归集生产车间产品生产过程中实际耗用的燃料动力，主要包括电、蒸汽、天然气。月末按照产成品的各种二氧化硅型号产品对应的电、蒸汽、天然气标准成本与实际产量，分摊实际耗用的燃料动力。

各类产品燃料动力单位成本主要受标准用量的影响。磨擦型二氧化硅电、蒸汽和天然气的标准用量最低，增稠型标准用量最大；尤其是天然气的标准用量差异较大，其原因主要为经过反应压滤环节后的增稠型产品含水量相对较高，因此，之后的干燥环节需要消耗的天然气明显较多，进而造成单位增稠型产品的耗用天然气的用量较高。由于磨擦型产品燃料动力的标准用量较低，进而造成其燃料动力整体单位成本较低。

综上，由于生产技术工艺的原因，三类产品在反应压滤环节后的含水量有所不同，进而影响到干燥环节的燃料动力消耗；公司根据产品的技术工艺制定出单位磨擦型产品的燃料动力标准用量最低，因此，磨擦型产品的燃料动力单位成本较低具有合理性。

②单位材料费用成本分析

增稠型产品由于个别产品型号增加了生物防治技术环节，单位材料费用高于其他两类产品。

报告期内，上述主要产品的平均材料成本变动基本保持稳定；从生产环节来看，增稠型较磨擦型、综合型产品单位材料成本高，主要系增稠型二氧化硅由于个别产品型号增加了生物防治技术环节，进而使得整体单位材料费用高于磨擦型和综合型二氧化硅。报告期内，公司剔除生物防治技术的影响后，公司增稠型产品平均单位材料成本与其他品类产品相对趋同。

③单位制造费用成本分析

公司报告期内的制造费用的归集、分配情况。公司每月归集产成品生产过程中发生的各项制造费用，其中折旧费和维修费按不同产线进行归集、在不同产线的产成品中按实际产量分摊；无法在不同产线进行归集的其他制造费用按照当月产成品的实际产量分摊。

综上，磨擦型二氧化硅产品的单位制造费用较低具有合理性。

④单位人工成本分析

公司报告期内的直接人工的归集、分配情况。公司每月归集产成品在生产过程中生产人员的薪酬。月末按照生产人员标准成本与产成品的实际产量，分摊各型号产成品应承担的人工成本。各类产品单位人工成本主要受生产环节的标准成本的影响，磨擦型产品在生产环节标准人工成本较低，公司根据产品在各工序的工艺特点及公司的薪酬水平制定出各产品生产环节的标准人工成本。报告期内，公司磨擦型产品该部分的标准人工成本最低。各类单位产品在公摊部分分摊的人工费用趋同，因此，各类产品分摊的单位人工成本主要受标准部分的单位标准人工成本的影响。如上所述，公司根据产品在各工序的工艺特点及公司的薪酬水平制定出各产品生产环节的标准人工成本。公司在制定标准人工成本时，会考虑磨擦型产品单位产出较高的情况，为了平衡公司不同类型产品岗位的薪酬水平，兼顾生产技术复杂程度、劳动繁重程度和员工的薪酬差距等因素，公司制定的磨擦型的标准人工成本总体较其他产品低；增稠型产品单位产出较低，进而公司制定的增稠型的标准人工成本总体较其他产品高。综上，磨擦型的细分产品对应的标准人工成本相对其他类型产品总体上最低，因此，磨擦型二氧化硅产品的单位人工成本较低具有合理性。

综上，结合技术工艺、成本明细分析，磨擦型二氧化硅单位成本低于增稠型二氧化硅和综合型二氧化硅，具有合理性。

4. 评析

从反馈问询看，问题越发细化和专业化，问题和问题间相互勾稽，没有规范严谨的成本核算和内控做支撑，很难顺利过关。

客观上说，即使今天很多已在全国股转系统挂牌甚至挂牌创新层的企业，成本核算和存货管理水平也仍然没有过关。有些制造业企业规模到了5亿元甚至10亿元，依然没有解决成本核算及存货账实不符问题，这时规范的代价会成倍增加，往往会使企业错过宝贵的发展机遇。

对于规模过亿或利润过千万的企业，闯过了生存关进入快速发展的爬坡期，只有在规范和发展之间找到平衡点，高度重视成本核算和存货管理，选好优秀、适用的财务人才是拥抱北交所的前提。

（三）研发费核算

成就“专精特新”小巨人企业离不开研发支持，税收优惠和高新认证也离不开对研发费的投入。

1. 实战分析

北交所打造服务创新型中小企业阵地，助力“专精特新”小巨人发展，实实在在的研发支出是基础。财政部也发文要求关注企业上报给不同政府机构、中国证监会、税务局、高新审核机构、银行等不同机构的报表是否一致，其中也隐含着对研发费用问题加强监管的趋势。

实践中，在研发费上打“擦边球”的企业不在少数，如果有在北交所上市的计划，就要真正将研发费用用财务语言表达出来，同时满足监管机构的要求。很多企业确实产生很多研发费用，但因为财务水平和重视度不够，并没有合规地反映出来。这就要求企业高度重视，在中介机构的参与和指导下，由财务部牵头，和研发部一起建立研发项目的内控制度，包括可研、立项、预算、研发领料、研发台账、研发结算等完善的全流程控制机制。

2. 研发费核查需重点关注的内容

（1）研发费用是否真实

企业对于研发活动的界定，确定研发费用的组成，需要有合理解释，能够自圆其说，除了有企业的合理解释，一定要有相应的证据支持。根据研发活动流程，企业需要留存各节点项目文档资料，以便于通过文档资料详细了解主要研发项目的性质。

（2）研发项目核算是否合规

具体包括以下方面：关注研发活动的核算范围是否符合要求；是否建立与研发项目相对应的人财物管理机制；明确研发支出开支范围和标准，并得到有效执行；严格按照研发开支用途、性质据实列支研发支出，是否存在将与研发无关的费用在研发支出中核算的情形；建立研发支出审批程序等。

3. 某上市公司反馈意见等节选分析

（1）相关问题

发行人是否能够准确识别研发环节，尤其与生产线存在高度重叠的关联研发项目，发行人是否能否准确区分研发支出、生产支出。

（2）监管部门问询

①根据报告期内研发项目实施情况，列明相关项目的参与人员、物料领用情况，说明报告期内其他费用的具体构成及对应项目，是否存在项目参与人员混岗的情形，生产制造与研发是否严格区分；②说明甲的具体工作内容、职责及时间分配情况，根据《研发管理制度》列示其工资薪酬的归集与分配，同时提供相应的研发项目台账及甲的参与情况；结合上述情况，说明报告期内甲的

工资薪酬是否应全部计入研发费用，若否，请重新测算调整后的研发费用占营业收入的比例，是否仍满足科创属性相关指标要求。

（3）发行人回复节选

甲作为公司技术负责人，全面负责公司研发相关的工作，而日常生产经营工作由总经理乙负责，甲作为董事长履行《公司法》与公司章程规定的基本职责。因此，报告期内，公司管理层根据甲作为核心技术人员，一直负责产品研发且其主要精力集中于研发工作的实际情况，将甲的工资薪酬全部计入研发费用。

但考虑到甲的管理职能工作，也投入一定精力履行公司管理职能，发行人披露了报告期内，甲履行管理职能的时间主要包括主持和参加股东大会、召集和主持董事会及参加管理层会议等。根据股东大会会议记录、董事会会议记录以及管理层会议记录，2017年度、2018年度、2019年度甲履行公司治理职能的时间占比分别为22.99%、22.22%、23.37%。

所以，公司将报告期内甲工资薪酬70%部分计入研发费用，剩余30%计入管理费用，即将甲报告期内工资薪酬的30%从研发费中调整至管理费用。调整后，2017年度、2018年度和2019年度的研发费用分别为1348.14万元、1639.80万元和1905.82万元，三年累计研发投入为4893.75万元，累计营业收入为95429.33万元，三年累计研发投入占比为5.13%，符合“最近3年累计研发投入占最近3年累计营业收入比例5%以上”的要求。

发行人已对研发费用分配金额进行调整，并对招股说明书、财务报表等对应部分进行修改、调整。

4.评析

如反馈意见所述，没有真金白银的实际投入，研发费核查想过关很困难。以信息披露为核心的监管，不仅需要企业如实投入，还需要企业按照监管和准则的要求如实呈现研发费用的投入，才能经得起中介机构和监管机构的核查。

现实中，有些已挂牌企业甚至是创新层企业因为投资的业绩对赌和股权分散后股东对业绩的预期等，将不合要求的研发费资本化，导致成本减少利润虚增。不实的研发费是造成企业假高新的重要源头，处理不好会成为上市的“硬伤”。

（四）银行资金流水核查

银行资金流水的核查，越来越受到监管层重视，已成为常态化核查。

1.实战分析

银行资金流水能反映企业收支管理制度完善性、有效性，大额收支交易的真实性及货币资金余额的准确性。

银行资金流水核查包括银行账户核查和银行资金流水核查。在银行资金流水核查实际操作过程中，中介机构的核查范围包括发行人、实际控制人、发行人主要关联方、董事、监事、高管、关键岗位人员等。

对高管及股东的个人银行账户核查是一把利剑，将很多企业挡在上市之路的门外，像药企等容易有高额回扣的企业将更容易被拒之门外，或推迟企业上市的进程。对此，对于一些容易引发回扣联想的企业更需关注账户核查。

2.银行资金流水核查重点关注的内容

（1）关联方资金占用

核查关联方资金占用情况，更为可靠的资料是对企业银行流水进行核查。在核查流水过程中，对于对方单位为关联方的，均需对其账务处理情况进行核对，核实是否存在关联方资金往来账务处理不恰当情况，对于存在大额或频繁的关联方资金往来的要深入核实交易背景。

（2）第三方回款及收款

第三方回款通常是指发行人收到的销售回款的支付方（如银行汇款的汇款方、银行承兑汇票或商业承兑汇票的出票方或背书转让方）与签订经济合同的往来客户（或实际交易对手）不一致的情况。单纯依据企业自身统计的非公转账明细，不足以确保数据无重大误差，鉴于银行流水是更可信的证据，在核查银行流水时候，关注回款单位与记账凭证中客户单位不一致情况，并做好记录，与企业统计的数据进行核对，降低统计数据重大遗漏的可能性。

（3）银行借款转贷

中国证监会关于《首发业务若干问题解答》第41问内部控制的相关问答中，专门提到银行借款转贷问题，即为满足贷款银行受托支付要求，在无真实业务支持情况下，通过供应商等取得银行贷款或为客户提供银行贷款资金走账通道。

银行基于风险把控要求，一般会让公司将流动资金贷款委托银行代为支付给指定供应商，而且银行一般对供应商最高数量还有要求，在此背景下，部分公司供应商分散且单笔采购金额比较小，并且不愿意短期内将全部贷款均支付出去，而是希望能在较长期限内自主使用流动贷款来补充营运资金。在银行风险把控的要求与公司灵活使用资金需求的矛盾下，公司会采取变通方式，即通过将少量可靠的供应商或自己关联方指定为委托付款供应商，待银行将资金支付到指定供应商后，上述供应商又通过其他方式全部转回到公司，从而实现规避监管来灵活运用资金。也有部分拟上市公司作为客户指定供应商，协助自己的客户完成上述行为。

鉴于该行为已明确被中国证监会列为内控不健全表现，并且该转贷行为的资金必然会在银行流水中有所体现。因此，在核查银行流水过程中，需要关注借款是否存在大额转至少数供应商或关联方情况，或者部分账户存在供应商或关联方汇入大额资金情况，若有此类情况，则大概率存在转贷行为。同样，若存在公司向客户大额汇出资金情况，也需重点关注是否存在协助客户进行转贷的情况。

（4）违规票据贴现

中国证监会《首发业务若干问题解答》第41问也列明了违规票据融资属于内控不健全表现。

违规票据融资指为获得银行融资，公司向关联方或供应商开具无真实交易背景商业票据，进行票据贴现后获得银行融资。部分可能是关联方开具商业汇票背书给公司，公司进行贴现的情况。为核查该类情况，一是要核查公司的开立银行承兑汇票情况，是否背书给真实的供应商；二是在核查银行流水时，关注公司大额票据贴现资金流入情况，若存在大额贴现，需对贴现协议、贴现票据的历次背书情况进行核查，核实是否为关联方开具的票据。

3.某上市公司反馈意见等节选分析

（1）相关问题

实际控制人通过向发行人转让专利技术、利润分配获得大量资金。

（2）监管部门问询

请发行人及实际控制人：①向中介机构提供实际控制人及其直系亲属的全部银行账户（包括2012年以来已注销的银行账户）及对应资金流水情况。②说明实际控制人及直系亲属的银行账户是否与发行人主要客户及其关联方、员工等存在资金往来，如有请说明原因、资金实际用途并提供依据。③说明实际控制人及直系亲属的银行账户是否存在大额或频繁现金取现的情况，如有请说明原因、资金实际用途并提供依据。④说明上述资金流水报告期内单笔超过1万元支出、2012年至2015年单笔超过10万元支出的具体情况，包括但不限于各年笔数、累计金额、按照金额区间的分布情况，按照重要资金往来方或具有特殊关系的资金往来方（如发行人员工、主要客户及其关联方、实际控制人的关联方、近亲属或控制的其他企业员工等）不同期间交易金额的分布情况，重要资金往来方或具有特殊关系资金往来方的交易时间、交易金额、资金实际用途并提供依据。⑤对单笔未超过④所列金额但是累计金额较大的重要资金往来方，比照④的要求进行说明。

请保荐机构、会计师：①核查上述情况，详细说明核查方式、核查标准、核查比例、核查证据等是否足以支持核查结论，并将核查证据列表、重要核查证据作为附件。②通过亲自取得实际控制人的征信信息或与实际控制人一起去银行查询等方式，核查实际控制人提供的银行账户是否完整。③重点核查从发行人处取得资金的实际流向，是否与发行人员工、主要客户及其关联方、实际控制人近亲属或控制的其他企业员工等存在大额资金往来；若是，请通过进一步追查上述人员资金流水，核实资金流向，是否存在间接流向发行人主要客户及其关联方的情况。④重点核查有无通过存单或金融资产抵押获得资金，投向信托、资产管理计划，大额或频繁现金存取等情形及相应资金流向。

（3）发行人回复节选

①核查上述情况，详细说明核查方式、核查标准、核查比例、核查证据等是否足以支持核查结论，并将核查证据列表、重要核查证据作为附件。

保荐机构和申报会计师履行了以下核查程序：

亲自前往实际控制人及其直系亲属的开户银行打印2012年至今的资金流水明细；

亲自前往中国工商银行、中国农业银行、中国建设银行、中国银行、交通银行、光大银行、招商银行、民生银行、中信银行、北京银行、北京农商银行，查询实际控制人在该行的开户情况；

取得实际控制人的征信信息；

核查了2016年至2019年6月30日内单笔1万元以上及2012年至2015年单笔10万元以上的全部资金流水，查看交易对手方，向实际控制人及直系亲属了解交易对手方身份及交易原因，并与公司员工名册、离职员工名册，公司董监高及近亲属名单、主要客户及其关联方进行了比对检查其交易对手方；

获取了实际控制人及其直系亲属主要银行支出的资金实际用途证明资料，如个人所得税缴纳款相关发票、购房协议、购房发票、投资协议等；

……

对2012年至2015年单笔金额低于10万元但累计交易金额超过10万元资金往来进行了核查，对2016年至2019年6月30日单笔金额低于1万元但累计交易金额超过1万元资金往来进行了核查，查看了银行流水的交易对手方。

②通过亲自取得实际控制人的征信信息或与实际控制人一起去银行查询等方式，核查实际控制人提供的银行账户是否完整。

保荐机构和申报会计师分别委派项目组成员与实际控制人一同前往其全部开户银行，获取全部银行账户2012年至2019年6月30日（如开户日期晚于2012年1月1日，则获取开户日期至2019年6月30日）的银行流水。

保荐机构和申报会计师通过分析账户提供方是否提供了包括工资户、还贷户、日常消费户等账户以及交叉核对不同账户之间的交易对手方账户信息等方式复核确认其提供的账户。

保荐机构、申报会计师与实际控制人一同走访了工商银行、建设银行、中国银行、农业银行、交通银行、招商银行、民生银行、光大银行、中信银行、北京银行、北京农商银行，就实际控制人在上述银行开立账户情况进行查询，复核实际控制人提供的银行账户完整性。

保荐机构和申报会计师取得了上述实际控制人的银行账户流水并由其出具已经完整提供银行账户的承诺。

③重点核查从发行人处取得资金的实际流向，是否与发行人员工、主要客户及其关联方、实际控制人近亲属或控制的其他企业员工等存在大额资金往来；若是，请通过进一步追查上述人员资金流水，核实资金流向，是否存在间接流向发行人主要客户及其关联方的情况。

保荐机构和申报会计师查阅了实际控制人及其直系亲属全部银行账户2012年至2019年6月30日的银行流水，经核查，实际控制人从公司取得的资金实际流向主要是购买房屋、投资、缴纳个人所得税，具体情况见本回复②相关内容。保荐机构和申报会计师向实际控制人获取了购买房屋的发票、购房协议、缴纳所得税的发票以及相关投资协议和借款协议，经核查，实际控制人不存在直接或间接流向发行人主要客户及其关联方的情况。

保荐机构和申报会计师对实际控制人及其直系亲属2012年至2015年10万元以上及2016年至2019年6月30日1万元以上的交易进行了逐笔核查，查看交易对手方信息，向实际控制人及其直系亲属了解交易对手方身份及交易原因，并与公司员工名册、离职员工名册，公司董监高及其近亲属名单、主要经销商及董监高名单进行比对。经核查，实际控制人与公司员工、近亲属存在少量转账，主要系员工因购房等个人原因借款，代报销或代购外汇等发生的转账。

④重点核查有无通过存单或金融资产抵押获得资金，投向信托、资产管理计划，大额或频繁现金存取等情形及相应资金流向。

保荐机构和申报会计师查阅了实际控制人及其直系亲属全部银行账户2012年至2019年6月30日的银行流水，经核查，实际控制人及其直系亲属存在购买银行及信托理财产品的情况，且上述理财产品均已收回，不存在通过存单或金融资产抵押获得资金，投向信托和资产管理计划的情况。

经核查，实际控股控制人购买和收回银行和信托理财产品的具体情况如下：……

保荐机构查阅了实际控制人及其直系亲属全部银行账户2012年至2019年6月30日的银行流水的全部现金存取情况。经核查，实际控制人及直系亲属不存在大额或频繁取现的情况。

4.评析

这是一份较为完整的现金流水核查问询和回复函，可见其银行流水核查细致严谨，滴水不漏。实践中，不少企业因董监高账户核查不过关而推迟申报。申报期银行资金流水的核查和董监高等银行账户核查是每一家未来上北交所的企业必须要面对和重视的问题。

提示

总体而言，财务规范是个系统工程，除了以上四个方面，还涉及股份支付、税收优惠、持续经营能力分析等多方面，只是实践中上述四个方面更为常见和突出：（1）对于收入确认，只要企业重视，结合经营实际按照财务标准处理即可解决；（2）成本和存货核算是重点也是难点，尤其对于制造业企业而言，成本核算的规范更是重中之重；（3）研发费更是意识问题，需要管理层重视并坐实全过程；（4）资金流水核查逐渐呈常态化检查趋势，董监高等高管都要无差别面对。

希望以上分析能够抛砖引玉，引发企业管理者的进一步思考。在以信息披露为核心的注册制的大背景下，企业更要沉下心，在尊重财务规范的前提下，把企业做精做专做实，不搞噱头，以不变应万变，任尔东西南北风！

二、财务团队现状及解决思路

（一）企业财务现状及财务团队现状

现实中财务规范是民营企业的短板，在生存线上挣扎的民营企业，时刻承受着“活下来”的压力，“给银行打工的，靠打税务擦边球活着”的现状，使得财务规划更多是“以后的事”。新三板的出现唤起了民营企业家的资本之梦，北交所的横空出世更是让大量苦于探索的民营企业看到了摸得着的希望。

按照北交所的严格尺度审核，笔者估算，即使是目前已处在创新层的企业，能满足北交所财务核算要求的不会超过20%，基础层的企业则不会超过10%。“两套账”、以开票确认收入、成本核算不准、存货账实不符等问题普遍存在，然而这只是财务规范层面的问题。

事实上，企业财务团队能力问题更堪忧。生存压力下的民营企业，很难舍得投入成本招聘高水平的财务人员，现实环境也不允许成立初期的企业严格按照规范核算。能真正满足上市的财务规范且营收、利润、行业、团队等都较好的企业可谓凤毛麟角。

因此，企业决定上市之日起，就应将财务人员能否胜任这一关键因素纳入考量范畴。尤其是成本核算不合规规模高达几亿的制造业企业，更需要找到对成本核算具有较强实战经验的财务负责人。

（二）解决思路

1. 内部优先选拔

在尽职调查中，除企业业务和财务现状外，财务负责人和财务团队的胜任能力也是尽职调查的重要考查内容。现实中，因财务负责人能力不足、思维固化和沟通协调能力弱而让企业走弯路、错失发展良机的情况不在少数。

判断财务负责人能否牵头企业走上北交所敲钟之路，需要从专业度、年龄、性格、性别和个人发展阶段等多维度进行考量。

2. 外部招聘

在明确内部现有人员不符合要求的情况下，企业应当迅速开始外部招聘。寻找财务负责人建议通过猎头或财务圈专业人士介绍的方式，围绕性格特点、专业深度、家庭状况、背景调查等内容多方沟通和交流，切不可操之过急！

快速发展期的民营企业，可以考虑招聘具有财务经理潜质的财务总监，和企业一起成长。有潜质并有意愿挑战自己的财务经理能够在企业发展过程中快速成长。这就需要财务经理年富力强、性格稳重适度外向，能够在各方中介和企业内部的沟通中找到平衡点，从而更好地达成目标。

相对来说，对制造业财务人员的专业程度要求更高，尤其应关注其成本核算能力，拥有成本核算经验尤其是在规范化运作的国企等负责过成本核算的经历更优。对于软件企业而言，更应关注成本、工时系统及财务负责人的沟通协调能力等。

3. 财务经理+财务顾问

第三种推荐方法是采用财务经理加财务顾问的方式。由财务经理解决企业核算和规范层面问题，通过外聘有专业水准的财务顾问解决股权激励、投融资并购重组等战略层面问题。待财务经理在和中介团队的互动中成长或待北交所成功敲钟后，企业进一步发展壮大，以吸引更高层次的人才加盟。

4. 评析

企业的财务规范问题反映的是企业财务人员的能力问题，追根溯源是企业的用人理念和企业家的思维认知问题。这就要求企业家要知人善任，善于倾听专业人士的建议，把好人品关，挑选能够胜任的财务人员，由财务负责人带领财务团队配合中介团队一起战斗，共同奔赴北交所敲钟之路。

以信息披露为核心的监管思路下，北交所必将加大对各方的监管和处罚力度，以确保更开放的资本市场健康运行，实实在在支持“专精特新”小巨人企业、支持国家创新战略。这就要求企业家放下杂念，推动企业在规范下良性发展，早日搭上北交所的战车，圆北交所敲钟之梦。以此为始，向更高的巅峰迈进！

附　录　北京证券交易所交易规则体系图

- 业务规则
  - 发行融资类
    - 发行上市类
      - 北京证券交易所向不特定合格投资者公开发行股票并上市审核规则（试行）
        - 北京证券交易所上市委员会管理细则
        - 北京证券交易所证券发行上市保荐业务管理细则
        - 北京证券交易所证券发行与承销管理细则
    - 再融资
      - 北京证券交易所上市公司证券发行上市审核规则（试行）
        - 北京证券交易所上市公司向特定对象发行优先股业务细则
        - 北京证券交易所上市公司向特定对象发行可转换公司债券业务细则
    - 重组类
      - 北京证券交易所上市公司重大资产重组审核规则（试行）
  - 持续监管类
    - 上市类
      - 北京证券交易所股票上市规则（试行）
  - 交易管理类
    - 交易类
      - 北京证券交易所交易规则（试行）
        - 北京证券交易所全国中小企业股份转让系统交易单元管理细则
        - 北京证券交易所上市公司股份协议转让细则
        - 北京证券交易所合格境外机构投资者和人民币合格境外机构投资者证券交易实施细则
        - 北京证券交易所交易异常情况处理细则
    - 投资者
      - 北京证券交易所投资者适当性管理办法（试行）
  - 市场管理类
    - 会员类
      - 北京证券交易所会员管理规则（试行）
    - 综合类
      - 北京证券交易所业务收费管理办法
      - 北京证券交易所自律监管措施和纪律处分实施细则
      - 北京证券交易所自律管理听证实施细则
      - 北京证券交易所复核实施细则

后记

POSTSCRIPT

2021年9月2日，中国国家主席习近平在中国国际服务贸易交易会全球服务贸易峰会上宣布："我们将继续支持中小企业创新发展，深化新三板改革，设立北京证券交易所，打造服务创新型中小企业主阵地。"北京证券交易所的诞生，不仅给我国证券市场多层次格局增添了"新层级"，而且进一步促进了我国证券市场各层级（上交所、深交所、北交所、全国股转系统和区域性股权交易中心）之间形成"能上能下"和"能进能出"的局面。同时，北京证券交易所是我国第一家公司制证券交易所，这与全球证券交易所纷纷从会员制向公司制转型的大趋势不谋而合，因此北京证券交易所还肩负着我国证券监管管理创新的使命。

出于职业敏感，我们深感北京证券交易所将对中国证券体系和资本市场未来发展产生重大而深远的影响，于是便"有感而发"撰写了一篇评论文章《北交所、科创板、创业板比较，看这一篇就够了》，出乎意料的是，这篇文章被众多财经自媒体和微信公众号转载，在很短时间里获得了数万次的阅读量，并被广泛引用。

随着这篇评论文章的转载和传播，我们收到来自各方的反馈，有金融机构和政府部门邀请我们做有关北京证券交易所的专题讲座，但是囿于新冠疫情防控形势的"时起时伏"，我们均婉言谢绝了；还有出版社联系我们，希望我们能够在近期完成一本有关北京证券交易所的图书。我们之前都出版过相关专业书籍，深知写书的不易和艰辛，加之投资工作繁忙，难以有大段时间精心写作，于是也婉拒了。

国庆节之后“忽然而至”的又一轮新冠疫情彻底打乱了我们的工作计划和节奏。我们这些由于频繁出差而遭遇“时空重合”的人群，不得不面对“健康码变黄”或“北京健康宝出现弹窗而无法扫码”带来的“无奈和苦恼”，不得不远离“车水马龙”，独处“灯火阑珊处”。

工作节奏的突然放缓，反而让我们陷入迷茫。恰在此时，中国法制出版社的策划编辑成知博再次联系我们，询问能否在近期出版一本有关北京证券交易所的图书。出乎我的意料，处于“隔离状态”的合作伙伴们竟然都愿意利用这段疫情隔离时间来专心写作。

再往后的事情，就和我们之前出书的过程“大同小异”：写作团队首先进行分工，然后由主编确定写作大纲和各章框架，分头撰写书稿，外部专家参与初稿讨论，最后由主编统一汇总并交叉审稿，同时出版社也不断提出修改建议并督促我们按时交稿等。

本书的写作团队成员分别来自基金公司、律师事务所、证券公司、会计师事务所、研究机构、央企法务部门和商业银行等，均具有丰富的理论和实践经验。写作团队成员之间不仅在项目层面有长期合作，还一起“笔耕不辍”先后合作出版过多部著作，彼此非常默契。

本书由北京民安卓越投资管理有限公司总经理陈卓和北京德恒律师事务所合伙人王贺牵头撰写，恒泰长财证券有限责任公司成长企业投资银行部董事副总经理甘丹参与了本书理论篇及实务篇部分内容的撰写，立信会计师事务所合伙人王道仁参与了实务篇部分内容的撰写，中国运载火箭技术研究院法律事务部金婷参与了理论篇部分内容的撰写，北京德恒律师事务所合伙人毕秀丽、广州珺君私募证券投资管理有限公司董事长毛军、农银金融资产投资有限公司总监张卫洪等参与了本书初稿的讨论，并提出了宝贵修改建议。北京民安卓越投资管理有限公司基金部的朱剑山、郑振南和袁影等同志结合工作实务，对本书写作框架及亮点给出了有价值的建议；北京民安卓越投资管理有限公司研究部的杨小可和许宽达等同志对这本书的后期图表制作给予了支持和帮助。

俗话说“授人一字便为师”，在这里我们要特别感谢在百忙之中抽出时间通读全书初稿并提出修改建议的各位证券界专家，我们经常在深夜收到他们发来的修改意见，每天清晨看到微信交流群里面数十条新消息，他们的谆谆教诲和深深嘱托令我们受益匪浅。由于工作原因，在此不便列举以上评审专家的姓名，但是如果没有他们的批评指正和修改建议，我们是没有勇气出版这本书的。

回首即将过去的2021年，我们依然活在新冠疫情的“阴影”中，很多地方不是想去就能去的，很多人也不是想见就能见的。我们由于投资工作性质的缘故，会经常做核酸检测，会时不时地“被隔离”。这本在新冠疫情隔离期间诞生的书，与我们之前花费数年时间写作完成的书相比，诞生得比较“偶然”，篇幅也略短，但它同样是我们长期工作经验的凝聚，是我们加班熬夜的心血，是我们多次隔着电脑和手机屏幕“激烈辩论”的印记，是各位证券界专家悉心斧正的成果，是中国法制出版社编辑们辛苦审校的硕果，更是这场新冠疫情留给我们的“时光记忆”。

我们诚恳希望这本书能成为后续研究北京证券交易所的“铺路石”，为后续的理论研究和实务研究“打牢地基”。因此如果您想先睹为快，从理论和实务两大方面系统了解北京证券交易所，我们诚恳地向您推荐这本书，并期待您的批评指正！

现在时间是2021年11月15日零点整，这是出版社要求的本书定稿的最后期限。还有几个小时，北京证券交易所就要正式开业运营。最后，我们衷心祝愿北京证券交易所能够为中国证券市场带来一股新生力量，为中国证券市场多层次格局之间“能上能下、能进能出”，为中国证券交易所向公司制转型，为中国证券交易所与国际市场接轨，为中国证券市场注册制的推广普及，为广大“专精特新”中小企业能够在成长早期阶段获得资本市场的宝贵支持，为包括中小企业在内的广大民营企业“融资难”和“融资贵”问题缓解带来跨越式革新。

2021年11月15日凌晨记于“居家隔离中”